Fernando Pessoa por Almada Negreiros.

O Heterotexto Pessoano

Coleção Debates
Dirigida por J. Guinsburg

Equipe de realização - Revisão: Roney Cytrynowicz, Plinio Martins Filho e Attilio Cancian; Produção: Plinio Marins Filho.

*obra publicada
em co-edição com a*

EDITORA DA UNIVERSIDADE DE SÃO PAULO

Reitor: José Goldemberg
Vice-reitor: Roberto Leal Lobo e Silva Filho
COMISSÃO EDITORIAL
Presidente: José Carneiro. *Membros:* Antônio Brito da Cunha, José E. Mindlin, Luiz Bernardo F. Clauzet e Oswaldo Paulo Forattini.

josé augusto seabra

O HETEROTEXTO PESSOANO

EDITORA PERSPECTIVA

EDITORA DA UNIVERSIDADE DE SÃO PAULO

Dados de Catalogação na Publicação (CIP) Internacional
(Câmara Brasileira do Livro, SP, Brasil)

Seabra, José Augusto, 1937-
S444h   O heterotexto pessoano / José Augusto Seabra. --
São Paulo : Perspectiva : Editora da Universidade de
São Paulo, 1988

                (Debates ; v. 204)

1. Pessoa, Fernando, 1888-1935 – Crítica e interpretação
I. Título. II. Série.

88-0308   CDD-869.109

Índices para catálogo sistemático:

1. Poesia : Literatura portuguesa : História e
crítica 869.109

Centenário de Nascimento de Fernando Pessoa.

Debates 204

Direitos em língua portuguesa reservados à
EDITORA PERSPECTIVA S.A.
Av. Brigadeiro Luís Antônio, 3025
01401 – São Paulo – SP – Brasil
Telefones: 885-8388/885-6878
1988

*Em memória de Jorge de Sena,
leitor heterodoxo de Pessoa
e poeta de um outro exílio.*

SUMÁRIO

PREFÁCIO 9

I. O HETEROTEXTO 13

1. O Heterotexto Pessoano 15
2. Pessoa em Persona 27
3. *Ad Infinitum* 33
4. Poética e Política em Fernando Pessoa 45
5. Amor e Fingimento (Sobre as *Cartas de Amor* de Fernando Pessoa) 63
6. Pessoa e Vieira: Dois Profetas Messiânicos 81
7. Fernando Pessoa e a Universalidade da Língua Portuguesa 99

8. Em Torno (e Retorno) das *Novas Poesias Inéditas* de Fernando Pessoa 113
9. A Pátria de Pessoa ou a Língua Mátria 129
10. Fernando Pessoa ou a Língua de Babel 147

II. O TEXTO GERACIONAL 155

1. Camões, Pascoaes, Pessoa – ou o Mito Poético da *Nova Renascença* 157
2. Da *Renascença Portuguesa* ao *Orpheu* (Um Vôo de Águia) 171
3. O Retorno de *Orpheu* 187
4. *Orpheu 3* 219
5. De *Orpheu* a *Portugal Futurista* ou os Avatares do Futurismo em Portugal 227
6. Fernando Pessoa e o Texto Jornalístico 243

POST-SCRIPTUM 253
NOTAS BIBLIOGRÁFICAS 263

PREFÁCIO

Ao concluir, em 1971, ainda em França, sob a orientação de Roland Barthes, a tese que mais tarde, em 1973, nas vésperas do meu regresso do exílio, publiquei no Brasil em versão portuguesa, com o título de *Fernando Pessoa ou o Poetodrama*[1], escrevia discretamente que esse trabalho

não era afinal, mais do que uma espécie de montagem e desmontagem de sucessivos andaimes, destinados a ir desaparecendo um a um até ao fim (sempre provisório), do mesmo modo que os sucessivos planos das "suas" obras, arquitetados por Pessoa, se foram apagando diante dos textos dos heterônimos...

1. S. Paulo, Editora Perspectiva, 1974, col. Estudos 24. O título original, na versão francesa, era: *Analyse Structurale des Hétéronymes de Fernando Pessoa: du Poëmodrame au Poetodrame.*

Assim procurava pôr em evidência o que de *work in progress* havia no meu ensaio, à semelhança da textualidade pessoana, e face a uma "multiplicidade de leituras possíveis", manifestando ao mesmo tempo a "abertura a outras pesquisas" por ela solicitadas, dada a "infinidade potencial" das suas linguagens. Era como se antevisse já, mas sem lhe imaginar a dimensão nem o alcance, a explosão crítica que se iria seguir.

De então para cá, com efeito, a bibliografia ativa e passiva que de Pessoa foi dada a conhecer, numa expansão proliferante[2], veio suscitar, como pode ler-se na "Apresentação" das *Actas do I Congresso Internacional de Estudos Pessoanos*, de que fui co-responsável,

uma pluraridade de perspectivas metodológicas que assumem, no seu sentido próprio, uma dimensão interdisciplinar: desde a poética à lingüística, desde a psicanálise à antropologia, desde a história literária à filosofia, desde as visões míticas às esotéricas, sem esquecer a revelação heurística de aspectos inéditos da obra pessoana, ainda fragmentariamente (des)conhecida[3].

Entretanto, a publicação de alguns volumes fundamentais, como as várias coletâneas de textos "políticos" ou as "cartas de amor", além da há muito aguardada edição completa do *Livro do Desassossego*, trouxe sem dúvida revelações, ou confirmações, de aspectos novos ou menos conhecidos da galáxia heteronímica, que na sua reverberação iluminaram ou ofuscaram esta ou aquela visão parcelar ou de conjunto do poeta, obrigando a uma que outra revisão ou ajustamento. E se, aqui e ali, surgiram propostas de leitura enriquecedoras, hipóteses penetrantes, interpretações originais e pistas promissoras a explorar, pode dizer-se que foi sobretudo em termos de irradiação universal que a obra de Pessoa teve, nestes últimos anos, uma fortuna sem paralelo: prova disso são as inúmeras traduções que

---

2. Cf. JOSÉ BLANCO, *Fernando Pessoa, Esboço de uma Bibliografia*, Lisboa, Imprensa Nacional – Casa da Moeda/Centro de Estudos Pessoanos, 1983.
3. *Op. cit.*, Porto, Brasília Editora, 1979.

dia a dia surgem, nas mais diversas línguas, bem como os estudos que as acompanham e vão contribuindo para disseminar pelo mundo inteiro a "Diáspora" pessoana.

Com o cinqüentenário da morte do poeta, que este ano decorre, e com a aproximação do centenário do seu nascimento, que terá lugar em 1988, uma nova fase se abre: a da elaboração de edições críticas, que não só permitam um estabelecimento rigoroso do texto mas ponham à disposição dos estudiosos elementos documentais adequados à formulação, ou reformulação, de exegeses e hermenêuticas, sem esquecer a principal recomendação de Pessoa acerca dos seus textos heteronímicos: a de que "há simplesmente que ler como estão, que é aliás como se deve ler". Recomendação que muito poucos têm tomado à letra, preferindo as especulações e extrapolações fáceis ao exame cuidado do *corpus* pessoano.

Pela minha parte, atendo-me ao desfibrar paciente da trama textual desse *corpus*, à medida que era editado ou reeditado — até por dificuldades de acesso direto ao espólio —, lá fui prosseguindo a sua análise, sempre recomeçada, como um trabalho de Sísifo, qual na conclusão daquele meu livro o prenunciara. Fiel a um método estrutural em processo, de crise em crise e de obstáculo em obstáculo a si mesmo epistemologicamente se problematizando, o percurso por que enveredei, na esteira de Barthes, é conhecido. Assim, partindo de uma encenação dialógica e intertextual do poemodrama e do poetodrama, acedi passo a passo à consciência teórica da heterotextualidade em Pessoa. Do texto fraturado e negado como espaço homogêneo, que já pelas vias da lingüística e da semiótica explorara, foi-se pouco a pouco operando uma translação para a "infinitude transtextual" de que fala Julia Kristeva e cujas modalidades, sob a designação genérica de "transtextualidade", Gérard Genette tentou especificar e exemplificar. Prática translingüística e transemiótica, o texto poético é atravessado pela heterogeneidade das linguagens e dos sujeitos que nele se cruzam: ele é heterônomo e heteronímico — tal o heterotexto pessoano.

Pelos ensaios aqui enfeixados se poderá ver como, em termos arquitextuais, os vários tipos de discurso, gêneros e modos de enunciação em que se desdobra a textualidade de Pessoa são neles convocados: desde os textos poéticos aos "políticos", passando pela epistolografia amorosa e pela crônica jornalística, bem como pelas múltiplas gradações esotéricas, *ad infinitum*. Se as marcas metatextuais são, no heterotexto pessoano, imanentes e transcendentes às réplicas heteronímicas, tanto na perspectiva de uma intertextualidade "interna" como "externa", é como se as escritas/leituras se forem entrosando, num entrelaçamento constante das linguagens-objeto com as metalinguagens e destas com as linguagens conotativas, cuja reversibilidade põe em causa as respectivas fronteiras. Uma "lógica" articula esta prática textual: a da contradição permanente, teorizada por Stéphane Lupasco, como tenho insistentemente defendido. É precisamente essa "lógica" poética (poiética) que sustenta o heterotexto pessoano, na sua produtividade, no seu trabalho sempre em ato e a potencializar-se, que é o do infinito no finito.

Não é este o lugar para um maior desenvolvimento destes pressupostos, que no livro a ler de si mesmos, outros, fluirão. Apenas desejaria que, entre os leitores atentos, algum houvesse que ousasse libertar-se desse "velho espectro" da contradição, o que, como no *Prazer do Texto* Barthes mostrou, não vai sem aquela paixão do medo que à fruição é inerente. Com ela suspendo a escrita...

José Augusto Seabra
Universidade do Porto

I. O HETEROTEXTO

1. O HETEROTEXTO PESSOANO

Na complexa encruzilhada em que hoje se debate a teoria do texto, mobilizando e ao mesmo tempo pondo em questão os instrumentos e as categorias da lingüística e da semiótica, bem como da lógica e da filosofia da linguagem, não deixa de ser fascinante verificar como as múltiplas incidências dessa crise, que se prolonga, encontraram no texto pessoano um campo privilegiado de detecção antecipada, à semelhança e talvez para além do que alhures se passou com um Mallarmé, um Joyce, um Roussel, que não só assinalaram, para usar a expressão de Julia Kristeva, uma "revolução da linguagem poética"[1], mas foram o ponto de partida de outras tantas translações, senão tam-

1. Cf. *La Révolution du Langage Poétique*, Paris, 1974.

bém revoluções, da metalinguagem a que fizeram apelo. De certo modo, poderíamos dizer que na dispersa e fragmentária trama textual de que se entretece a obra de Pessoa se repercutem todos os movimentos contraditórios que foram percorrendo o terreno hoje fraturado da teoria da literatura, abrindo falhas ou interstícios por onde da velha poética emergiram novas poéticas possíveis, num horizonte raiado de modernidade.

Intentaremos mostrar aqui como o texto pessoano assume, nomeadamente, as diversas formas do que Gérard Genette designou por "transtextualidade", isto é, tudo o que no texto "o põe em relação, manifesta ou secreta, com outros textos"[2], constituindo, em sentido amplo, uma "transcendência textual", para lá da imanência da obra, que tanto preocupou os formalistas russos nos seus primórdios epistemológicos. Nessa categoria genérica subsume Genette várias outras, a saber: a "intertextualidade", na sua acepção estrita de "presença literal (mais ou menos literal, integral ou não) de um texto num outro"[3], de que a citação é o exemplo típico, recentemente estudado em detalhe por Antoine Compagnon[4]; a "metatextualidade", enquanto "relação transtextual que une um comentário ao texto que comenta"[5], como é o caso da crítica literária; a "paratextualidade", em que essa relação é de imitação ou de transformação, nas suas diferentes variantes, tais como o *pastiche* e a paródia; e, finalmente, a "arquitextualidade", ou seja, a "relação de inclusão que une cada texto aos diversos tipos de discurso de que releva"[6], a começar pelos gêneros e suas determinações temáticas, modais e formais.

---

2. *Introduction à l'Architexte*, Paris, 1979, p. 87.
3. *Idem, ibidem*.
4. Cf. *La Seconde Main ou le Travail de la Citation*, Paris, 1979.
5. *Introduction à l'Architexte*, p. 87.
6. *Idem*, p. 88. Cf. os ulteriores desenvolvimentos e inflexões a este livro in *Palimpsestes, La Littérature au Second Degré*, Paris, 1982.

Para lá de uma observação liminar sobre esta proliferação terminológica, e que é a de que a intertextualidade, com o alcance mais lato que lhe dá Julia Kristeva – o de uma "permuta de textos", pela qual "no espaço de um texto vários enunciados, tomados a outros textos, se cruzam e se neutralizam"[7] –, englobaria as várias manifestações da transtextualidade, preferiríamos antes, pela nossa parte, recorrer a uma noção como a de *heterotextualidade*, dado que se trata sempre, em última instância, de uma transposição de um texto noutro texto, até quando se admita a distinção entre uma "intertextualidade externa" e uma "intertextualidade interna", entendida esta como uma "relação de um texto consigo mesmo", quer dizer, na terminologia de Lucien Dallenbach, uma "autotextualidade"[8]. Que é na verdade a reduplicação especular da *mise en abyme*, para tomarmos o exemplo estudado por este autor, senão um retorno do mesmo como outro, para falar em termos nietzschianos, que Gilles Deleuze explicitou?[9] De resto, o heterotexto – mostrou-o pertinentemente Per Aage Brandt, que fez uma exploração teórica aprofundada dessa noção[10] – opõe-se mais propriamente ao "homotexto", enquanto excede, como ele acentua "a idéia clássica do texto concebido como homogêneo". Ora é essa heterogeneidade do texto que, como na sua comunicação intitulada "A Experiência do Informe" ao I Congresso Internacional de Estudos Pessoanos, o evidenciou numa perspectiva analítica Norma Backes Tasca, escande até à exaustão o texto pessoano, o qual, na sua heteronímia – de que participa a ortonímia mesma –, não faz mais do que garantir, para citar aquela ensaísta, o "retorno de um outro texto"[11].

7. *Sémeiotike, Recherches pour une Sémanalyse*, Paris, 1969, p. 113. [Trad. bras.: *Introdução à Semanálise*, São Paulo Perspectiva, 1974, Debates 84.]
8. "Intertexto e Autotexto", *Intertextualidades*, trad. port. de *Poétique*, por CLARA CRABBÉ ROCHA, Coimbra, 1979, p. 52.
9. *Différence et Répétition*, Paris, 1976, p. 59.
10. "La Pensée du Texte (de la littéralité de la littéralité)", in *Essais de la Théorie du Texte*, Paris, 1973, p. 195.
11. *Actas do I Congresso Internacional de Estudos Pessoanos*, Porto, 1979, p. 590.

A heterotextualidade inscreve-se, enquanto expressão da transtextualidade, numa prática significante translingüística, pondo em causa as estruturas da língua, que se manifestam ao nível do fenotexto, mas que o genotexto atravessa, redistribuindo as suas unidades segundo uma outra lógica: a lógica poética, que é uma lógica da contradição, ou da *coincidentia oppositorum*, em que uma negatividade generalizada opera. Segundo Per Aage Brandt, é justamente a "negação", enquanto "poética" é, que instaura o heterotexto. Nem a lingüística do signo, nas suas versões saussuriana e hjelmsleviana, nem a gramática generativa transformacional chomskiana, dão na verdade, segundo ele, conta desta "linguagem heterogênea"[12]. Como já o mostrara Julia Kristeva, ela assume uma "dimensão suplementar à estrutura lingüística", fazendo justamente nessa medida "aparecer toda a prática como translingüística, portanto como texto", e assegurando por isso mesmo "a conexão na infinidade transtextual assim aberta"[13], em termos que a chamada lingüística do texto tem procurado mais recentemente determinar e analisar.

Da transtextualidade à heterotextualidade é todo o processo da linguagem e do sujeito que se abre: na cena do significante-texto, em que múltiplos discursos dramaticamente se cruzam, através do dialogismo da escrita e da leitura intertextualmente permutadas, o sujeito dispersa-se e pluraliza-se – descentra-se, diria Lacan. A heteronomia textual supõe, em suma, uma heteronímia, de que o caso de Fernando Pessoa é o exemplo mais flagrante: do poemodrama ao poetodrama, como num livro nosso buscamos evidenciar[14], a transcendência do texto vai-se heterotextualmente traçando. É o que podemos surpreender ao tentar precisar algumas das formas da transtextualidade inventariadas por Gérard Genette, referenciando-as mais por

---

12. *Essais de la Théorie du Texte*, p. 195.
13. *Sémeiotike*, p. 81.
14. Cf. *Fernando Pessoa ou o Poetodrama*, S. Paulo, 1974.

comodidade expositiva do que por preocupação tipológica ou taxinômica, cientes que estamos da impossibilidade e até da inanidade de traçar fronteiras entre elas.

Se a intertextualidade em sentido estrito, na conhecida formulação metafórica de Kristeva, permite configurar o texto como um "mosaico de citações"[15], dela não poderíamos encontrar por certo melhor confirmação do que na obra de Pessoa. Não é toda ela – da poesia aos fragmentos em prosa: "teóricos", "críticos", "estéticos", "filosóficos", "políticos" – um embrechado citacional, em que os heterônimos se lêem e reescrevem, infinitamente? A súmula da intertextualidade pessoana encontra-se toda nestes dois versos:

> Ah, já está tudo lido,
> Mesmo o que falta ler![16]

Cada texto heteronímico, não é assim senão a convocação de um outro texto, próprio ou alheio, em que os *gramas* escriturais e leiturais, como diz Kristeva, se redistribuem e disseminam. Por isso Álvaro de Campos afirma:

> Depois de escrever, leio...[17]

enquanto Ricardo Reis assume, ele também, à sua maneira, a reversibilidade de escrita-leitura:

> Assim quisesse o verso: meu e alheio
> E por mim mesmo lido[18].

Este ler-se e reler-se toma, de heterônimo para heterônimo, uma forma diferenciada (escrita, reescrita que é), pois diversamente se distribuem, na cena paragramática do texto, os elementos citacionais. E até o ortônimo pode legitimamente propor-se, à guisa de porta-voz da poética heteronímica:

---

15. *Séméiotiké*, p. 146.
16. *Obra Poética*, Rio de Janeiro, 1972, p. 500.
17. *Idem*, p. 394.
18. *Idem*, p. 288.

> Seja eu leitura variada
> para mim mesmo[19].

Sabe-se como Pessoa concebeu cada heterónimo segundo um ou vários modelos de referência (Horácio e Epicuro para Reis, Whitman e Marinetti para Campos, Cesário Verde e Pascoaes para Caeiro), ao mesmo tempo que, de igual modo, no que designamos por sistema poetodramático, se foi manifestando a respectiva individualização, por diferenciação recíproca, em que teve papel primacial a derivação de "mestre Caeiro", de que os restantes são "discípulos", inclusive Pessoa "ele mesmo". A transtextualidade pessoana é portanto feita, poieticamente, de uma transposição e transformação de elementos que transmigram, numa cadeia citacional circulante, de um "autor" para outro, sem falar das correntes filosóficas, estéticas e literárias de que alguns deles se reclamam. O percurso desse fluxo de citações não pode porém reduzir-se ao que decorre das noções clássicas de "fonte" ou "influência", que a crítica comparativista sobretudo exauriu, com maior ou menor fecundidade, màs que só até certo ponto se mostram operatórias. Na verdade, assistimos antes a um vaivém permanente, que num estudo nosso designamos por nomadismo intertextual, das "mónadas" discursivas, de diferente dimensão e nível, que erraticamente transitam de texto para texto[20]. Só dentro de um modelo historicista linear se pode conceber a intertextualidde como sendo, necessariamente, da ordem da hipertextualidade, que constitui apenas uma das formas da transtextualidade: aquela em que um texto segundo reenvia a um texto primário, que lhe é hierarquicamente anterior ou superior. Casos há em que, invertendo a relação hipotexto-hipertexto, um texto se torna, por assim dizer, paradoxalmente, por um jogo ou fingimento, a origem e não a derivação de um texto anterior, isto é, parodiando Borges, em que o autor influencia o seu "precursor"[21]. Noutros

---

19. *Idem*, p. 535.
20. "Em torno (e Retorno) das Novas Poesias Inéditas'", *Colóquio/Letras*, 20, julho de 1974. Vide *infra*, p. 113 e ss.
21. Cit. por LAURENT JENNY, "A Estratégia da Forma", *Intertextualidades*, p. 10.

casos a citação é pura e simplesmente inventada, de modo a "transtornar" o texto de referência: processo perverso de o transformar. Em última análise, numa relação edipiana, que Harold Bloom denominou "angústia da influência", trata-se para o criador de "modificar os modelos que o seduzem, segundo múltiplas figuras", como escreve Laurent Jenny, em termos que se poderiam aplicar aos heterônimos de Fernando Pessoa[22].

Encontramos neste, com efeito, muitos exemplos de figuração textual desse tipo. Referiremos como particularmente significativas e paradigmáticas, desde logo, as relações intertextuais Camões-Pessoa, ou Pessoa-Camões, que têm sido objeto de exegeses várias, dentro de perspectivas que só topicamente exploraram ainda a heterotextualidade que entre ambos se tece[23]. O fato de Pessoa, desde o texto inaugural publicado em *A Águia* sobre "A Nova Poesia Portuguesa", ter concebido uma "Nova Renascença" através da reescrita do texto camoniano, heteronimizado numa Supra-Camões, é sintomático. Como bem o notou Eduardo Lourenço, a propósito da *Mensagem* e da sua estruturação a partir da rasura do Épico, *"a ausência de Camões* é o texto negado sobre o qual o texto de Pessoa pôde, enfim, surgir como o *outro* texto da *mesma e diferente* invenção de uma Pátria"[24]. Eis precisamente aqui uma manifestação bem visível da heterotextualidade. Mas se, como nota Lourenço, a linguagem camoniana se encontra dispersa na *Mensagem*, outro tanto acontece em repetidas aflorações textuais dos vários heterônimos, especialmente em Álvaro de Campos, da "Ode Triunfal" e da "Ode Marítima" ao "Ultimatum". Estas transposições intertextuais são, de resto, igualmente a expressão do fenômeno da arquitextua-

---

22. *Idem*, p. 8.
23. Cf. por ex. EDUARDO LOURENÇO, "Camões e Pessoa", *Brotéria*, vol. 110, julho a setembro de 1980. Cf. também o nosso ensaio "Camões, Pascoaes, Pessoa – ou o Mito Poético da 'Nova Renascença' ", *Nova Renascença, 1,* outono de 1980. Vide infra, p. 157.
24. "Camões e Pessoa", art. cit.

lidade, a que concomitantemente nos referiremos, por colocarem em causa as relações do texto pessoano com o discurso da epopéia, que aquele que a si mesmo se designou como um "poeta dramático escrevendo em poesia lírica" parece à primeira vista ter relegado para segundo plano, mas que encontra afinal, pangenericamente, formas desviadas de realização poética. De resto, num fragmento do volume *Sobre Portugal*, recentemente publicado por Joel Serrão, Pessoa fala de *Os Lusíadas* como pertencendo "à espécie ínfima do gênero supremo em Literatura"[25], o que, se desvaloriza o poema, é uma exaltação ambígua da poesia épica. E se é certo que o poeta disse, em carta a João Gaspar Simões, admirar em Camões "o épico não o lírico"[26], a verdade é que o próprio épico está para ele eivado de lirismo, o que ainda mais o minimiza: "Veja-se como é lírico – escreve Pessoa – através dos obstáculos da expressão mitológica e da grandiloqüência este dístico final de uma instância de Camões: *Hipocrene*"[27]. E essa minimização implacável vai até à banalização irônica do lugar-comum, ao parodiá-lo na alusão desgarrada de um poema menor:

> *Tanto que espera! Tanto que confia!*
> Como o nosso Camões, qualquer podia
> Ter dito aquilo, até outrora[28].

Não se pode esquecer que, para Pessoa, o horizonte tendencial da poesia era a poesia dramática, último grau da poesia lírica. É sintomático assinalar, por isso mesmo, que no texto sobre *A Nova Poesia Portuguesa* com que em *A Águia* reincide, polemicamente, obstinando-se na sua profecia do Supra-Camões, ele acaba por interrogar-se: "Supra-Camões? A frase é humilde e acanhada. A comparação

---

25. *Sobre Portugal*, Lisboa, 1979, p. 240.
26. *Páginas de Doutrina Estética*, Lisboa, s. d., p. 230.
27. *Páginas de Estética e de Teoria e Crítica Literárias*, Lisboa, 1973.
28. *Obra Poética*, p. 544.

impõe mais. Diga-se 'de um Shakespeare', e dê-se como testemunha o raciocínio, já que não é citável o futuro"[29]. Se tivermos em conta que o exemplo que Pessoa cita de despersonalização poetodramática, no texto sobre os graus da poesia lírica a que nos referimos, é justamente o de Shakespeare, veremos como os percursos intertextual e arquitextual se reencontram: entre Camões e Pessoa intervêm Shakespeare e o gênero dramático, pela via da metatextualidade.

Esta adquire, aliás, como é sabido, um estatuto fundamental no texto pessoano, a múltiplos títulos. Quer os fragmentos sobre estética, teoria e crítica literárias, quer os manifestos e projetos acerca do paulismo, do sensacionismo e do interseccionismo, quer as notas auto-interpretativas e os debates que entre os heterônimos se travam, num desdobramento e reenvio mútuo dos poemas e das poéticas respectivas, fazem do metatexto lugar privilegiado em que o heterotexto se processa. Também nesta sede o fenômeno citacional se insinua como forma explícita ou implícita de intertextualidade proliferante. Seria porém, no caso de Pessoa, errar metodologicamente o alvo considerar os seus poemas como relevando da linguagem-objeto e os seus comentários críticos, como sendo, só eles, da ordem da metatextualidade. Com efeito, a heterotextualidade transgride as fronteiras da criação e da crítica. Se o texto for pensado como heterogêneo, as relações entre poema-objeto e metapoema tornam-se reversíveis: por que não há de acaso considerar-se um ensaio estético como um poema, poieticamente construído? E por que não há de um poema funcionar também, homologamente, como o melhor comentário desse ensaio?

Tomemos os "Apontamentos para uma Estética Não-Aristotética"[30]. Nesse texto, em que à estética da beleza se contrapõe a da força, cita-se entre outros poemas "Ode Triunfal" como exemplo de tal estética. Se cotejarmos os

---

29. *Obras em Prosa*, Rio de Janeiro, 1976, p. 377.
30. *Páginas de Doutrina Estética*, p. 145.

dois textos, teremos entretanto dificuldade em determinar qual dentre ambos melhor explicita o outro. E se a remissão intertextual é explícita, macrotextualmente falando, já o microtexto pode, porventura, pôr em questão a coerência do código estético-poético pressuposto, fazendo irromper o aristotelismo no interior do antiaristotelismo. Assim, não detectamos nós na "Ode Triunfal", que é um poema sensacionista típico, a marca intertextual de uma citação de Aristóteles em que o poeta fundamenta essa corrente literária: a de que "um poema é um animal"?[31] Essa marca lá está, logo no início do poema, disfarçada embora:

> À dolorosa luz das lâmpadas elétricas da fábrica
> Tenho febre e escrevo.
> Escrevo rangendo os dentes, fera para a beleza disto,
> Para a beleza disto totalmente desconhecida dos antigos[32].

Que "fera" é essa, que assim irrompe com força feroz no interior da energia futurista das máquinas, exorcizando a beleza clássica em face da moderna, senão aquele "animal" aristotélico do texto atrás citado? E, revertendo agora ao metatexto sobre a estética não-aristotélica, não teremos nós de ler a outra luz o enunciado (microtextual) de que a "idéia de beleza pode ser uma força", sempre que seja um "idéia" da sensibilidade e não da inteligência, abrindo-nos a uma nova coerência macrotextual? Repare-se como os fios do tecido metatextual se cruzam nesse simples lexema com os da trama intertextual, transpondo e transformando um texto noutro, heterotextualmente.

Nesta circulação de mônadas discursivas, de texto a texto, manifesta-se freqüentemente, em Pessoa, uma forma de transcendência textual que Genette considera como a "transtextualidade por excelência", designando-a por "paratextualidade": referimo-nos já ao *pastiche* e à paródia, o primeiro procedendo por imitação, a segunda por

---

31. *Páginas Íntimas e de Auto-Interpretação*, Lisboa, s.d., p. 160.
32. *Obra Poética*, p. 306.

metamorfose de um texto dado. Essas duas modalidades paratextuais cruzam-se por vezes no processo intertextual: será o caso de Whitman ou Marinetti, para Campos, pois os dois poetas ora aparecem como modelos de um mimetismo formal ora como pontos de partida para uma reelaboração mais profunda, que pode ir até à oposição polar. Outro exemplo seria o do "drama estático" *O Marinheiro*, inspirado em Maeterlinck, que Pessoa, citando um suposto leitor, considera superior ao seu modelo de partida: "A melhor nebulosidade e sutileza de Maeterlinck – escreve ele – é grosseira e carnal em comparação"[33]. O que não impede que o heterônimo Álvaro de Campos faça dele uma curiosa *charge*, transformando satiricamente o sério em jocoso:

> Depois de doze minutos
> Do seu drama *O Marinheiro*,
> Em que os mais ágeis e astutos
> Se sentem com sono e brutos,
> E de sentido nem cheiro,
> Diz uma das veladoras
> Com langorosa magia:
>
> *De eterno e belo há apenas o sonho.*
> *Por que estamos nós falando ainda?*
>
> Ora isso mesmo é que eu ia
> Perguntar a essas senhoras...[34]

Este paratexto não é mais do que o reverso de uma nota em inglês em que Pessoa sugere o caráter trágico do drama, assim tornado cômico, numa espécie de dialogismo no interior do gênero dramático: ainda uma manifestação de "arquitextualidade", ou "arquitextura", no vaivém intertextual.

Pessoa não deixou de refletir, metatextualmente, sobre a questão posta pelo *pastiche*, na sua relação com a dramaticidade que essencialmente caracteriza a poesia heteronímica:

---

33. *Páginas Íntimas e de Auto-Interpretação*, p. 149.
34. *Obra Poética*, p. 341.

O *pasticheur* – observa ele – é um homem que só adapta o pensamento ou sentimento de outro *na sua forma*. Se o adapta na sua essência já não é um *pasticheur*, mas um poderosíssimo intuitivo, que deve enveredar pelo caminho do drama, onde o seu gênio deve ter lugar[35].

Poderíamos dizer que esse gênio teria sido o do próprio poeta, se no gênero dramático conseguisse realizar-se: não podendo fazê-lo, ele tranferiu a sua genialidade para a poesia, multiplicando-a em linguagem e em sujeitos, que foram compondo e figurando um outro drama: o poemodrama, o poetodrama.

Essa dramaticidade outra é a da cena do texto, como espaço heterônomo e heterônimo de discursos, em interlocução infinita: tal o heterotexto pessoano.

---

35. *Páginas de Estética e de Teoria e Crítica Literárias*, p. 307.

2. PESSOA EM PERSONA

Une figure qui ne figure que ce nom

MAURICE BLANCHOT

Que nome dar ao inominável? "Aventura sem nome próprio", chamou justamente Eduardo Lourenço à poesia de Pessoa[1]. Acontece que, de próprio, o próprio nome do poeta só tem o de não sê-lo. Já Octavio Paz o havia observado: "Su secreto está escrito en su nombre"[2]. Coincidência perturbante, para quem à nossa língua seja estrangeiro:

---

1. *Pessoa Revisitado*, Porto, 1973, p. 19.
2. "El desconocido de si mismo", in *Los Signos en Rotación*, Madrid, 1971, p. 103. [Trad. bras.: *Os Signos em Rotação*, São Paulo, Perspectiva, 1976, Debates 48.]

"Pessoa – revela Paz – quiere decir persona em portugués y viene de persona, máscara de los actores romanos. Máscara, personaje de ficción, niguno"[3]. Dessa ausência, dessa irrealidade do nome no nome emergem os heterônimos: nomes outros. Ora, que são esses nomes a não ser "figuras", no seu sentido etimológico, como também os designou o poeta? Máscaras ainda, portanto, mas não de um rosto, e sim de uma máscara, qual é literalmente Pessoa, de "seu" nome. Eis o ortônimo "ele mesmo" volvido heterônimo: máscara por sua vez de máscaras, numa reversibilidade infinita: "Quando quis tirar a máscara / Estava pegada à cara' – constata Álvaro de Campos. Parafraseando Hélène Cixous, num seu estudo sobre os nomes dos personagens de Joyce (e Ulisses chamou-se também curiosamente *Nobody*), poderíamos dizer dos heterônimos pessoanos: "tous ont démantelé le grand Propre, le dénomé quelqu'un, mais pour donner la parole à l'infini Personne"[4].

Mais do que especular sobre a relação convencional – diria Hermógenes –, ou motivada – diria Crátilo –, entre o nome de Pessoa e a questão heteronímica para que remete, importará refletir sobre a função do nome próprio no texto poético pessoano. Será ela da mesma ordem que a do nome próprio num sistema lingüístico natural, ou social, se se quiser? Opondo-se à concepção de Peirce, que lhes atribuía uma natureza indicial, Lévi-Strauss mostrou que os nomes próprios representam, para usar os seus termos, verdadeiros "quanta de significação"[5]. Se é verdade que eles se inserem num "conjunto paradigmático", importa porém ter em conta que se situam na "franja" de um "sistema de classificação", de que constituem simultaneamente o "limite" e o "prolongamento". Por isso, o ser ou não ser um nome próprio não depende do seu caráter intrínseco, nem tampouco da sua comparação com as outras palavras da língua, mas mais exatamente de um contexto antropológico e cultural.

3. *Idem, ibidem*.
4. *Prénoms de Personne*, Paris, 1974, p. 6.
5. *La Pensée Sauvage*, Paris, 1962, p. 285.

Que sucede entretanto com a onomástica literária (poética)? Atentemos, por exemplo, com Roland Barthes, nos nomes proustianos. Há na *Recherche* – diz ele – todo um "sistema de nomes" que os faz assumir uma significação em si mesmos, por um lado, e nas relações (paradigmáticas e sintagmáticas) entre si, por outro. De tal modo que as "figuras do Nome" – para usar a expressão de Proust – dão lugar ao que nós chamaríamos "figurações", numa palavra *personae*. A estrutura do nome próprio coincidiria assim com a obra, como acentua Barthes. Através dela se manifestaria, enfim, a "função poética", concebida como "consciência cratiliana dos signos", de que a nominação é uma expressão privilegiada: "Tenir le système de noms c'était pour Proust, et c'est pour nous, tenir les significations essentielles du livre, l'armature de ses signes, sa syntaxe profonde"[6]. O nome próprio torna-se, nesta perspectiva, o germe do texto.

Sabe-se como Saussure, nos seus *Anagrammes*, deu conta de que certos versos saturnianos latinos eram construídos através da redistribuição dos elementos fonemáticos (e grafemáticos) de um nome próprio, esboçando a partir daí a teoria do anagramatismo, que iria dar lugar, em desenvolvimentos recentes, ao modelo generalizado do paragramatismo. Ao descobrir a emergência das "palavras sob as palavras"[7], para usar uma expressão de Jean Starobinski, Saussure pôs em relevo que o texto poético aparecia como a paráfrase de "palavras-tema", compostas quer "unicamente de nomes próprios", quer de palavras "juntas à parte inevitável dos nomes próprios"[8]. Afinando este modelo, Júlia Kristeva elaborou uma teoria do texto como espaço dialógico de escrita-leitura, em que os "gramas escrituais" e os "gramas leiturais" se entrelaçam numa multiplicidade de relações mútuas, compondo um texto outro – o que podemos chamar um *heterotexto*. A nominação lin-

---

6. "Proust et les Noms", in *Nouveaux Essais Critiques*, Paris, 1972, p. 132.
7. Cf. *Les Mots sous les Mots*, Paris, 1971.
8. *Idem*, p. 23.

güística do discurso (aos seus diversos níveis: fonológico, semântico, morfossintáctico, transfrástico) sofre uma metamorfose, em que o texto como objeto e como sujeito se pluraliza, dando lugar a uma heteronomia e a uma heteronímia.

Não nos abrirá o anagramanismo a uma compreensão da heterotextualidade pessoana? Isso mesmo foi sugerido por Roman Jakobson, ao chamar a atenção para o fato de que na descrição do aparecimento dos heterônimos a descoberta dos respectivos nomes é concomitante à eclosão poemática, assinalando também a sobreposição das letras que os compõem, tanto ao nível dos nomes próprios como dos sobrenomes: Alberto e Álvaro têm o mesmo par de letras iniciais, assim como Campos e Caeiro, enquanto Álvaro termina pela mesma sílaba deste último e Ricardo Reis integra, no nome próprio e no apelido, letras do nome do mestre. Este anagramatismo mostra que os heterônimos devem ser lidos como situando-se para aquém e para além do "muro do nome", como lhe chama o poeta italiano Andrea Zanzotto numa entrevista ao nº 2 de *Quaderni Portoghesi*[9]. Por isso ele propõe que na análise textual dos heterônimos sejam rompidas as "barras nominais", as fronteiras que separam os nomes uns dos outros: as palavras sob as palavras proliferam então em palavras sobre as palavras.

Parece-nos ser essa, neste momento, uma via necessária, que abre perspectivas fecundas para sair dos impasses – e dos espelhismos – em que as exegeses heteronímicas desembocaram ou acabaram por se comprazer, depois de terem sido exploradas as suas possibilidades hermenêuticas. A heterotextualidade, ao pôr em relação a continuidade com a descontinuidade, a homogeneidade com a heterogeneidade do texto, através de uma intertextualidade, que é antes de mais interferência mútua de textos, permite a pluralização do sujeito, a partir da rasura do nome: se os textos falam, é não em "nome" de Pessoa mas de *Persona*.

9. *Op. cit.*, p. 192.

Por isso propõe com razão Eduardo Lourenço que se passem a designar os nomes heteronímicos, mais exatamente, por "poemas heterônimos", com asas, recuando no entanto perante a visão tipográfica de tal ousadia... A levar-se até às últimas conseqüências esta proposta, poder-se-ia ir ainda um pouco mais longe. Em vez de empregar a expressão *textos-Pessoa*, para marcar uma anterioridade dos poemas em relação aos seus "pseudo-autores", como o faz Eduardo Lourenço, melhor seria tratá-los antes por *textos-personae*.

Como é sabido, mas é raramente posto em relevo, Pessoa pensou um momento deixar a sua obra anônima, assumindo assim o esvaziamento, a nulidade do nome. Ele o diz de modo explícito:

> Pensei, primeiro, em publicar anonimamente, em relação a mim, estas obras, e, por exemplo, estabelecer um neopaganismo português, com vários autores, todos diferentes, a colaborar nele e a dilatá-lo. Mas, sobre ser pequeno demais o meio intelectual português, para que (mesmo sem inconfidência) a máscara se pudesse manter, era inútil o esforço mental preciso para mantê-la[10].

Repare-se: a máscara, a *persona*, é aqui sinônimo do sem nome. Mas poderia sê-lo do nome, desde que não próprio: tal um movimento literário, composto de uma pluralidade de autores. Ora – escreve Pessoa – "há autores que escrevem dramas e novelas; e nesses dramas e novelas atribuem sentimentos e idéias às figuras, que os povoam, que muitas vezes se indignam que sejam tomados por sentimento seus, ou idéias suas"[11]. Por que não ser como essas "figuras" – designação preferida por Pessoa à de personagens, enquanto equivalente de "máscaras" que é? Na verdade, diz o poeta, a "substância" é a mesma, "embora a forma seja diversa". Trata-se apenas de transformar as figuras em "autores", com os quais "ele, o autor real (ou porventura aparente, porque não sabemos o que seja a rea-

---

10. *Páginas Íntimas e de Auto-Interpretação*, Lisboa, s. d., p. 99.
11. *Idem*, p. 95.

lidade) nada tem". A não ser ter sido - através da escrita - o "médium" de tais figuras...

Eis a face vazia da heteronímia: mediunidade de máscaras, entre máscaras. Desejo do Nome, na multiplicidade dos nomes, inominável:

> No vácuo que se forma de eu ser eu
> E da noite ser triste
> Meu ser existe sem que seja meu
> E anônimo persiste...[12]

---

12. *Obra Poética*, Rio de Janeiro, p. 517.

3. AD INFINITUM

Como não meditar na visão extática de Portugal, que um dia iluminou Eugenio d'Ors: a de uma varanda debruçada sobre o infinito? Definição, indefinição poética por excelência. A conotação excedida pela metalinguagem? Ou excedendo-a? No seu limite, ilimite, a metáfora, ao expandir-se metonimicamente em sintagma, fica a reverberar em nós – límpida, ofuscante –, como uma aurora, um crepúsculo. Da varanda finita ao horizonte infinito: tal é o espaço transfinito da pátria (da língua, diria Pessoa) a muliplicar-se em miragens (em linguagens), a perder de vista...

É o mesmo Eugenio d'Ors quem, ao falar da arte portuguesa, escreve ainda: "Ousei por vezes afirmar que, no composto designado pelo nome de Cultura, a Europa não apresentava, a uma análise rigorosa, senão dois corpos simples: a Grécia e Portugal. O resto – acrescenta – é talvez uma questão de dosagem"[1]. Elementaridade paradigmática: a de dois arquétipos estéticos opostos – Classicismo/Barroco – que a arte dos dois povos figuraria, segundo o mestre espanhol. De novo, porém, o apelo à combinação metonímica: como "resto", "dosagem".

Assim a Grécia e Portugal se entrelaçariam, na complexidade do tecido cultural europeu: a finitude mediterrânica e a infinitude atlântica. Tal, em suma, a curva descrita pela nossa órbita civilizacional, na sua rotação de formas: o círculo clássico a descentrar-se na elipse barroca, como o sugere d'Ors e o mostra à exautão Severo Sarduy[2]. Anamorfose, metamorfose infinita do círculo: entre o sol matinal e o sol a declinar no oceano. Que imagem mais exata (exaltante) de Portugal?

Portugal-Infinito, onze de julho de mil novecentos e quinze...[3].

Neste *incipit* de um poema de Alvaro de Campos e Walt Whitman, da época eufórica de *Orpheu*, lê-se essa mesma visão fulgurante do infinito no finito, num espaço-tempo que a datação ambiguamente inscreve e a saudação prolonga como um eco, a ressoar indefinido:

Hé-lá-á-á-á-á-á-á!
De aqui de Portugal, todas as épocas no meu cérebro,
Saudo-te, Walt, saudo-te, meu irmão em Universo[4].

"Um Walt Whitman com um poeta grego lá dentro", eis como caracterizou Pessoa este heterônimo. A Grécia está, com efeito, oculta nessa ode ao poeta do Novo Mundo, anunciador do "século vinte ao longe". Desde a *Hélade* anagramaticamente distendida no transporte do segundo

1. EUGENIO D'ORS, *Du Baroque*, Paris, 1968, p. 157.
2. SEVERO SARDUY, *Barroco*, Paris, 1975.
3. FERNANDO PESSOA, *Obra Poética*, Rio de Janeiro, 1972, p.336.
4. *Idem, ibidem.*

para o terceiro verso (reaparece-se na sutil descontinuidade grafemática, conjugada com a continuidade fonemática) ao eterno retorno olímpico final, há um infinito vaivém:

> Funicular do Olimpo até nós e de nós ao Olimpo[5],

é assim que Campos volta a saudar Whitman, no último verso do poema. E, dessa forma, aí temos Portugal e a Grécia indissociavelmente associados, como o infinito e o finito, ao longo do texto poético.

> Porque eu amo infinitamente o finito[6],

pode então Álvaro de Campos escrever, num outro poema, assumindo essa *coincidentia oppositorum*, típica da lógica poética pessoana.

Dir-se-á, porém, que para Campos, diferentemente de Eugênio d'Ors, não é o velho continente o lugar de coexistência de Portugal com a Grécia, diferido como foi para além-oceano. Não termina também o célebre *Ultimatum* com o poeta de costas voltadas para a Europa, "fitando o Atlântico e saudando abstratamente o Infinito"?[7] Mas a Europa repudiada por Campos é a Europa decadente (a dos "mandarins" com "mandado de despejo") e não a Europa de novo renascente, de que a Grécia foi a matriz, como fonte originária da nossa cultura. Por isso, para Pessoa, como para a geração de *Orpheu*, "a Ásia, a América, a África e a Oceania são a Europa e existem todas na Europa"[8]. E quem diz na Europa diz, por sinédoque, em Portugal: "Basta qualquer cais europeu – mesmo aquele cais de Alcântara – para ter ali toda a terra em comprimido"[9].

5. *Idem*, p. 341.
6. *Idem*, p. 394.
7. FERNANDO PESSOA, *Obras em Prosa*, Rio de Janeiro, 1976, p. 520.
8. FERNANDO PESSOA, *Páginas Íntimas e de Auto-Interpretação*, Lisboa, s. d., p. 113.
9. *Idem, ibidem*.

Pessoa, ao nomear a Europa, fala sempre dela como de um lugar sem lugar (finito, infinito) da sua utopia poética. "Se chamo a isto *europeu*, e não americano, por exemplo, é que é a Europa, e não a América, a *fons et origo* deste tipo civilizacional, a região civilizada que dá o *tipo* e a *direção* a todo o mundo"[10].

Da Grécia a Portugal, quem, senão a Europa toda, através dos tempos, no ciclo esotérico dos Cinco Impérios,

> Fita, como olhar sphyngico e fatal,
> O Occidente, futuro do passado[11],

como diz o primeiro poema da *Mensagem*? Atente-se bem: se "o rosto com que fita é Portugal", os olhos desse rosto, perdidos no horizonte infinito, são ainda, nostalgicamente, "olhos gregos, lembrando".

É num outro texto de Campos, mas a propósito de Caeiro – o mais grego, se assim pode dizer-se, dos heterônimos –, que melhor se precisa, para lá desse fundo de identidade, o que diferencia os portugueses dos gregos: a sua assunção do infinito. E isso justamente ao exemplificar Campos, num paradoxo, como se "definem as coisas indefiníveis". Escreve ele, em posfácio à obra do Mestre: "Uma das coisas que mais nitidamente nos sacodem na comparação de nós com os gregos é a ausência do conceito de infinito, a repugnância do infinito, entre os gregos"[12]. Entre os gregos: não entre os portugueses. E Campos acrescenta: "Ora, o meu mestre Caeiro tinha lá mesmo esse mesmo inconceito". Inconceito: não é para Caeiro todo o pensamento redutível às sensações, e estas às coisas? Impossível portanto conceber, sequer, o infinito numérico, característico das idealidades matemáticas: "O que é o 34

---

10. *Idem*, pp. 113-114.
11. FERNANDO PESSOA, *Obra Poética*, p. 71.
12. *Idem*, p. 248.

na Realidade?", pergunta candidamente o poeta. Como escreve por seu lado Ricardo Reis:

> Caeiro, no seu objetivismo total, é freqüentemente mais grego que os próprios gregos. Duvido que grego algum escrevesse aquela frase culminante de *O Guardador de Rebanhos:*
>
> A Natureza é partes sem um todo[13].

Mais grego que os gregos... O que não impede que a sua obra seja considerada como "a maior obra que alma portuguesa tem feito". Grego e não grego, grego e português, por alguma razão oculta Caeiro "não era um pagão: era o paganismo"[14].

Pagão, mas "exilado e carnal no meio de uma civilização inimiga", era-o também Ricardo Reis, que emigrou por razões políticas para o Brasil (ainda o Novo Mundo). Que podia portanto ele senão fingir, poeticamente, o infinito:

> Vastidão vã que finge de infinito
> (Como se o infinito se pudesse ver!)[15].

Só através da estesia este "pagão por caráter", epicurista e estóico, "latinista por educação alheia" e "semi-helenista por educação própria", conseguiria encarnar o ideal clássico da arte grega, de que fala Eugenio d'Ors, o qual vive, como diz Pessoa, da "noção do Limite", no espaço e no tempo[16]. Mas se a arte é a busca da "perfeição" (do finito), ela não nos fala senão da nossa "imperfeição" (do não finito): "já porque, parecendo-nos perfeita, se opõe ao que somos de imperfeito; já porque, nem ela sendo perfeita, é o sinal maior da imperfeição que somos" – escreve o poeta na *Athena,* revista emblemática da sua fase classicizante. "É por isto – conclui – que os gregos, pais humanos da arte, eram um povo infantil e triste". Talvez a arte não seja, na verdade, mais que "a infância de um deus futuro".

13. FERNANDO PESSOA, *Páginas Íntimas e de Auto-Interpretação,* p. 365.
14. FERNANDO PESSOA, *Obra Poética,* p. 248.
15. *Idem,* p. 291.
16. FERNANDO PESSOA, *Obras em Prosa,* p. 182.

Ela apenas consegue revelar-nos "a desolação humana da imortalidade pressentida". Isto é, do próprio infinito no tempo, acaso imaginável, inimaginável, numa eternidade presente, ausente.

Mas o infinito do tempo, como o do espaço, são incompatíveis com a visão esotérica expressa por Fernando Pessoa ortônimo: "Nem pode haver espaço infinito e tempo infinito, pois não pode haver dois infinitos"[17]... Assim, espaço e tempo só enquanto fingimento do infinito se revelariam, como queria Reis: "são dois atributos ou manifestações do infinito, que o simulasse sem o ser". Numa palavra, "parece-nos que são infinitos – são porém somente indefinidos", diz Pessoa. "Infinito puro", só Deus. Mas o "Deus Manifesto". Porque, para além dele, "está o Deus Imanifesto – a ausência até do Infinito". É esse o grande mistério, de que a pluralidade dos heterônimos dá conta, ao situar-se indefinidamente entre o infinito e o finito, entre a infinidade e a unidade, como reza um poema célebre:

> Assim a Deus imito
> Que quando fez o que é
> Tirou-lhe o infinito
> E a unidade até[18].

Interessante será notar como Pessoa representa emblematicamente o infinito do "Deus Manifesto" por um Círculo e a ausência de infinito do "Deus Imanifesto" por um ponto no centro do Círculo. O círculo e o seu centro: figuração do classicismo, ao mesmo tempo que do esoterismo rosicruciano: "isto é, em astrologia escrita, o símbolo do sol, que é a sombra de Deus", diz o poeta[19]. Lembremos aqui um fragmento do "Fausto":

17. *Idem*, p. 557.
18. FERNANDO PESSOA, *Obra Poética*, p. 533.
19. FERNANDO PESSOA, *Obras em Prossa*, p. 557.

> Nos vastos céus estrelados
> Que estão além da razão,
> Sob a regência de fados
> Que ninguém sabe que são,
> Há sistemas infinitos,
> Sóis centros de mundos seus,
>
> E cada sol é um Deus[20].

E citemos de novo, também, um texto em que já tentamos ver, astrologicamente representada, a expansão galática dos heterônimos, como sistemas solares girando à volta de sistemas: "Procedendo assim indefinidamente — repare-se de novo no advérbio empregado por Pessoa — temos que conceber o sistema do universo como, ao mesmo tempo que tende para um centro cada vez mais centro, tendendo ao mesmo tempo para o infinito"[21]. Centramento, descentramento do círculo: tensão extrema do infinito e do finito, opostos e religados. Como a Grécia e Portugal, o Clássico e o Barroco, segundo Eugênio d'Ors.

É fundamental ter presente, em termos de história da filosofia, o que levou os gregos — depois de Heráclito e de Parmênides, de Pitágoras e de Zenão de Eléia, em polêmicas cruzadas — a essa espécie de "horror do infinito". Ele constitui, como se sabe, um dado tanto das suas formas de pensamento como das suas formas de arte, uma vez atingido o apogeu ateniense. Mas não haverá em Pessoa um retorno às origens pré-socráticas, ao contrapor ao infinito o indefinido, o *ápeiron* de Anaximandro? Ainda então a distinção entre filósofos e poetas, que Shelley na sua *Defesa da Poesia* consideraria prematura, se não tinha consumado. E o princípio da não-contradição, pedra angular da lógica aristotélica, não tinha operado as suas censuras.

20. FERNANDO PESSOA, *Obra Poética*, p. 455.
21. FERNANDO PESSOA, *Textos Filosóficos*, I, Lisboa, s. d., p. 28.

Ora, como o mostrou um lógico moderno, Stéphane Lupasco, que da "contradição complementar" fez o fundamento do que ele chama a "experiência lógica", esta pressupõe, no seu âmago, para lá do finito e do infinito, um terceiro valor, o transfinito:

> A experiência lógica não é finita nem infinita. Ela é, no sentido etimológico mais preciso do termo, *transfinita:* ela ultrapassa, transcende sempre o finito, sem nunca atingir o infinito; ela é uma trajetória possível entre o ideal impossível do finito e o ideal impossível do infinito[22].

Esse modelo lógico, que parece o mais adequado à lógica poética pessoana, como temos insistentemente procurado mostrar, permite apreender a polarização heteronímica entre o finito e o infinito: entre a Grécia e Portugal, ainda e sempre.

Há coincidências impressionantes nas visões de Eugênio d'Ors e Fernando Pessoa acerca de Portugal e da arte portuguesa. Dir-se-ia que a tríade Grécia, Portugal, Europa é para ambos a chave de um segredo estético. Não escreve lapidarmente o poeta que "arte portuguesa será aquela em que a Europa — entendendo por Europa principalmente a Grécia antiga e o Universo inteiro — se mire e se reconheça sem se lembrar do espelho"?[23] Em suma: "só duas nações — a Grécia passada e o Portugal futuro — receberam dos deuses a concessão de serem não só elas mas todas as outras". Enquanto "corpos simples", elementares, ela podem, do finito ao infinito, combinar-se numa pluralidade de povos, de línguas, de civilizações.

Se para Pessoa Portugal é sobretudo futuro (embora, fitando indefinidamente o "futuro do passado", ele à Grécia retorne), não é de estranhar que tenha delegado no seu heterônimo Álvaro de Campos, o mais próximo do Futu-

---

22. STÉPHANE LUPASCO, *Logique et Contradiction*, Paris, 1947, pp. 31-32.
23. FERNANDO PESSOA, *Obras em Prosa*, p. 331.

rismo, a visão profética de um "Portugal-Infinito". Como não admira também que numa carta rascunhada ao chefe do Futurismo italiano, Marinetti, tenha criticado *à outrance* este movimento... por ser "bem pouco futurista"! E isso porque, justamente, não tirava todas as conseqüências do conceito de infinito: "No Infinito, que é a suprema aspiração futurista, todos os valores deveriam ser realidades sem a possibilidade de perda de qualquer deles"[24].

O infinito é, nesta perspectiva futurante, assumido agora tanto no espaço, como no tempo, em contradição com a negação da infinitude destes, como vimos que noutro texto Pessoa proclamara:

não é apenas no espaço que devemos levar em consideração os diferentes povos e civilizações, os vários aspectos esparsos da Existência infinita; devemos considerá-los também através de todos os tempos, através de toda a história perdida. Muitas coisas desapareceram, e devem emergir de novo, rejuvenescidas e infinitizadas[25].

Assim a unidade e o infinito se reconciliam, nos antípodas do poema acima citado. Finito e infinito, unidade e pluralidade, uma vez mais – outras tantas coincidências de opostos: "Em cada elemento do Infinito todos os outros elementos estão incluídos, e isto porque o Infinito é contínuo, é pura Unidade, graças totalmente ao fato de ser Multiplicidade"[26]. Multiplicidade: palavra-sésamo de Pessoa. Na diversidade (finita) dos heterônimos a diferença (infinita) de linguagens poéticas e de sujeitos do Texto. Civilizacional, cultural, estético, literário... *Ad infinitum*.

O Texto: espaço da infinitude dos códigos, onde as linguagens poéticas atravessam a finitude do código da língua; onde o sujeito pluralmente se dispersa. Com propriedade fala Julia Kristeva de "numerante infinito", para designar o engendramento do significante-texto através da estrutura do "número-signo": infinito germinando no fi-

---

24. *Idem*, p. 303.
25. *Idem, ibidem*.
26. *Idem, ibidem*.

nito. Parafraseando Artaud, por ela citado: "O ser do infinito foi sempre o de não ser um ser senão com a condição de ser finito"[27]. Ou noutros termos, heideggerianamente: a "casa do ser", que é a linguagem, só o será se abrir de par em par do finito da língua ao infinito das linguagens poéticas, como a "varanda" de Eugenio d'Ors. Tal a pátria-língua, segundo Pessoa: uma pátria sem limite, sem fronteiras, a multiplicar-se, a declinar-se noutras "pátrias", noutras "línguas".

Não admira que o mestre do Barroco, ao distingui-lo do Clássico – e ambos se interseccionam em Pessoa, como Portugal e a Grécia –, note finamente:

Comparamos por vezes as relações entre o Clássico e o Barroco, na Cultura toda inteira, com as relações, no domínio da linguagem, entre o que os filólogos chamam *uma língua* e o que eles chamam *"dialetos"*. A matéria-prima de uma língua, de qualquer língua, é dialetal. Da mesma forma que os dialetos são *idiomas naturais*, o Barroco é o *idioma natural* da Cultura[28].

Para lá desta terminologia metalingüística, o que Eugenio d'Ors visiona como originariamente barroco é a proliferação das linguagens na língua, que Portugal para ele estética e culturalmente exprime.

Quanto a Pessoa, ao profetizar um Quinto Império Cultural, fala antes de mais dele como um "império de gramáticos" e um "império de poetas"[29]. E a propósito de *Mensagem* – que de Portugal devia ter havido nome, mas se universalizou *in extremis* – ele invoca o argumento de que "Deus fala todas as línguas"[30], para justificar um título disponível à multiplicidade das pátrias e que nada tem portanto de nacionalista:

27. Cit. por JULIA KRISTEVA, *Séméiotike, Recherches pour une Sémanalyse*, Paris, 1969, p. 302.
28. EUGENIO D'ORS, *op. cit.*, p.112.
29. FERNANDO PESSOA, *Sobre Portugal*, Lisboa, 1979, p. 240.
30. *Idem*, p. 179.

> As nações todas são mysterios.
> Cada uma é todo o mundo a sós[31].

Portugal-finito: varanda a debruçar-se sobre o Portugal-Infinito. Veja-se como a metáfora metonimicamente se ajusta e prolonga. Não excede a varanda os limites da casa, sem deixar de neles se conter? Talvez Heidegger tivesse falado da linguagem como a *varanda do ser*, se pensasse, como Eugenio d'Ors, em Portugal como lugar eleito da sua manifestação poética. Lugar do fim, lugar do sem fim: "onde a terra se acaba e o mar começa"...

O que faz assim desta "finisterra" um lugar trágico do "teatro do mistério"? — pergunta d'Ors. E esboça uma resposta:

> Irlanda, Bretanha, Galiza espanhola, Portugal, as primeiras ilhas do Oceano... No fundo da sua alma, o pânico... O pânico, imemorialmente adquirido desde o tempo em que essas terras se encontravam à beira de um mar a que não se conheciam limites"[32].

> Ó mar anterior a nós, teus medos...,

começa (recomeça?) um poema de *Mar Portuguez*[33]. Mar finito, a perder-se no horizonte indefinido, para lá do finito:

> Que o mar com fim será grego ou romano:
> O mar sem fim é portuguez[34].

Por isso, mesmo quando cumprido, faltará sempre cumprir-se Portugal.

---

31. FERNANDO PESSOA, *Obra Poética*, P. 73.
32. EUGENIO D'ORS, *op. cit.*, p. 214.
33. FERNANDO PESSOA, *Obra Poética*, p. 78.
34. *Idem*, p. 79.

4. POÉTICA E POLÍTICA EM FERNANDO PESSOA

Quaisquer duas opniões opostas são absolutamente idênticas.

FERNANDO PESSOA

Chocará talvez ainda alguns puristas esta associação por contigüidade de dois termos em aparência tão distantes – poética e política – que só porventura um sacrifício ao contexto português presente, ou um contágio do poeta para tantos paradoxal que lhe serve de pretexto, poderiam justificar. Mas a mútua subversão que tal contigüidade implica só assumirá foros de provocante heresia aos olhos daqueles que, por uma recusa ou censura *a priori* de tudo o que é contraditório, não sejam capazes de tolerar o que constitui, como veremos, a essência do poético e do político em Fernando Pessoa: a *coincidentia oppositorum* que sustenta a pluralidade de suas linguagens.

Intentarei mostrar – senão demonstrar – como a lógica que articula os diferentes textos pessoanos (tanto os poéticos como os políticos) é a mesma e outra, ou se se quiser outra e a mesma, de tal modo que a diferença (diferenciação e diferimento) das respectivas escritas não será mais do que a que resulta de uma combinatória que, obedecendo a regras idênticas, varia segundo as instâncias do discurso e do sujeito que a suportam. Numa palavra: poética e política coincidem, sendo opostas. Estamos, num e noutro caso, perante dois tipos de heterônimos produzindo uma multiplicidade de textos que se entrelaçam.

Se os textos poéticos de Pessoa são por demais conhecidos, já outro tanto não sucede com os seus textos políticos, dispersos por edições marginais ou quase inacessíveis, de que os melhores exemplos são as coletâneas organizadas no Porto por Petrus. Nem a atualidade revolucionária do pós-25 de Abril os trouxe desde logo em Portugal para a ribalta*, embora acidentalmente uma citação desgarrada tivesse sido incluída – por ironia, talvez – num dos primeiros boletins do M.F.A.! E, no entanto, entre esses textos alguns há que se diriam premonitórios. O que, aliás, decorre da dimensão profética que na sua maior parte os caracteriza, para lá da conjuntura referencial.

Desde apontamentos ocasionais, em que uma opinião ou um comentário são brevemente emitidos, até um texto mais elaborado que se apresenta sob a forma de programa de ação de uma organização política, como *O Interregno*, passando pelas proclamações de um manifesto futurista-sensacionista, como o *Ultimatum* de Álvaro de Campos, ou pelos poemas esotéricos e sebastianistas a Sidônio Pais, sem falar já das posições tomadas sobre efemérides repu-

---

* Cf. *"Post-scriptum"* deste livro, onde se assinalam os textos posteriormente publicados e que estavam até então inéditos, pp. 253 e ss.

blicanas e monárquicas durante a aventura de *Orpheu*, e mais tarde dos poemetos satíricos anti-salazaristas, estamos perante uma gama de fragmentos textuais cuja estrutura sincrônica de superfície (o que hoje chamaríamos o fenotexto) é o afloramento de um genotexto profundo e em processo, que se vai escrevendo, reescrevendo, diacronicamente e sem fim. O texto político pessoano confirma, mais do que nenhum, a afirmação de Roland Barthes segundo a qual

le Politique est du *textuel* pur: une forme exorbitante, exasperée, du Texte, une forme inouïe qui, par ses débordements et ses masques, dépasse peut-être notre entendement actuel du texte[1].

Essa "forma exorbitante", essas "máscaras", são afinal a proliferação heteronímica de um texto sempre outro, "outrando-se", como escrevia o poeta. Atribuir ao próprio Pessoa os ideologemas disseminados nos escritos políticos que compôs, como tem procedido até a maioria dos críticos, é não ser capaz de compreender o seu estatuto poético: o seu *fazer* textual. A esses poderia Pessoa dirigir, muito justamente, e a título preventivo, a recomendação que a propósito dos heterônimos um dia avançou:

Não há que buscar em quaisquer deles idéias ou sentimentos meus, pois muitos deles exprimem idéias que não aceito, sentimentos que nunca tive. Há simplesmente que os ler como estão, que é aliás como se deve ler[2].

Ler os textos políticos como estão, despessoalizando-os (o que não quer dizer despersonalizando-os, pois se trata de lhes ler também as *personae*, as máscaras que neles se assumem), tal deverá ser a primeira precaução a tomar, para evitar equívocos. Dar a Pessoa o que é de Pessoa, e às suas máscaras o que lhes pertence, não é no entanto rigorosamente possível, pois a fronteira é constantemente transgredida: do mesmo modo que os biografemas de Pessoa ortônimo emigram para os heterônimos, para ele re-

1. *Roland Barthes par Roland Barthes*, Paris, 1975, p. 150.
2. *Obra Poética*, Rio de Janeiro, 1960, p. 131.

versivelmente imigram, em retorno, os ideologemas respectivos.

Invertendo a diacronia biográfica, poderíamos pegar, por exemplo, na nota escrita por Pessoa, pouco antes da sua morte, em que confia as posições no plano religioso, iniciático, patriótico etc. Aí lemos:

> Ideologia política: considera que o sistema monárquico seria o mais próprio para uma nação organicamente imperial como é Portugal. Considera, ao mesmo tempo, a monarquia completamente inviável em Portugal. Por isso, a haver um plebiscito entre regimes, votaria, embora com pena, pela República. Conservador de estilo inglês, isto é, liberal dentro do conservantismo, e absolutamente anti-reacionário[3].

Uma análise, mesmo rápida, deste fragmento textual, logo revela a estrutura lógica da contradição que lhe subjaz: postos dois termos contrários, longe de a contradição ser eliminada ou superada, a lógica aristotélica através do princípio da não-contradição, quer segundo a lógica hegeliana, através da negação da negação, esses dois termos coexistem: monárquico e republicano, conservador e anti-reacionário – eis uma perfeita *coincidentia oppositorum*. Exatamente a mesma estrutura que preside à linguagem poética heteronímica, como julgo ter evidenciado no meu livro *Fernando Pessoa ou o Poetodrama*[4], inspirando-me nos estudos de Stéphane Lupasco, particularmente sobre a lógica da estética.

> Telle est – diz este autor – l'orientation du phénomène esthétique linguistique. À l'inverse et à l'encontre des dynamismes de fuite de la contradiction c'est sa recherche, sa poursuite, qui engendre [...] *l'art*[5].

Deste modo a arte (a poesia) é "la coexistence incompatible de la thèse et de l'antithèse [...], la conjonction con-

---

3. J. G. SIMÕES, *Vida e Obra de Fernando Pessoa*, Lisboa, 1951, vol. II, pp. 361-362.
4. S. Paulo, Editora Perspectiva, 1974.
5. *Logique et Contradiction*, Paris, 1947, pp. 178-179.

tradictoire, et, par là, l'immanence du logique"[6]. Isto mesmo o concebia Pessoa, ao escrever numa das suas notas filosóficas:

> Toda a opinião é uma tese, e o mundo, à falta de verdade, está cheio de opiniões. Mas a cada opinião compete uma contra-opinião, seja crítica da primeira, seja complementar dela. Na realidade do pensamento humano, essencialmente flutuante e incerto, tanto a opinião primária, como a que lhe é oposta, são em si mesmas instáveis: não há síntese, pois, nas coisas da certeza, senão tese e antítese apenas. Só os deuses, talvez, poderão sintetizar[7].

Basta aplicar às opiniões políticas este modelo lógico para termos o código imanente ao texto referido. Pessoa, com o seu gosto habitual dos paradoxos – que poeticamente o são – retomou de diferentes modos, em diversos textos e em diálogo constante com o contexto político nacional em que viveu, a sua condição de monárquico-republicano, ou, se se quiser, de nem monárquico nem republicano, que era afinal a condição do próprio país.

> A alguém – diz ele – que uma vez me interrogou sobre as minhas opiniões políticas, na pressuposição de que eu as tivesse, respondi: *Sou monárquico absolutista*. E depois acrescentei, com aquela simplicidade própria das ocasiões históricas: *É por isso que sou republicano*[8].

Homologamente, no *Interregno* (a que mais em detalhe adiante me referirei) Pessoa parte, na análise que o conduz à "justificação" de uma "ditadura militar", da seguinte constatação:

> O fato essencial é este: Portugal é metade monárquico, metade republicano. Em Portugal presente, pois, o problema institucional é inteiramente irresolúvel. De direito, qualquer espécie de direito, não pode haver República, não pode haver Monarquia, em Portugal. Há República pela razão já dita, e porque tem que haver qualquer coisa. Mas essa República não é, nem pode ser, República, como a Monarquia, que a precedeu, já não era, nem podia ser, Monarquia[9].

6. *Idem*, p. 171.
7. *Textos Filosóficos*, Lisboa, s. d., vol. I, pp. 3-4.
8. *Idem*.
9. *O Interregno*, Documentos Políticos, C.E.P., s. d., pp. 10-11.

A coexistência dos opostos aparece assim como equivalente à sua co-inexistência. E dessa co-inexistência decorre outro nível de oposições fundamental em Pessoa, que se situa no plano do *mito*, esse "nada que é tudo": neste caso, o mito da identificação da Monarquia e da República, que encarna poeticamente num oxímoro, o *Presidente-Rei* Sidónio Pais, novo D. Sebastião de um Quinto Império esotérico a vir. Esse mesmo Império (sem império) que seria organicamente um Portugal monárquico, como consta na nota autobiográfica citada, mas que só na republicana presidência sidonista se viera um momento a consumar. De tal forma que o não-ser se volvera ser, não sendo: os opostos, mais uma vez, tinham coincidido.

Este exemplo, entre tantos outros que poderiam servir de paradigma, mostra como erra totalmente o alvo quem der à linguagem política de Pessoa um significado denotativo, remetendo para um referente exterior à própria lógica poética que lhe é imanente: é o significante-texto que, através de uma conotação heteronímica, em que cada signo conotador é ele mesmo conotado, constrói uma realidade outra: a República assume o significado de Monarquia e a Monarquia o de República, reversivelmente.

Por se não ter apercebido de que o político é neste caso o poético, é que um crítico como João Gaspar Simões, na *Vida e Obra de Fernando Pessoa*, se vê constrangido a encontrar uma saída para essa só aparente aporia lógica, chegando a esta conclusão: "Monárquico – eis o que ele era. Partidário de uma monarquia de caráter absoluto e conservador, eis em que se traduzia o seu partidarismo"[10]. Entretanto, grande parte do capítulo sobre o "messianismo político" de Pessoa consagra-o Simões, muito justamente, a provar que, apesar de tudo, o poeta não era... fascista (como se tivesse medo de que este viesse mais tarde a ser saneado, após o 25 de Abril, qual Camões ao que dizem o foi...).

10. *Op. cit.*, p. 284.

Não é entretanto João Gaspar Simões o único a situar, com a maior das seriedades, as posições políticas de Pessoa no domínio referencial. Se para o crítico presencista o poeta era um monárquico nato, já para um crítico marxista como Alfredo Margarido "l'intégration de Pessoa ne pouvait se faire que du côté républicain, celui qui mettait en action les valeurs de la partie dynamique de la bourgeoisie où Pessoa désirait s'insérer"[11]. Em que ficamos? Monárquico ou republicano? Pessoa, quanto a ele, escreve placidamente, como a desenganar uns e outros: "Não tenho sentimento nenhum político ou social"...[12]

Vejamos, contudo, já agora, as aventuras ou desventuras políticas do poeta dos heterônimos e como ele heteronimicamente as mascarou. Elas começaram, nos tempos heróicos de *Orpheu*, com as reações da imprensa da época, tanto monárquica como republicana, às provocações daqueles "loucos" mais "inofensivos futuristas" (*sic*). Tendo o jornal *A Capital* ironizado acerca de um espetáculo "páulico", em termos que irritaram Pessoa, este respondeu com uma carta assinada por "Álvaro de Campos, engenheiro e poeta sensacionista", em que, fazendo referência a um acidente que pusera em risco a vida de Afonso Costa, chefe do Partido Democrático, escrevia: "Seria de mau gosto repudiar ligações com o futurismo numa hora tão deliciosamente mecânica em que a própria Providência Divina se serve dos carros elétricos para os seus altos ensinamentos"[13]. O efeito foi brutal: logo os jornais republicanos se ergueram indignados e a Carbonária, organização de tipo terrorista, se mobilizou para uma vingança – isto é, uma boa sova no Sr. Álvaro de Campos. A tal ponto que os seus companheiros se apressaram a escrever à *Capital*, dessolidarizando-se dessa incursão pelo terreno perigoso da polí-

---

11. *La Pensée Politique de Fernando Pessoa*, separata do *Bulletin des Etudes Portugaises*, tomo 21, Paris, 1971, p. 144.
12. *Livro do Desassossego*, por BERNARDO SOARES, Lisboa, 1982, vol. I., p. 17.
13. Cit. por J. G. SIMÕES, *op. cit.*, vol. II, p. 280.

tica, pois, no dizer de Mário de Sá-Carneiro, se recusariam a que *Orpheu* tivesse, "como revista literária" que era, "qualquer opinião política ou social – definida e coletiva", sendo a responsabilidade de tal ato puramente individual[14]. Pessoa foi o único a não trair Álvaro de Campos. De resto, as suas flechadas contra os políticos republicanos, embora não contra a República, já vinham de longe. Não tinha ele escrito em 1912, na revista *A Águia*, órgão da *Renascença Portuguesa*, ao profetizar o aparecimento de um Supra-Camões, que "tendo o movimento literário português nascido com e acompanhado o movimento republicano, é dentro do republicanismo, e pelo republicanismo, que está e será glorioso futuro deduzido", acrescentando porém que "se ser monárquio é ser traidor à Alma nacional, ser correligionário do Sr. Afonso Costa, do Sr. Brito Camacho, ou do Sr. Antônio José de Almeida, assim como de vária horrorosa subgente sindicalística, socialística e outras coisas, representa paralela e equivalente traição"?[15]. Já então a coincidência dos opostos, como se está a ver...

Mas outras oposições, mais importantes talvez do que a da Monarquia e da República, se desenham aqui, cujos desenvolvimentos se encontrarão em textos subseqüentes: o anti-socialismo e o anti-sindicalismo, apontando como reverso para o liberalismo e a democracia. Com efeito, em nota transcrita nas *Páginas Íntimas e de Auto-Interpretação*, Pessoa escreve:

> São hoje dissolventes todas as doutrinas sociais que reagem contra as da Revolução Francesa. Quem hoje prega a sindicação, o Estado corporativo, a tirania social, seja fascismo ou comunismo, está dissolvendo a civilização européia. Quem defender a democracia e o liberalismo a está defendendo[16].

Pretendem alguns ver aqui a prova mais provada da identificação de Pessoa com a ideologia do capitalismo liberal, sobretudo na sua fase ainda entre nós dominante de

14. *Idem*, p. 283.
15. *A Nova Poesia Portuguesa*, Lisboa, s. d., pp. 57-58.
16. *Op. cit.*, p. 77.

capitalismo comercial, que, aliás, estudou num texto sobre a *A Sociologia do Comércio*[17]. Mas textos há também que põem por sua vez estes últimos em questão, numa sucessão de contradições que, encadeando-se umas a partir das outras, vão proliferando, ao infinito. Assim, num ensaio sobre *A Opinião Pública*, Pessoa acaba por identificar (mais uma *coincidentia oppositorum*) o liberalismo com o socialismo, ao pôr em causa aquela "parte da classe popular [a classe trabalhadora] que mais extremo 'liberalismo' estadeia, os infelizes mentais diz Pessoa – cuja ignorância sociológica – e desconhecimento da história os levam a ter idéias socialistas ou parecidas, demência terminal do liberalismo"[18]. Para Pessoa, nesse texto, a "verdade popular" residiria apenas nas contra-revoluções nacionais, quando das invasões estrangeiras: "Ser revolucionário é servir o inimigo. Ser liberal é odiar a Pátria. A Democracia moderna é uma orgia de traidores"[19]. Três afirmações que supõem outras tantas negações: revolucionário iguala antirevolucionário, liberal e antiliberal, democrata antidemocrata.

Entre tais oposições polares uma parece de preferência solicitar Pessoa: a da anarquia e da ordem. Numa "Crônica da Vida que Passa", publicada em *O Jornal*, onde foi efêmero colaborador, este heterônimo-jornalista de que o poeta se mascarou ataca violentamente o que chama "a doença da disciplina", de que a revolução republicana não conseguira libertar os portugueses:

Somos incapazes de revolta e de agitação – escreve ele. – Quando fizemos uma "revolução" foi para implantar uma coisa igual ao que já estava. Manchamos esta revolução com a brandura com que tratamos os vencidos. E não nos resultou uma guerra civil, que nos despertasse; não nos resultou uma anarquia, uma perturbação das consciências. Ficamos miseravelmente os mesmos disciplinados que éramos[20].

17. Coleção Antologia, C. E. P., Porto, s.d.
18. *Op. cit.*, in *Ensaios Políticos*, Porto, s. d., p. 61.
19. *Idem*, p. 71.
20. *Elogio da Indisciplina e Poemas Insubmissos*, Porto, s. d., p. 7.

Na sua qualidade de "indisciplinador de almas", Pessoa propõe nada mais nada menos do que a instauração de uma "Anarquia Portuguesa". A qual não é, de resto, senão uma face outra do vanguardismo modernista, que coincide precisamente com a "maré alta do anarquismo, cuja expressão estética mais idônea será porventura – como escreve Joel Serrão – a revista *Orpheu*"[21].

Entretanto, Fernando Pessoa volta à carga, desta vez colaborando num panfleto clandestino contra a ditadura de Pimenta de Castro, com um artigo sobre *O Preconceito da Ordem*, em que, visando os "neomonárquicos", põe em causa a "preocupação da ordem" como objetivo de qualquer partido político: "Num país onde todos os partidos tenham a constante preocupação da ordem" estar-se-á "em constante desordem e anarquia". E conclui: "É este, mesmo, o único modo de chegar ao estado de anarquia social"[22]. Aqui, como se depreende, a anarquia tem já uma conotação negativa e não positiva: a identidade dos contrários completa-se.

Essa identidade está ainda presente, sob uma outra forma, na novela *O Banqueiro Anarquista*[23], em que, através de uma série de deduções cerradas e envolventes, obedecendo à lógica da contradição, o protagonista demonstra que é a sua condição de banqueiro que lhe permite realizar o ideal anárquico: não será o dinheiro o melhor meio de conseguir a liberdade absoluta? A tal ponto que só ele, e não os que da anarquia se reclamam, é um autêntico anarquista. Pudessem os Portugueses ter-se feito todos banqueiros e a "Anarquia Portuguesa" estaria realizada – mas hoje já é tarde para isso, diriam os nossos banqueiros anarquistas (ou anarquistas banqueiros), só o Estado podendo ser anárquico, depois da nacionalização da banca... Ironia que talvez correspondesse à definição que dela dá Pessoa: a

---

21. *Do Sebastianismo ao Socialismo em Portugal*, Lisboa, 1969, p. 108.
22. *Elogio da Indisciplina e Poemas Insubmissos*, p. 12.
23. *Obras em Prosa*, Rio de Janeiro, 1976, pp. 659 e s.

"essência da ironia" – frisa ele – consiste em "dizer uma coisa para dizer o contrário", isto é, "em não se poder descobrir o segundo sentido do texto por nenhuma palavra dele, deduzindo-se porém esse segundo sentido de o fato de ser impossível dever o texto dizer aquilo que diz"[24].

É por falta deste senso pessoano da ironia que muitos comentadores têm tomado à letra alguns dos seus textos políticos. O mais célebre é *O Interregno*, cujo subtítulo ("Defesa e Justificação da Ditadura Militar em Portugal") tem sido interpretado, até pela data da publicação do opúsculo (1928), como um apoio (inexistente) de Pessoa à ditadura militar instaurada em 28 de maio de 1926. Mas aí nem sequer a falta de ironia desculpa aos apressados censores: só a falta de leitura (ou a incapacidade de ler os textos "como estão" – diria Pessoa) os pode defender, senão justificar. É o que o autor teve o cuidado de prevenir:

> Este opúsculo trata exclusivamente da defesa e justificação da Ditadura Militar em Portugal e do que, em conformidade com essa defesa, chamamos a Doutrina do Interregno. As razões, que nele se apresentam, nem se aplicam às ditaduras em geral, nem são transferíveis para qualquer outra ditadura, senão na parte em que incidentalmente o sejam. Tão pouco se inclui nele, explícita ou implicitamente, qualquer defesa dos atos da Ditadura Militar presente. Nem, se amanhã esta Ditadura cair, cairão com ela estes argumentos. Não haverá senão que reconstruí-la, para estabelecer de novo o Estado de Interregno[25].

Antes de entrar, porém, na análise do que é esse "Interregno", convém esclarecer as circunstâncias da sua publicação, que são elucidativas não só da transgressão da ordem então vigente, como da própria instância do texto e do seu sujeito. Pessoa tinha colaborado, desde 1919, no jornal *Acção*, órgão do "Núcleo de Acção Nacional", movimento "sidonista" e "sebástico" (isto é, mais esotérico e profético do que político *stricto sensu*). Entre o Movimento e Pessoa fora acordado que este escrevesse um "esboço ou breve

---

24. *Páginas de Doutrina Estética*, Lisboa, 1946, p. 183.
25. *O Interregno*, p. 6.

formulário do que [...] poderia ser o Portugal Futuro". O texto estava para sair como manifesto anônimo, e não assinado por Pessoa. Mas já então a censura tinha sido instituída para as publicações das organizações políticas. E, segundo testemunha Pessoa, "o Ministério do Interior impediu a saída do opúsculo, a não ser que viesse assinado e convertido em livro – isto é, folheto – pois assim não era (então) preciso ir à censura, que, tendo sido consultada sobre o manifesto, pusera mais objeções à sua saída"[26]. Pessoa não esconde o seu "mau humor": a censura tinha-o impedido, com efeito, do desígnio de se mascarar de mais um heterônimo – o "Núcleo de Acção Nacional" –, tendo de socorrer-se *in extremis* do seu ortônimo.

O projeto ambicioso de Pessoa era o de escrever não apenas um opúsculo mas todo um livro. A estrutura deste, tal como é anunciada na introdução – intitulada, aliás, "Primeiro Aviso", à maneira de alguns poemas de *Mensagem* – trai a sua natureza esotérica e profética, até pelo número de partes previstas (5), de que só a primeira constitui o texto publicado, sendo a última eventualmente reservada aos iniciados, por oculta: "O mais importante, se não se ordenar que fique por dizer, formará a quinta parte deste livro" – assim reza o texto. Num "Segundo Aviso" final, volta a anunciar-se a estrutura potencial do livro, "em que tudo se liga – escreve Pessoa – até numericamente", só a quinta parte permanencendo envolta em mistério. Não é difícil detectar aqui o messianismo do Quinto Império, que envolve de resto todos os textos políticos de Pessoa, tal como os textos poéticos.

As justificações sibilinamente encontradas por Pessoa para a ditadura militar são três (outro número esotérico). Já conhecemos a primeira: sendo o país metade monárquico, metade republicano, o problema institucional é insolúvel:

Mas – acrescenta Pessoa – quando um país está assim organicamente dividido, metade contra metade, está criado o estado de

---

26. Cit. por PETRUS, in *Ensaios Políticos*, p. 119.

guerra civil – de guerra civil pelo menos latente. Ora, num estado de guerra civil ou outra, é a Força Armada que assume a expressão do poder. Assume-a, ordinariamente, em subordinação a um poder político constituído, a um regime. No nosso caso, porém, precisamente o que falta é um regime. Tem pois a Força Armada que ser ela mesmo o regime; tem que assumir por si só todo o poder[27].

A segunda justificação é a de que, "além de não ter vida institucional legítima, não pode Portugal, também, ter vida constitucional alguma"[28]. Segundo Pessoa, há dois sentidos em que se pode tomar a palavra "Constituição": ou no sentido de "forma constituída de governo", isto é, de um sistema político *abstrato*; ou no sentido *histórico* de forma de governo do tipo da Constituição inglesa, resultante de um consenso nacional, irredutível a qualquer outro país. O equívoco do constitucionalismo teria nascido da Revolução Francesa, "pela qual as doutrinas, já metafísicas, do constitucionalismo inglês se derramaram depois por todo o mundo". Ora, Portugal não pode ter, por ausência de um "ideal nacional" e de uma "opinião pública", uma Constituição, nem num sentido nem noutro, apesar de sermos nós, paradoxalmente, os "perfeitos constitucionais", mas só no sentido irônico de que recebemos "os malefícios do constitucionalismo"... Daí a necessidade de um "Estado de Transição", que só pode ser assegurado pela Força Armada.

Para além da atualidade, eventualmente polêmica, desta problemática constitucional pessoana e portuguesa, vem aflorar aqui de novo o mesmo tipo de lógica de nós já conhecido, em que a contradição funciona pela dupla exclusão dos termos opostos.

A terceira justificação é um desenvolvimento da impossibilidade da existência de uma "opinião pública" em Portugal, tema aliás de um outro ensaio também publicado anteriormente pelo "Núcleo de Acção Nacional". Sendo as três bases do governo a "força", a "autoridade" e a "opi-

27. *O Interregno*, p. 12.
28. *Idem*, p. 13.

nião", e correspondendo as duas primeiras a formas de sociedade ultrapassadas, restaria a terceira como fundamento do poder. Ora, a "opinião" pode ser de "instinto", de "hábito" e de "inteligência". Pondo de lado a "inteligência", por analítica e individual, o que levaria, diz Pessoa, a que a democracia moderna fosse a "sistematização da anarquia", há que buscar um equilíbrio entre a opinião de "hábito" e de "instinto", ou "intuição". E aqui Pessoa explicita uma vez mais a lógica da coexistência dos opostos, fazendo apelo a Heráclito:

> Consiste a vida social no equilíbrio de duas forças opostas [...]. Têm as duas forças que existir, para que haja equilíbrio, e, embora haja equilíbrio, que ser opostas. Um país unânime numa opinião de hábito não seria um país – seria gado. Um país concorde numa opinião de intuição não seria país – seria sombras. O progresso consiste numa média entre o que a opinião de hábito deseja e o que a opinião de intuição sonha[29].

Esta teoria do equilíbrio dos opostos é aplicada, não só no *Interregno*, mas, no ensaio *Como Organizar Portugal*, à oposição das forças do conservantismo e do progresso.

> Quando a ruptura do equilíbrio se dá pelo predomínio excessivo da força conservadora – escreve Pessoa neste último ensaio – dá-se uma estagnação, um entorpecimento, e o grau dessa estagnação depende do grau de predomínio da força conservadora [...]. Quando a ruptura de equilíbrio se dá pela predominância da corrente progressiva, acontece que as outras classes, não podendo acompanhar o progresso (se o pudessem acompanhar não se rompia o equilíbrio) e não se adaptando portanto a ele, passam a reagir violentamente e o país cai na anarquia[30].

É justamente a ausência de uma "luta profícua", de um "íntimo equilíbrio" entre as "forças sociais opostas" que torna impossível uma opinião pública em Portugal.

E Pessoa infere daí:

> Ora, num país onde isto se dá, e em que todos sentem que se dá, num país onde, sobre não poder haver regime legítimo, nem consti-

---

29. *Idem*, pp. 36-37.
30. *Ensaios Políticos*, pp. 21-23.

tuição de qualquer espécie, não pode, ainda, haver opinião pública em que eles se fundem ou com que se regulem, nesse país, todos os indivíduos e todas as correntes de consenso apelam instintivamente ou para a fraude ou para a força, pois, onde não pode haver lei, tem a fraude, que é a substituição da lei, ou a força, que é a abolição dela, necessariamente que imperar. Nenhum partido assume o poder com o que se lhe reconheça como direito[31].

É na necessidade de punir a fraude pela força, dada a sua tendência não a ser sancionada pela lei, mas a apoderar-se dela, que segundo Pessoa "se funda o instinto que promove as nossas constantes revoluções". E se estas nos têm "tornado desprezíveis perante a civilização" é – diz brutalmente o poeta – "porque a civilização é uma besta"[32].

Na verdade, as nossas revoluções são para Pessoa o "sintoma de que temos consciência da fraude como fraude" e de que não hesitamos em "apelar clara e definidamente para a força". Mas essa força tem que ter um "caráter social, tradicional", não podendo ser "ocasional e desintegrante". A conclusão é, pois, clara: "Há só uma força com esse caráter: é a Força Armada"[33].

Eis a "terceira Doutrina do Interregno e última justificação da Ditadura Militar". Como se vê, na sua formulação esotérica, que aponta para o mito do Quinto Império, trata-se de um texto que se situa para além de qualquer referente circunstancial, assumindo o caráter de uma construção poético-política, que diríamos constituir, ao mesmo tempo, uma *Utopia* e uma *Contra-Utopia*, pois não sendo aplicável propriamente à Ditadura Militar concreta de um dado país, numa dada época, desse mesmo país diacrônica e sincronicamente se reclama, não podendo as suas "razões" ser transferíveis para outra qualquer ditadura, a não ser (e aqui intervém a ironia pessoana) "na proporção em que incidentalmente o sejam"[34]. Ora, é exatamente nessa mesma

31. *O Interregno*, p. 41.
32. *Idem*, p. 42.
33. *Idem, ibidem*.
34. *Idem*, p. 6.

proporção que nada nos impede de ler também nelas uma antecipação da nossa história política mais recente, de que parecem ter sido premonitórias. Mas sem por isso jamais as reduzirmos, nesse caso, à realidade da letra, sob pena de sermos nós próprios vítimas da falta de ironia...

Tal como a *Mensagem* o foi para a obra poética de Pessoa, este texto parece ter sido o projeto mais elaborado que ele intentou de um livro político, sem o chegar no entanto a levar como aquele a cabo, embora a arquitetura, muito semelhante, tenha ficado rigorosamente delineada. Dir-se-ia que um e outro relevam do mesmo orto-heterônimo: aquele que se disseminou, esotericamente, em verso e prosa, por graus e gêneros diferentes de iniciação, ao longo de todo o texto pessoano.

Mas Pessoa não deixou também, como se sabe, de investir nos seus heterônimos poéticos as suas máscaras políticas. Se não era previsível que Alberto Caeiro, guardador de rebanhos e homem das sensações estremes, avesso às idéias, se dedicasse à política, estigmatizando como estigmatiza o "homem das cidades" que diz lutar pela justiça e pelos "operários que sofrem", já Ricardo Reis, clássico e supõe-se que conservador e tradicionalista, não poderia senão ser monárquico, tendo efetivamente que exilar-se por esse motivo no Brasil, em 1919, sem que se lhe conheçam contudo grandes elucubrações políticas ou mesmo patrióticas. Não dizia ele, num poema de amor, que preferia as rosas à própria pátria? Quanto a Álvaro de Campos, para lá das provocações sensacionistas-futuristas que lhe conhecemos, não deixa de derramar os seus entusiasmos políticos por muitos dos seus poemas, como na "Ode Triunfal", em que exalta a "maravilhosa beleza das corrupções políticas", as "agressões políticas nas ruas", os "artigos políticos insinceramente sinceros", chegando a dizer que "um parlamento [é] tão belo como uma "borboleta" e a cantar com excesso de expressão das sensações:

> Eh-lá-hô revoluções, aqui, ali, acolá,
> Alterações de constituições, guerras, tratados,
> invasões,

> Ruído, injustiça, violência e talvez para breve o fim,
> A grande invasão dos bárbaros pela Europa,
> E outro Sol no novo Horizonte[35].

É justamente Campos quem, nesta geração europeizada, mas no sentido de uma abertura a uma universalidade e não continentalidade civilizacional, se ergue contra os "mandarins" da Europa decadente, no seu célebre *Ultimatum*, em que termina por proclamar a abolição de alguns dogmas que entravam o advento de um nietzscheano Super-Homem, com conseqüências políticas radicalmente novas, obedecendo à lógica poética heteronímica.

Assim, a "abolição do dogma da personalidade" implica a "substituição [...] da Democracia pela Ditadura do Completo, do Homem que seja, em si próprio, o maior número de Outros, que seja portanto a maioria"[36]. Desse modo se reencontrará "o grande sentido da Democracia, contrário em absoluto ao atual, que aliás nunca existiu".

A "abolição do preconceito da individualidade" implica a "abolição de toda a convicção que dure mais do que um estado de espírito, o desaparecimento total de toda a fixidez de opiniões e de modos de ver", impedindo portanto a existência "de todas as instituições que se apóiem no fato de qualquer 'opinião pública' poder durar mais de meia hora" e exigindo a "abolição total do passado e do futuro como elementos com que se conte, ou em que se pense, nas soluções políticas"[37].

Por último a "abolição do dogma do objetivismo pessoal" implica

> o domínio apenas do indivíduo ou dos indivíduos que sejam os mais hábeis realizadores de médias, desaparecendo por completo o conceito de que a qualquer indivíduo é lícito ter opiniões sobre política (como sobre qualquer outra coisa), pois só pode ter opiniões o que for Média...[38].

35. *Obra Poética*, p. 265.
36. *Obra em Prosa*, p. 517.
37. *Idem*, p. 518.
38. *Idem*, p. 519.

Os "resultados finais sintéticos" são uma

> Monarquia Científica, antitradicionalista e anti-hereditária pelo aparecimento sempre imprevisto do Rei-Média", com a relegação do povo ao seu papel cientificamente natural de um mero fixador dos impulsos do momento[39].

Esta Utopia super-humana (diríamos mesmo ab-humana), em que se pode ver em ato a poética da *coincidentia oppositorum*, proliferando na multiplicidade heteronímica, é lançada por Álvaro de Campos "na barra do Tejo, de costas para a Europa, braços erguidos, fitando o Atlântico e saudando abstratamente o Infinito"[40].

Aí o deixaremos, suspendendo por agora este excurso, ainda perfunctório, pela aventura política e poética pessoana. Ir-se-ia por bom caminho se, através do intertexto, que aqui se procurou ler, tivesse passado essa grande Utopia do Texto, de que fala Roland Barthes, e que só ao escritor, ao poeta é dada:

> L'utopie est familière à l'écrivain parce que l'écrivain est un donnateur de sens: sa tâche (ou sa jouissance) est de donner des sens, des noms, et il ne peut le faire que s'il y a paradigme, déclic du oui/non, alternance de deux valeurs: pour lui, le monde est une médaille, une monnaie, une double surface de lecture, dont sa propre réalité occupe le revers et l'utopie l'avers[41].

Verso e reverso, afirmação e negação, as lógicas da linguagem poética e da linguagem política coincidem na linguagem da Utopia, através de uma dupla revolução, que é simultaneamente um avanço e um retorno, em que o horizonte inicial e o final tendem a reencontrar-se.

---

39. *Idem, ibidem.*
40. *Idem,* p. 520.
41. *Roland Barthes par Roland Barthes,* p. 80.

5. AMOR E FINGIMENTO
(SOBRE AS *CARTAS DE AMOR* DE FERNANDO PESSOA

Qual, dentre os "filhos de Álvaro de Campos" – para glosar um deles, que assim crismou as últimas gerações, tão desenvoltas quanto equívocas em habilitar-se à herança[1]–, não terá tido, ao folhear displicentemente as "cartas de amor" do heterônimo Fernando Pessoa (nisto de ser "ortô-

---

1. Cf. EDUARDO LOURENÇO, "Uma Literatura Desenvolta ou os Filhos de Álvaro de Campos", ensaio publicado in *O Tempo e o Modo*, 42, outubro de 1966.

nimo" há o seu quê de ironia), a sofisticada reação de achá-las "ridículas"? Vem sempre, é claro, uma citação a propósito, para o pessoano amador, que mais não seja por moda, ou a modos. Reação ela mesma ridícula, quando não risível, em que a "alegre inconsciência" se revela, mas geralmente sem a "consciência disso". Outro seria sem dúvida o riso, se não andassem alguns na ignorância de que um dos atuais "maîtres-penseurs", Jacques Lacan – aquele que, se o soubessem ler, lhes poria a nu o inconsciente, estruturado que é "como uma linguagem" –, escreveu um dia, com todas as letras, haver no mundo "uma única coisa de um pouco sério que se possa fazer, a carta de amor"[2].

Séria porque ridícula, esta correspondência amorosa de Pessoa, em que a máscara de Campos se insinua, sub-repticiamente? Ou ridícula porque séria, ao ser Campos sutilmente investido pela máscara de Pessoa? Neste oxímoro quiasmático reside, quem sabe, a figuração textual das cartas, o fingimento do amor feito discurso: opostos em coincidência, numa reversibilidade simétrica. Tal é, em certo sentido, embora com conseqüências diferentes das que daí tiraremos, a hipótese avançada pelo apresentador das cartas, David Mourão-Ferreira, que em tão boa ou má hora as ousou dar a público, com o risco assumido de violar, para uns, a suposta intimidade do poeta e de banalizar, para outros, a sacralidade da obra. Formas socialmente inauditas, ambas, do "obsceno", como releva Barthes. Se o sujeito amoroso é "abjeto", o texto amoroso é baixo, "sem grandeza". Mais ainda do que a obscenidade do sexo, hoje recuperada, é a do "sentimento" que passa a ser, por anacrônica, interdita[3]. A vulgaridade do "sentimentalismo" pessoano, eis o que choca, para muitos, nas "cartas de amor". E se essa vulgaridade fosse, precisamente, fingida, enquanto significante da paixão? A paixão amorosa – como *ipsis verbis* o assinalou Valéry – "é uma fabricação literária

2. *Encore*, Paris, 1975, p. 78.
3. Cf. *Fragments d'un Discours Amoureux*, Paris, 1977, pp. 207 e ss.

e ridícula"[4]. Outra vez a palavra-chave, aqui associada à poética ou, melhor dizendo, à *poiética*. Ora, esta poiética do amor – da carta de amor – não pode deixar de ser uma poética do fingimento, no seu sentido exato. Fingir, como entre outros lembrou insistentemente Jorge de Sena[5], é antes de mais "formar", "modelar", acepção que fora acolhida na *Arte Poética* de Horácio[6] e que, da *mimesis* aristotélica até Nietzsche, teve múltiplos avatares, vindo repercutir-se na poética pessoana. Mas o fingimento, como se sabe, não é para Pessoa mais do que a face velada de uma outra verdade. Esta há de coexistir nele, de qualquer forma, com a mentira: tal seria a máxima de Pessoa. E não é para Ricardo Reis a sageza suprema a do "finge sem fingimento", isto é, com a própria verdade? Até "a dor que deveras sente" chega, com efeito, pelo poeta a ser fingida, como se lê na célebre "Autopsicografia", embora o fingimento, a mentira, sejam imediatamente negados, em *Isto*, como exclusivos da verdade, pois incluem pelo menos a do imaginário, senão a do real, remetida do poeta para os leitores: mas não é esta também fingida, dado a sua dor ser só, afinal, a que "eles não têm"?

Repor a questão da sinceridade, como o faz David Mourão-Ferreira, em termos de inscrever na sua "ordem", *também*, como ele sublinha, o registro das "cartas de amor", não será uma falsa questão, mas que por isso mesmo remete para a verdadeira questão, que é a do sujeito amoroso ser, na expressão de Casais Monteiro, em que se abona, o "sincero fingido"? "Se há amor" – o que não é nunca seguro, mesmo quando efetivamente o haja –, o "ridículo" das cartas é sempre, em qualquer caso, quanto a ele, perfeitamente seguro, por ser, nem mais nem menos, o do fingimento... sincero. Para os gnósticos, e Pessoa era

---

4. *Oeuvres*, II, Paris, 1974, p. 396.
5. Cf. em particular entrevista a *Quaderni Portoghesi*, 1, Pisa, 1977, p. 153 e "Fernando Pessoa, o Homem que Nunca Foi", *Persona*, 2, Porto, 1978, p 39.
6. Cf. MARIA TERESA SCHIAPPA DE AZEVEDO, *À Volta do Poeta Fingidor*, separata de *Biblos*, Coimbra, 1976, p. 366.

um deles, "falar sinceramente de amor não pode ser senão falar para não dizer nada: gaguejar – como diz Jerôme Peignot – o esplendor revelado de Deus"[7]. Caracterização perfeita, no caso presente. Pois não será "gaguejar" o cúmulo do "ridículo"?

Mas antes de intentarmos mostrar como o discurso das "cartas de amor" se assume implícita e explicitamente em fingimento, num vaivém intertextual com o dos heterônimos – já que de textos poéticos para nós se trata –, vejamos brevemente qual a história externa que as referenciou, ao ponto de delas fazer mais uma versão polêmica do chamado "caso" pessoano, que tanto tem suscitado o afã dos exegetas, a despeito da morosidade das leituras (mas talvez se trate, quem sabe, do simples deferimento do seu deleite). Foi o poeta Carlos Queirós, sobrinho de Ophélia e amigo de Pessoa, quem logo poucos meses a seguir à sua morte – em junho de 1936, na revista *Presença* – deu conta dessas intrigantes cartas, de que publicou apenas alguns excertos, depois reunidos num volume de homenagem ao poeta. Ficou a saber-se, desde então, da existência de pelo menos um "namoro" de Pessoa – é esse o termo, bem à portuguesa, que a senhora dele foi objeto (e sujeito) não renega, embora alegue ter sido recusado pelo *partenaire*, e justamente pelo seu "ridículo". (Verdade, fingimento? E de quem? Dela? de Pessoa?) O certo é que o biógrafo tutelar do poeta – João Gaspar Simões, como se sabe – não perdeu a oportunidade de, no segundo volume da sua extensa, detalhada e "romanceada" *Vida e Obra de Fernando Pessoa*, publicada em 1950, extrair dessa correspondência fragmentária mais preciosa, com uma perspicaz mas nem sempre conseqüente intuição, as ilações que convinham à sua tese interpretativa, de cunho alegadamente, embora frustemente, psicanalítico, nesse mesmo livro desenvolvido, bem como num ensaio sobre "Fernando Pessoa e as Vozes da Inocência". Revelando-lhe pela primeira vez o signifi-

---

[7]. Cf. JERÔME PEIGNOT, *Les Jeux de l'Amour et du Langage*, Paris, 1974, p. 199.

cativo nome – meio oculto meio descerrado na dedicatória do volumezinho de Carlos Queirós –, Gaspar Simões logo chamou a atenção para essa "Ofélia shakespeariana", que assim assumia na vida do poeta um papel homólogo ao da personagem dramática, transformando-o a ele não apenas no Super-Shakespeare, que insinuara (para além do "Supra-Camões") no seu estudo sobre "A Nova Poesia Portuguesa", dos tempos de *A Águia*, mas mais ainda num outro Hamlet, de carne e osso, tanto como de papel. E lembremos, embora Simões a isso não aluda – pois o texto não estava ainda publicado – que é justamente o exemplo hamletiano que Pessoa cita, ao discorrer sobre os "graus" que levam da poesia lírica à dramática, insinuando-se como um "poeta dramático escrevendo em poesia lírica", qual efetivamente o foi.

Suponhamos – escreve ele – que um supremo despersonalizado, como Shakespeare, em vez de criar o personagem de Hamlet como parte de um drama, o criava como simples personagem, sem drama. Teria escrito, por assim dizer, um drama de um só personagem, um monólogo prolongado e analítico. Não seria legítimo ir buscar à sua personagem uma definição dos sentimentos e dos pensamentos de Shakespeare, a não ser que o personagem fosse falhado, porque o mau dramaturgo é o que se revela[8].

Acaso providencial: Pessoa tornava-se, ao mesmo tempo, um dramaturgo (oculto) e um personagem (disfarçado de pessoa viva). *Sem drama* – repare-se bem. Era como se o que os heterônimos escreveram na cena textual fosse mimado por aquele namoro e pela correspondência em que se ia desdobrar. E que a reversibilidade poesia/vida seria por Pessoa dramaticamente representada, num duplo fingimento, prova-o a descrição que Ophélia faz, no relato agora anteposto às cartas, da declaração de amor do poeta:

Sentou-se na minha cadeira – conta ela –, pousou o candeeiro que trazia na mão e, virado para mim, começou de repente a declarar-se como Hamlet se declarou a Ofélia: "Oh, querida Ofélia! Meço

---

8. *Obra Poética*, Rio de Janeiro, 1972, p. 199.

mal os meus versos; careço de arte para medir os meus suspiros; mas amo-te em extremo. Oh! até ao último extremo, acredita"[9].

Os versos mal medidos – como os dos heterônimos – transpunham-se dessa forma dos poemas (do poemodrama) e dos poetas (do poetodrama) para o mimodrama da vida: o fingimento poético apenas mudava de linguagem, de significante. Ora, como escreve Lacan: "o homem, uma mulher, não são nada mais do que significantes". Se, "no amor, o que é visado é o sujeito, o sujeito como tal", ele "não é senão – quer tenha ou não consciência de qual o significante de que é o efeito – o que desliza numa cadeia de significantes"[10].

Essa cadeia de significantes vai continuar nas cartas que prolongarão a declaração de amor. Qual é a história dessas cartas? A da alternância entre a escrita (a ausência) e a fala (a presença), embora haja ainda entre elas uma relação ambígua, que é a da presença/ausência, simbolizada pelo "telefone", fala à distância, diferida, sem rosto: apenas dualidade, multiplicidade de linguagens e de sujeitos-máscaras. Eis como o poeta, o amoroso, se coloca perante essa ambigüidade semiológica:

Não me conformo – confessa Pessoa a Ophélia – com a idéia de escrever; queria falar-te, ter-te sempre ao pé de mim, não ser necessário mandar-te cartas. As cartas são sinais de separação – sinais, pelo menos, pela necessidade de escrevermos, de que estamos afastados[11].

E noutra carta, esta a primeira da segunda série, após uma efetiva separação de quase dez anos:

Não sei escrever cartas grandes. Escrevo tanto por obrigação e maldição, que chego a ter horror a escrever para qualquer fim útil ou agradável. Prefiro falar, porque, para falar, é preciso estar-se presente – ambos presentes, salvo nesse caso infame do telefone, onde há vozes sem caras[12].

9. *Cartas de Amor de Fernando Pessoa*, Lisboa, 1978, p. 21.
10. *Encore*, pp. 39 e 48.
11. *Cartas de Amor*, p.65.
12. *Idem*, p. 139.

Estes fragmentos manifestam, com acuidade, o desejo sempre latente no discurso amoroso: o da destruição, da morte de toda a linguagem: "A linguagem do amor – diz Peignot – visa com efeito negar a linguagem"[13]. Nesse horizonte, a escrita consuma, de diferença em diferença, a morte do signo. Como o mostrou Jacques Derrida, sendo não um significante de um significado, mas um "significante de um significante", ela põe em causa a própria noção de "signo" e toda a sua "lógica", abrindo-se à cadeia infinita dos significantes[14]. É essa a "maldição" de que fala Pessoa: a de uma ausência, que não é mais do que o desejo de uma presença, a do outro de toda a linguagem. Esse desejo do outro torna-se assim, à letra, o desejo do sujeito amoroso: "Gostei muito da sua carta, mas gostei ainda mais do que veio antes da carta, que foi a sua própria pessoa"[15] – escreve o poeta, numa espécie de arroubo. Pessoa realiza aqui, lexematicamente, uma ambigüidade perfeita: a da pessoa e a da *persona*, a de um ser vivo e a de um "ser de papel", para utilizar uma expressão de Roland Barthes. É da impossibilidade de os fazer jamais coincidir que nasce, segundo este, a necessidade de um pacto do amor com a linguagem, mesmo se para o transgredir: não podendo ser escrito, ele aloja-se no discurso: "querer escrever o amor é afrontar o desperdício da linguagem: essa região de loucura em que a linguagem é ao mesmo tempo demasiada e *demasiado pouca*"[16]. Assim nasce o "discurso amoroso", cujas figuras Barthes analisou e se encontram disseminadas nas "cartas de amor" de Pessoa, sendo a própria carta de amor à primeira dessas figuras.

Se o termo "figura", no sentido retórico, vem de *fingere*, como pretende por exemplo Dumarsais, é porém no sentido mais originário de "gesto do corpo apanhado em ação" que Barthes o toma. O fingimento das figuras do

---

13. *Op. cit.*, p. 199.
14. Cf. JACQUES DERRIDA, *L'Ecriture et la Différence*, Paris, 1969, p. 16.
15. *Cartas de Amor*, p. 139.
16. *Fragments d'un Discours Amoureux*, p. 115.

discurso amoroso assume, entretanto, nas cartas, as duas acepções, numa oscilação, numa alternância permanente, como se entre ambas houvesse uma indeterminação. Esse fingimento tanto é figurado corporalmente nos diferentes gestos da relação amorosa – encontros, separações, passeio a dois, atitudes – como inscrito ao longo da correspondência, numa repetição insistente, reiterada, que encontra correspondência intertextual nos heterônimos poéticos.

Logo na sua primeira carta a Ophélia, Pessoa aborda o tema do fingimento, mas, aparentemente, para lhe solicitar sinceridade, enquanto ele mesmo não deixa de, numa reciprocidade falsa, lhe declarar o seu próprio fingimento. Vejam-se estas passagens significativas: "A Ophelinha pode preferir quem quiser; não tem obrigação – creio eu – de amar-me, nem, realmente, necessidade (a não ser que queira divertir-se) de fingir que me ama"[17]. Trata-se, em termos retóricos, da figura da preterição, que, na definição de Fontanier, consiste, repare-se bem, "em fingir não se querer dizer o que todavia se diz muito claramente"[18]. Ao começar por fazer apelo à transparência de Ophélia, logo tal transparência se lhe manifesta, antiteticamente, como qualificando o fingimento, ao escrever Pessoa: "Para me mostrar o seu desprezo ou, pelo menos, a sua indiferença real, não era preciso o disfarce transparente de um discurso tão comprido"[19], sendo certo que o oxímoro "disfarce transparente" é o sinal por excelência do desprezo. E é de um disfarce transparente, embora só para um leitor advertido, que usa o próprio expedidor da carta, ao declarar a certo passo à destinatária: "Quem ama verdadeiramente não escreve cartas que parecem requerimentos de advogado", terminando em seguida desse modo a carta em questão: "Aí fica o documento escrito que me pede. Reconhece a minha assinatura o tabelião Eugênio da Silva"[20].Que

17. *Cartas de Amor*, p. 47.
18. *Les Figures du Discours*, Paris, 1968, p. 153.
19. *Cartas de Amor*, p. 47.
20. *Idem*, p. 43.

melhor forma de afirmar que se trata, não de um amor sincero mais fingido, ou, se se quiser, só sincero enquanto fingido?

Numa carta subseqüente já o apelo é dirigido, um tanto indiferentemente, à sinceridade ou ao fingimento da amada, não numa disjunção exclusiva mas inclusiva: "Adeus, amorzinho, faze o possível por gostares de mim a valer, por sentires os meus sofrimentos, por desejares o meu bem-estar; faze, ao menos, por o fingires bem"[21]. E o fingimento é mesmo explicitado como simulação: "Eu pedia-te apenas que *fingisses* esses carinhos, que *simulasses* algum interesse por mim"[22]. A utilização da figura de "elocução por dedução" designada por metábole, ou sinonímia, não deixa de reforçar sugestivamente a idéia de fingimento, através da dualidade redundante de significantes.

Entretanto, a poética do fingimento é, para o amoroso, uma faca de dois gumes: quanto mais perfeito ele for, mais o amor corre o risco de ser simultaneamente falso e sincero, sincero na sua falsidade, falso na sua sinceridade: "Conforme prometi, vou escrever ao meu Bebezinho para lhe dizer, pelo menos, que ela é muito má, exceto numa cousa, que é na arte de fingir, em que vejo que é mestra"[23]. Discurso masoquista e perverso: o do amante que gosta de ser enganado. E vá, sadicamente, de afetar, em contrapartida, não a arte de fingir, mas a de ser brutalmente sincero, num fingimento refinado, que é o de falar verdade a mentir: "Sabes? Estou-te escrevendo mas *não estou pensando em ti*. Estou pensando nas saudades que tenho do meu tempo da *caça aos pombos*; e isto é uma cousa, como tu sabes, com que tu não tens nada..."[24]. A duplicidade da conotação metafórica mais realça a reiteração da negatividade, que parece ser a única relação entre os dois amantes. Mas já Charles Fourier notara – e ele foi, dentre os utopistas, o

21. *Idem*, p. 62.
22. *Idem, ibidem.*
23. *Idem*, p. 77.
24. *Idem, ibidem.*

mais imaginativo dos apóstolos de um "novo mundo amoroso" – que "o fim da harmonia (para ele o valor dos valores) não é exclusivamente a verdade", podendo chegar-se à concórdia pela via da discordância e da falsidade:

> A falsidade simples ou isolada – diz ele – é um germe de discórdia, mas a falsidade em ordem composta pode tornar-se germe de harmonia. Por exemplo, em sintaxe duas negativas combinadas valem uma afirmativa, em álgebra os negativos compostos ou multiplicados um pelo outro são um produto positivo. Chega-se portanto através de falsidades combinadas ao resultado que é contrário, oposto ao da falsidade[25].

Um exemplo sintático desta afirmação pelas duas negativas, de que fala Fourier, poderia ser este que, no entanto, deixa pairar a ambiguidade sobre a identidade de uma afirmação pela positiva e de uma afirmação pela dupla negativa: "E gosto muito de ti, Bebé, acredita; não quer isto dizer que eu te não ame". Como se observará, a diferente intensidade do gostar e do amar deixa uma dúvida em suspenso: mas não é a dúvida (o duvidoso) uma figura privilegiada do fingimento, pela sua indeterminação entre a verdade e a mentira?

O fingimento amoroso aparece glosado ao longo da poesia heteronímica, em múltiplas variações sobre um mesmo (e outro) tema, cujas modulações se harmonizam nas diferenças de escrita. Até mestre Caeiro se torna, em transgressão ao seu antimisticismo panteísta, um "pastor amoroso", que se dirige quase epistolarmente à amada, num discurso que se desvia do "grau zero" da linguagem poética, passando da verdade (denotativa) à mentira (conotativa) sem nenhuma transição:

> Quando eu não te tinha
> Amava a Natureza como um monge calmo a Cristo...
> Agora amo a Natureza
> Como um monge calmo à Virgem Maria,
> Religiosamente, a meu modo, como dantes,
> Mas de outra maneira mais comovida e próxima[26].

---

25. *Le Nouveau Monde Amoureux*, Paris, 1967, p. 426.
26. *Obra Poética*, p. 229.

A amada é de resto designada figuralmente na diversidade de visões de Caeiro – e ver, nele, é o ato poético (porque não poético) essencial:

> Passei toda a noite, sem dormir, vendo, sem espaço,
> [a figura dela,
> E vendo-a sempre de maneiras diferentes do que a encontro
> [a ela,
> Faço pensamentos com a recordação do que ela é quando
> [me fala,
> E em cada pensamento ela varia de acordo com a sua
> [semelhança.
> Amar é pensar.
> E eu que quase me esqueço de sentir só de pensar nela[27].

Este poema parece reconstituir duas das cartas a Ophélia, escritas uma às 4 h da madrugada e a outra às 9 h da manhã, numa noite de insônia e doença. E se "pensar", como dizia o Caeiro dos poemas do *Guardador de Rebanhos*, "é estar doente dos olhos", sendo amar a "eterna inocência" e "a única inocência não pensar", torna-se possível ver como este outro Caeiro se situa nos seus antípodas, ao identificar agora pensamento e amor. Nessa oposição e identificação está toda a lógica poética pessoana: a uma verdade de afirmação contrapõe-se uma verdade de negação, coexistindo ambas num terceiro valor, que é precisamente a mentira, o fingimento, conforme os pressupostos da contradição complementar definidos por Stéphane Lupasco. Segundo ele, esta lógica assume, na "experiência do amor", a "linha média entre a liberdade de indiferença da contradição e as duas liberdades inversas do racional e do irracional, quer dizer, da não-contradição". Dessa forma, "o ser amado furta-se como uma ficção", ou como uma figura, diríamos nós: e a poesia irrompe[28]. Escrevendo sobre o amor, Lacan chega a uma muito próxima postulação do fingimento: "A verdade, com efeito, até ao

---

27. *Idem*, p. 230.
28. STÉPHANE LUPASCO, *Logique et Contradiction*, Paris, 1946, p. 192.

presente, na lógica, não pôde consistir senão em contradizer. Ela está no dualismo do verdadeiro e do falso", conclui ele[29].

Esta indiferença dos opostos encontra-se também expressa, em termos de relação amorosa, no heterônimo Ricardo Reis, discípulo de Caeiro, que se dirige à amante nestes versos lapidares:

> Não sei se é amor que tens, ou amor que finges,
> O que me dás. Dás-mo. Tanto me basta.
> Já que o não sou por tempo,
> Seja eu jovem por erro.
> Pouco os deuses nos dão, e o pouco é falso.
> Porém, se o dão, falso que seja, a dádiva
> É verdadeira[30].

O equilíbrio entre o falso e o verdadeiro, que nesta serenidade clássica se deixa ler, é como que um momento de harmonia entre o dar e o receber da troca amorosa, na sua mútua aceitação. Já houve quem visse em Reis, em contraste com Caeiro, "uma ilustração positiva do fingimento poético"[31], como o seria também Álvaro de Campos. Mas as contradições passam e perpassam o interior de cada heterônimo, e Reis não deixa de ver o amor de um só lado da balança ambivalente do sujeito amoroso: "Que quer o amor mais que não ser dos outros?", pergunta ele. E logo responde:

> O mesmo amor que tenham
> Por nós, quer-nos, oprime-nos[32].

Resta identificar o outro com o mesmo e o mesmo com o outro:

> Ninguém a outro ama, senão que ama
> O que de si há nele, ou é suposto.

---

29. JACQUES LACAN, *L'Amour*, Paris, 1974, p. 40.
30. *Obra Poética*, p. 285.
31. MARIA TERESA SCHIAPPA DE AZEVEDO, *op. cit.*, p. 377.
32. *Obra Poética*, p. 284.

> Nada te pese que não te amem. Sentem-te
> Quem és, e és estrangeiro.
> Cura de ser quem és, amam-te ou nunca[33].

Se "o Outro é simplesmente o lugar onde a verdade balbucia", como diz Lacan, importa dar voz ao seu fingimento. Ela manifesta-se, com acentos que se vão reencontrar nas Odes de Reis, em algumas "cartas de amor", como seja a que marca a primeira ruptura com Ophélia:

> Fiquemos, um perante o outro, como dois conhecidos desde a infância, que se amaram um pouco quando meninos e, embora na vida adulta sigam outras afeições e outros caminhos, conservaram sempre, num escaninho da alma, a memória profunda do seu amor antigo e inútil[34].

Não se repercutirá o eco deste belo passo nos poemas em que a figura de Lídia (heterônima da de Ophélia) é invocada? Mas será outra a "Lei", de cuja existência ela nem suspeita, que finalmente solicita Pessoa, "em obediência a Mestres que não permitem nem perdoam", como ele diz. Na verdade, se o poeta quiser assumir e cumprir o seu Fado, terá de seguir por outras vias iniciáticas, em demanda de linguagens mais ocultas, que transcendem, embora também incluam, o discurso amoroso: "Nem a Ophelinha, nem eu, temos culpa disso" – escreve Pessoa. "Só o Destino terá culpa, se o Destino fosse gente"[35]. Mas "em gente" é só o drama em poetas, o *poetodrama*, que, transmutando-lhe a personalidade em *personae*, alquimicamente nele se vai encenando.

De todos os heterônimos, o que como já vimos investe mais explicitamente nas cartas de amor, intrometendo-se mesmo entre Pessoa e Ophélia, é Álvaro de Campos – além do charadista Crosse e desse estranho Ibis, de que o poeta gostava de fazer uso, ao que parece, perante as crianças, e com que também mimoseia o seu "Bebezinho". A invocação do poeta da "Ode Marítima" era de resto freqüente,

---

33. *Idem*, p. 288.
34. *Cartas de Amor*, p. 133.
35. *Idem*, p. 131.

segundo testemunho de Ophélia, nas conversas entre os dois, enquanto o poeta "só raramente falava no Caeiro, no Reis, no Soares". A tal ponto que se tornara antipático à ingênua escriturária, a qual, pouco a pouco, entrara no jogo: "Jogo de gato e rato", como numa expressão feliz lhe chama Jorge de Sena, pois inclusivamente, diz ele, "o mesmo Álvaro era quem Pessoa talhara para homossexual do grupo"[36]. O que não deixa de acrescentar um elemento de ciúme (imaginário) a esse rival, que é, não um adjuvante, mas um opositor das relações amorosas, por muito que Pessoa proteste dos seus bons sentimentos, embora admitindo que "em geral" tenha sido "só" contra Ophélia. Um "só" significativo, pois visa indigitar que a sua oposição tinha um sinal monovalente. Como se vê, nem falta neste romance o triângulo clássico, invertido, se assim se pode dizer – sem malícia...

O estatuto heteronímico de Campos manifesta-se desde a sua primeira aparição nas cartas: ele é tratado, como não podia deixar de ser, por "engenheiro", e da citação consta um dos paradoxos lúdicos tão do gosto do poeta: a esquisitice da letra (que Pessoa mudava como se sabe de heterônimo para heterônimo) é por Álvaro de Campos justificada pela qualidade do papel, pelo estado de ebriedade e por uma terceira razão que é... "haver só duas razões, e portanto não haver terceira razão nenhuma"[37]. Com uma sutilíssima ambigüidade, Pessoa empresta assim a Campos a sua natureza de "ser de papel", aludindo do mesmo passo misteriosamente (o número 3 é um número estérico) ao fingimento triangular, que ultrapassa o nível de significação banal. As conotações amorosas afloram, porém, quase sempre, nessas irrupções de Campos pelo texto das cartas: alusões ao desejo, ao prazer e, que é importante, à "troça", isto é, ao tão decantado "ridículo" do poema de que ele é o autor e cuja relação intertextual com a correspondência

---

36. "Fernando Pessoa, o Homem que Nunca Foi", *Persona*, 2, p. 37.

37. *Cartas de Amor*, p. 78.

amorosa desse modo melhor se ilumina. Pormenor a relevar, acima de tudo: Campos vai-se tornando, pouco a pouco, um sucedâneo de Pessoa, começando até a substituí-lo no seu papel de *partenaire*: "Mesmo o Álvaro de Campos gosta muito, muito do seu Bebezinho"[38]. Assim, numa dada carta, Pessoa nota com naturalidade: "Não te preocupes. Afinal o que foi? Trocaram-me pelo Álvaro de Campos!"[39]. E após o longo hiato sem correspondência, entre 1920 e 1929, o engenheiro naval é por Fernando Pessoa *ipse* encarregado de assinar ele mesmo uma missiva toda protocolar a D. Ophélia Queiroz, o que não o impede de tratar o amigo de "abjeto" e "miserável" e de aconselhar a Exma. Senhora a deitar a "imagem mental" dele na pia... Pessoa passa, por assim dizer, à condição de heterônimo, de ser também ele de papel, com uma "entidade fingidamente humana", como diz Campos[40]. A reversibilidade da ortonímia e da heteronímia consuma-se, enfim.

Foi levantada por David Mourão-Ferreira uma hipótese (mas apenas hipótese) que quanto a nós, do ponto de vista em que nos colocamos, nos parece irrelevante: a de entre a primeira e a segunda série da correspondência se ter operado na produção poética de Álvaro de Campos uma translação que poderia, eventualmente, ter também incidências na sua intervenção nas cartas. Segundo ele, na fase inicial de Campos os "referentes" poéticos seriam "fitos", enquanto na sua fase final eles coincidiram cada vez mais "com dados que são da experiência do próprio Fernando Pessoa"[41]. A esse respeito, haverá que pôr em evidência que na linguagem poética o referente não assume o mesmo estatuto que na linguagem de comunicação: ele é sempre, de algum modo, coincidente com o poema, e não exterior a ele. Para citar um verso exemplar de René Daumal, "dans un vrai poème les mots portent leurs choses"[42]. Na poética

---

38. *Idem*, p. 109.
39. *Idem*, p. 129.
40. *Idem*, p. 145.
41. *Idem*, p. 189.
42. *Poésie Noire, Poésie Blanche*, Paris, 1954, p. 234.

pessoana, de resto, como sabemos, não há lugar para dissociar o "fito" (o imaginário) do "vivido" (do real), pois este, no texto, mesmo quando efetivamente experimentado, é sempre fingido. No que concerne a Campos, ou qualquer outro heterônimo, e a relação entre a experiência amorosa de Pessoa, as suas cartas e os seus poemas, há quanto a nós que explorar, sobretudo, em termo de migração intertextual, os elementos paragramaticamente dispersos de uma textualidade múltipla, nos seus discursos e sujeitos. Um mesmo texto pode, deste ponto de vista, ser outros tantos textos, e tantos quantos as relações que com os diferentes heterônimos ele estabelecer. Daremos como exemplo, apenas a título de amostra, a carta 46, em que a metáfora onomatopaica da "corda partida", fazendo um "tr-tr-r-r-r-r..." fonematicamente vibrante e grafematicamente marcado por um "t" seguido de uma série não finita de "r" apicais[43], pode ser relacionada com o poema ortônimo "Autopsicografia", que, sendo o poema mesmo do fingimento, usa iconicamente de similar metáfora, na sua última quadra. Se num caso (o da carta) é um "automóvel" de corda que aparece descrito, e no outro (o do poema) se trata antes de um "comboio", logo a transposição paradigmática se estabelece: a corda partida na cabeça do amoroso continua a fazer girar o coração do poeta, numa circularidade reversível. Mas os ditos elementos da carta podem, de igual modo, ser relacionados com a "Ode Triunfal" ou a "Ode Marítima" de Álvaro de Campos: na primeira, aparece a mesma marca grafemática do rodar das engrenagens, num "r-r-r-r-r-r eterno", e na segunda há o girar do volante, em gradações ascendentes, antes de algo nele de repente se partir, para em seguida declinar em gradações descendentes, até à imobilidade total, dada grafematicamente pelo espaçar lento dos "t-t--t---t----t-----t". Quem diria, a uma leitura superficial, que o fingimento amoroso das cartas não seria mais do que uma metamorfose dos textos poéticos, ou estes daquele? E por que não considerar, intertextualmente, poéticas as mesmas cartas,

---

43. *Cartas de Amor*, p. 157.

agora outras? O discurso amoroso, bem como o seu sujeito, não são mais do que essa encenação infinita de significantes. Parafraseando Lacan, nós diríamos que "do amor, não é o sentido que conta, mas antes o signo como alhures", isto é, como significante outro, "outrando-se", na expressão do poeta. "Aí reside mesmo todo o drama", acrescenta ainda Lacan, num comentário trágico. E nós diríamos, no caso de Pessoa: todo o poemodrama, o poetodrama.

Alguns, de João Gaspar Simões a David Mourão-Ferreira, abonando-se de uma psicanálise vulgar, que vai da biografia à obra e da obra à biografia, numa hesitação divagante, sem sequer se deterem no texto, enquanto entrelaçar de sujeitos e discursos, de poetemas e biografemas, poderão ter procurado interpretar, explicar, reduzir Pessoa (depois dele ausente) a fórmulas como a"morte do Pai" a "traição da Mãe", a "fixação infantil", a "transposição" para Ophélia, os célebres "diminutivos" etc., etc. Outros ainda, como Eduardo Lourenço, terão aberto novas vias de abordagem, ao analisarem as "audácias fictícias de Eros", a sua encenação complementar da de Tânatos[44], compreendendo também, como Fernando Guimarães, que é da diferenciação das linguagens que a "vida verdadeira" de Pessoa se tece[45]. Por nós, ficamo-nos na vida/morte fingida do seu corpo textual, tentando, como dizia Pessoa, "cercar estes estudos e estas buscas de uma leve aura poética de desentendimento". Não nos preveniu ele de que "até com a verdade terá que haver diplomacia"? Amemos, pois, o seu amor em fingimento.

---

44. *Pessoa Revisado*, pp. 93 e ss.
45. *Persona*, 1, p. 38.

6. PESSSOA E VIEIRA:
DOIS PROFETAS MESSIÂNICOS

As vozes da poesia e da profecia confundem-se: não é o vate o profeta por excelência? Vaticinar e poetar são, por outro lado, atos essencialmente sagrados: não admira que a eloqüência sacra se tenha tornado uma das formas de eleição do discurso poético, do discurso profético. Ao associar, sob esse duplo signo, Fernando Pesoa e o Padre Antônio Vieira, não faremos mais do que tentar des-cerrar (des-velar) o que nos seus textos, entre luzes e sombras, se deixa ler, ocultando-se e revelando-se, esotericamente, da escrita em silêncio do poeta à voz ardente do profeta:

> É a voz de alguém que nos falla,
> Mas que, se escutarmos, cala,
> Por ter havido escutar,

reza a *Mensagem* de Pessoa[1]. Quanto a Vieira, na sua *História do Futuro*, livro profético entre todos, não deixa de interrogar-se: "E que fez Deus, ou pode fazer, para que umas palavras tão expressas e uma profecia tão clara possa parecer escura?"[2]. Para ele, é como se uma "nuvem", um "véu", se interpusessem "entre a profecia e os olhos", para os que não sabem ver. Há, porém, nuvens e nuvens, véus e véus: "As nuvens que Deus põe sobre a profecia, o tempo as gasta e as desfaz: mas os véus que os homens lançam sobre os próprios olhos, só eles podem tirar, porque eles são os que querem ser cegos" – diz Vieira[3].

Ao profeta cabe antes de mais receber e transmitir, através de uma *traditio*, de uma tradição, a visão-mensagem que lhe é dado inteligir, por ininteligível que esotericamente seja, para os não iniciados no código simbólico. Como escreve Gershom G. Scholem, num estudo sobre a Cabala, "o profeta ouve uma mensagem inteligível mas pode também receber uma visão igualmente inteligível, que não mostre, na sua recepção nem na sua memória, traços inteligíveis"[4]. Essa mesma recepção se encontra em Pessoa, ao reclamar-se ele – como a Inquisição suspeitara que Vieira se reclamaria no seu íntimo – da "Santa Kabbalah", enquanto "Tradição Secreta de Israel": "A profecia – define-a lapidarmente o poeta – é a visão dos acontecimentos na sua forma corpórea". Visão clara e precisa, portanto, mas, note-se bem, de referente ambíguo: ela "pode às vezes (ou sempre) aplicar-se a várias cousas". Aparência enganadora, por certo: "é que vários acontecimentos são um acontecimento só, isto é, um só ente sob várias formas"[5].

1. *Obra Poética*, Rio de Janeiro, 1972, p. 85.
2. *Obras Escolhidas*, vol. VIII, Lisboa, 1952, p. 152.
3. *Idem*, p. 153.
4. *La Kabbale et sa Symbolique*, Paris, 1966, p. 18. Trad. bras.: *A Cabala e seu Simbolismo*, S. Paulo. Ed. Perspectiva, 1978, Debates 82.
5. *Sobre Portugal*, Lisboa, 1979, p. 196.

Esta multiplicidade de formas, o mesmo é dizer, de linguagens, permite que a profecia tenha vários graus de significação, em que o que a um nível é "verdade" a outro é "erro": "A verdade / Nem veio nem se foi: o Erro mudou" – lê-se num poema do ortônimo[6]. A polissemia do discurso profético, qual a do poético, começa logo pela da própria palavra, como Vieira revelou na sua "Defesa do Livro Intitulado Quinto Império" perante o Santo Ofício:

a dita palavra *profecia* pode significar uma profecia, isto é, somente uma proposição profética, e neste significado é implicância manifesta poder a mesma profecia conter doutrina falsa, porque, para ser verdadeira profecia, há de ser revelada por Deus, e Deus não pode revelar cousa falsa em nenhuma matéria, quanto mais em matéria doutrinal; em outro sentido pode a palavra profecia não significar uma proposição, senão um livro ou tratado de proposições proféticas [...]; e neste segundo significado, conforme a opinião comuníssima, que admite no mesmo sujeito verdadeira profecia e erro contra a fé, acerca de diversos objetos [...], me pareceu bem podia o mesmo livro ou papel conter proposições verdadeiramente proféticas e alguns ou algumas que contenham falsa doutrina[7].

Em suma, tanto na profecia como na poesia, estamos perante a mesma lógica: a da *coincidentia oppositorum*, da coexistência da verdade e da não-verdade, no que Pessoa chama o "fingimento", fundamento como se sabe da sua poesia heteronímica.

Vieira e Pessoa identificam-se, aliás, na sua alteridade, através de um poeta-profeta popular de que são ambos glosadores, pois as suas "trovas" constituem para eles o texto matriz: Gonçalo Annes Bandarra, o sapateiro de Trancoso, que os precede, no primeiro "Aviso" da "Mensagem" pessoana, com as profecias do Encoberto. Se ele, como diz esse "Aviso",

Sonhava anonymo e disperso
O Império por Deus mesmo visto,

seria Vieira quem, interpretando-lhe as palavras crípticas,

6. *Obra Poética*, p. 139.
7. *Obras Escolhidas*, vol. VI, pp. 135-136.

> No imenso espaço seu de meditar
> Constelado de forma e de visão,
>
> daria melhor a ler, a reler
>
> A madrugada irreal do Quinto Império,

que Pessoa (re)escreve no seu "livro à beira-mágua", anunciando a "Hora"[8].

O profetismo de Vieira e de Pessoa é assim o fruto sucessivamente amadurecido de um messianismo cujas raízes mais profundas mergulham, para lá de Bandarra, numa confluência de várias correntes religiosas e ideológicas que nele encontram uma voz poética, em que um sentimento nacional de crise busca uma expressão universal de esperança utópica, senão ucrônica. Dessas correntes, uma é de origem judaica, outra de origem cristã, entrelaçando-se as duas numa terceira, de caráter político[9], que irá desembocar no Sebastianismo restaurador, durante a ocupação castelhana e nas seqüelas da independência.

Ao princípio era o messianismo hebraico, alimento espiritual de judeus e cristãos-novos, expulsos de Espanha pelos fins do século XV e inseguros em Portugal, onde a sua perseguição se preparava. Restava-lhes refugiar-se numa redenção futura, cujos sinais premonitórios, como é costume em tais circunstâncias, começavam a manifestar-se. A vinda do desejado Messias está para breve, anuncia-o por exemplo Isaac Abarbanel, conhecido e rico judeu português, pai do célebre Leão Hebreu. A chegada de um outro judeu, David Rubeni, em 1526, suscita manifestações populares, que causam emoção pública. Um sobressalto de religiosidade percorre os cristãos-novos: muitos deles, como Salomão Malco, reassumem a antiga crença, mesmo com o risco de se verem expulsos e exilados. Messias vão dando sinais de presença, aqui e ali, como é o caso de Luís Dias, em Setúbal. Esse fermento messiânico encontra ter-

---

8. *Obra Poética*, p. 86.
9. Cf. RAYMOND CANTEL, *Prophétisme et Messianisme dans l'Oeuvre d'António Vieira*, Paris, 1960, p. 24.

reno propício: estão reunidas as três condições que uma estudiosa brasileira, Maria Isaura Pereira de Queirós, considera necessárias e suficientes para a emergência de um messianismo latente: a existência de uma comunidade oprimida, a esperança na vinda de um emissário divino que a liberte e a crença num paraíso, simultaneamente sagrado e profano[10].

Mas este fundo judaico, que não podia deixar de contaminar os cristãos-velhos, através dos novos, vai enxertar-se pouco a pouco na psique nacional, conturbada de exaltação perante as glórias de um Império que não se pretende só marítimo e terrestre, mas se quer religioso, na tentativa de impor a crença católica a judeus e muçulmanos. Há quem profetize ao Rei Venturoso essa missão de universalizar "a Fé e o Império", como mais tarde se diria. Mas ele morreu sem realizar tal sonho. E já D. João III reinava quando, na quarta década do século XVI, se dá um fenômeno singular, que é o do aparecimento dessa figura profética, encarnada num sapateiro de Trancoso, cujas *Trovas* começaram a circular entre o povo. Não era um fenômeno puramente português: em França tinham surgido as profecias de Nostradamus, no princípio desse século, e na Espanha, com o esmagamento das germanias de Valença, manifestara-se já o mito do Encoberto, que viria entre nós a ter a sua versão sebastianista. A crise econômica, que culminaria em meados do século, com o abalo do nosso comércio externo, aproximava-se; o desastre de Alcácer-Quibir, em 1578, não andava longe; era como se a perda da independência estivesse já inscrita, antecipadamente, naquelas trovas que, de mistura com um quadro de decadência social e moral, traçam o perfil de um Rei que traria consigo um outro tempo, o "tempo desejado", tornando-se universal imperador:

---

10. MARIA ISAURA PEREIRA DE QUEIRÓS, "Réforme et Révolution dans les Sociétés Traditionelles", in *Histoire et Ethnologie des Mouvements Messianiques*, Paris, 1968.

> Este Rei tem tal nobreza
> Qual eu nunca vi em Rei:
> Este guarda bem a lei
> Da justiça e da grandeza.
>
> ....
>
> Serão os Reis concorrentes,
> Quatro serão, e não mais;
> Todos quatro principaes
> Do Levante ao Poente.
> Os outros Reis mui contentes
> De o verem Imperador
> E havido por Senhor...[11]

Tratava-se de uma versão portuguesa do mito do Quinto Império, mito judaico que Bandarra extraíra dos textos bíblicos, de que ele, cristão-velho, era leitor e intuitivo exegeta, sendo mesmo assiduamente consultado pelos cristãos-novos da Beira, que nele iam beber a mensagem profética:

> Muitos podem responder
> E dizer:
> Com que prova o sapateiro
> Fazer isto verdadeiro,
> Ou como isto pode ser?
> Logo quero responder
> Sem me deter.
> Se lerdes as profecias
> De Daniel e Jeremias
> Por Esdras o podeis ver[12].

A mensagem profética de Bandarra é a da mesma *pax in excelsis* que iremos encontrar na *Mensagem* de Fernando Pessoa, como epígrafe de "O Encoberto", pois este

> Tirará toda a escorta,
> será paz em todo o Mundo[13].

---

11. "Trovas do Bandarra", in A. MACHADO PIRES, *D. Sebastião e o Encoberto*, Lisboa, 1971, pp. 131-132.
12. *Idem*, p. 143.
13. *Idem*.

Já o Pe. Vieira não deixara de acentuar este pacifismo ecumênico das *Trovas*, ao citá-las e comentá-las no seu livro *Esperanças de Portugal*, lembrando no entanto que a paz passa, para o sapateiro de Trancoso, pela conversão (ou "redução", nas palavras de Vieira) de gentios, pagãos e judeus ao cristianismo:

> A este universal conhecimento de Cristo diz Bandarra que sucederá, por coroa de tudo, a paz universal do Mundo, tão cantada e prometida por todos os profetas, debaixo de um só pastor e de um só monarca[14].

E o Padre jesuíta põe mesmo em evidência o empenhamento não judaico do Bandarra, "porque o tive sempre – conclui ele – por cristão-velho, sem raça de mouro ou judeu..."[15]. Isto não impedia, é claro, que Bandarra tivesse sido inquietado pelo Santo Ofício, para quem era *persona non grata*, sendo condenado a nunca mais ler, divulgar ou escrever matérias respeitantes à Bíblia, imposta que era a proibição das *Trovas*.

Mas estas, apesar disso, continuaram a ser subterraneamente difundidas, irrompendo com mais força após o desaparecimento de D. Sebastião e a conseqüente ocupação espanhola. Tomadas como foram por profecias do retorno do "Encoberto", elas volveram-se palavras de passe da Resistência. Os falsos D. Sebastião proliferaram, de Penamacor à Calábria. D. João de Castro – o S. Paulo da Igreja sebastianista, como lhe chamou Oliveira Martins –, escrevendo uma *Paráfrase e Concordância de algumas Profecias do Bandarra*, publicada em Paris no início do século XVII, em muito contribuiu para uma interpretação das referências das *Trovas* ao "Encoberto" como reportando-se a D. Sebastião.

O sebastianismo tinha nascido e ia conhecer múltiplos avatares, até Fernando Pessoa.

---

14. *Obras Escolhidas*, vol. VI, p. 35.
15. *Idem*, p. 175.

De entre os setores que, durante a ocupação espanhola, tentaram recuperar o mito sebastianista para fins religiosos ou políticos, sobressaíram os jesuítas. Eles tentaram mesmo suscitar o aparecimento de um segundo Bandarra, inventando novas profecias, tendentes a fazer acreditar a tese do regresso de D. Sebastião. Não é de admirar, pois, que Antônio Vieira, Padre da Companhia, se tenha deixado desde cedo seduzir pelo sebastianismo, quando ainda no Brasil, onde fez os seus estudos, o seu noviciado e a sua ordenação. Já em 1634, num sermão pregado na Bahia, no dia de S. Sebastião, o vemos a jogar com a ambigüidade do nome do santo: glosando o tema de "Sebastião, o Encoberto", Vieira recorre ao célebre processo retórico barroco das "correspondências alegóricas", para fazer acreditar a tese da sobrevivência de D. Sebastião. As personagens do Antigo Testamento – na ocorrência as de Abraão e Isaac – servem-lhe para *figurar* a falsa morte do Encoberto. Trata-se, como bem notou Antônio Sérgio, do processo típico do profetismo de Vieira: a prefiguração bíblica de um determinado fato "é a mesmíssima coisa que a profecia" – escreve Sérgio; por isso "o pendor profético, em Antônio Vieira, não é coisa inesperável, acidental e fortuita, mas sim conseqüência visceral e intrínseca da mentalidade barroca dos pregadores da época"[16].

Vieira que fora professor de Retórica no Colégio de Olinda, manejava com estilo de mestre a "agudeza y arte de ingenio", mas na sua versão conceptista, e não cultista. A oratória sacra, baseada na Bíblia, tinha a sua "raiz primária" na tese de que "as narrativas do Testamento hebraico são uma contínua profecia sobre o que se diz no Evangelho"[17]. Os textos acerca do Quinto Império obedecem à mesma estrutura: "a balda *encobertista* de Vieira e de outros – observa Sérgio – não passa de um prolongamento dessa trajetória alegórica: primeiro, até os dias do

---

16. Prefácio às *Obras Escolhidas*, I, p. XXXV.
17. *Idem*, p. XLI.

presente, em que pregava o padre; e depois, ao futuro de Portugal e da religião católica"[18].

Esta íntima relação entre o espiritual e o temporal constituirá de resto a dominante do caráter e da atuação de Vieira, ao longo de uma existência longa e complexa, nos seus vaivéns entre a Europa e o Brasil, entre Portugal e a Holanda, entre Lisboa e Roma. Acompanhando de perto as vicissitudes da Restauração, como tinha acompanhado no Brasil a resistência aos holandeses, Vieira consegue aliar, como diz Hernâni Cidade, o "profetismo" e o "realismo", em que se conciliam o "visionário" e o "homem prático"[19]. O próprio sebastianismo se vai nele adaptando às circunstâncias, ao contexto ambiente. Assim, tendo-se após a Restauração formado um verdadeiro partido sebastianista, radical e poderoso, que exigia do rei a sua submissão aos ditames do futuro regresso do Encoberto – para lá de toda a expectativa legítima que dele ainda houvesse –, é Vieira quem ousadamente se propõe, com uma convicção inabalável, defender a tese de que é D. João IV o autêntico Encoberto das profecias. No "Sermão dos Bons Anos", pregado em 1642, ele tenta com argumentos cerrados – oriundos sempre do sutil manejar da correspondência alegórica – destruir "aquela seita ou desesperação dos que esperavam por El-Rei D. Sebastião, de glória e lamentável memória". Servindo-se, como prefiguração, de uma profecia de S. Frei Gil, ele demonstra que, se o rei libertador era alguém "não esperado", os sebastianistas "com o seu esperar destruíram a sua esperança"[20]. Do mesmo passo, para lá do sebastianismo estrito, Vieira desenvolve e precisa a sua visão do *Quinto Império*, em que projeta Portugal numa universalidade que o transcende. Esse visionarismo profético começa já a delinear-se em todo o seu alcance, abrindo o caminho aos textos fundamentais: *Esperanças de Portugal*, *Clavis Prophetarum* e *História do Futuro*. O messia-

---

18. *Idem*, P. XLII.
19. PADRE ANTÔNIO VIEIRA, *A Obra e o Homem*, Lisboa, s. d., pp. 37 e 45.
20. *Idem*, p. 167.

nismo judaico vem, através da inspiração de Bandarra, cruzar-se com o cristão, numa espiritualidade cada vez mais liberta da estreiteza eclesial, mas ao mesmo tempo mais enraizada no concreto histórico e fecundando a sua ação prática.

Da influência adquirida por Vieira junto do rei resultaria, como é natural, não só uma atividade política mas também diplomática notável. Convicto de que os cristãos-novos (a "gente de nação", como também se dizia) teriam tido, como os judeus em geral, um papel importantíssimo na vida econômica, social e cultural do país, se não tivessem sido escorraçados e perseguidos pelo Santo Ofício, ei-lo que se lança numa cruzada a favor deles. Dispõe-se, entre outras missões, a deslocar-se à França e à Holanda, para discutir com os judeus de língua portuguesa as possibilidades de colaboração em projetos de grande alcance, como a participação no comércio marítimo com o Brasil e as Índias. Tendo, nessa perspectiva, feito a D. João IV uma proposta "em que se lhe representa o miserável estado do reino e a necessidade que tinha de admitir os judeus mercadores que andavam por diversas partes da Europa", sugerindo a libertação dos confiscos dos cristãos-novos, não podia deixar de concitar a oposição do Santo Ofício, que se servirá da denúncia das suas congeminações sobre o Quinto Império, bem como de outros pretextos (como por exemplo o de defender a abertura de sinagogas em Lisboa), para mover-lhe toda uma série de perseguições, que acabarão por levá-lo aos cárceres inquisitoriais. Já depois de ter Vieira regressado ao Brasil, em 1653, por incompatibilidade com a corte, e de D. João IV ter morrido, em 1656, faltando-lhe assim as últimas proteções, Vieira é acusado de ter escrito o texto *Esperanças de Portugal, Quinto Império do Mundo*. Nele anunciava que D. João IV ressuscitaria para cumprir as profecias do Bandarra, instituindo o Império espiritual e temporal de Portugal sobre o mundo inteiro, para a paz e felicidade universais.

A fundamentação dessa profecia era simples, apresentando-se sob a forma silogística: "O Bandarra é verdadeiro profeta; o Bandarra profetizou que El-Rei D. João IV há de obrar muitas cousas que ainda não obrou, nem pode obrar senão ressuscitando; logo, El-Rei D. João IV há de ressuscitar". Como mostrou Antônio Sérgio, numa fina análise a esse texto, esta inferência silogística é de todo legítima, apenas dependendo a sua veracidade da premissa básica: simplesmente, por detrás da "máscara do silogismo" – como numa feliz expressão Sérgio lhe chama – o que se esconde é "uma extrapolação indutiva a partir de uma série de correspondências alegóricas", como as já antes exemplificadas[21]. Não se trata, em suma, de uma operação lógica, mas simbólica, dentro dos pressupostos da agudeza barroca, e com um alcance essencialmente esotérico, isto é, obedecendo a outra lógica: uma lógica do significante e não do significado.

O processo inquisitorial foi longo e Vieira deixou dele, como rasto, a "Defesa do Livro Intitulado Quinto Império, que é a apologia do livro *Clavis Prophetarum*, e respostas das proposições censuradas pelos inquisidores, estando recluso nos cárceres do Santo Ofício de Coimbra". Aí se encontram reiteradas, em forma de argumentos e contra-argumentos, as suas profecias, de modo nenhum heréticas, mas perfeitamente cristãs, rebatendo Vieira igualmente as suspeições, contra ele e contra Bandarra aduzidas, de serem judaizantes. Entretanto, esperava tenazmente o padre jesuíta que as suas profecias se cumprissem... no ano chave de 1666. E continuaria sem tréguas a escrever a sua *História do Futuro*, em que defendia a utilidade da "conversão de muitas almas de ateus, gentios, judeus e todo o gênero de hereges", em carta ao Conselho Geral da Inquisição. Começada a redigir em 1649 e sucessivamente retomada, ela é, ao lado da *Clavis Prophetarum*, um daqueles textos que Vieira considerava "palácios altíssimos", isto é, a que dava maior importância, ao contrário de outros, que designava por simples "choupanas". Reclamando-se, no seu "prolegômeno", de uma platônica "ciência dos futuros",

---

21. Prefácio às *Obras Escolhidas*, I, p. XXVII.

Vieira nele desenvolve, na seqüência das bandarrianas, as suas concepções proféticas, inspiradas nos versículos bíblicos de Isaías e Daniel. Sempre o horizonte do Quinto Império, em que se realizaria messianicamente o reinado de Cristo na Terra. O título do livro, verdadeiramente oximoro, é justificado por Vieira pelo fato de que "sendo novo e inaudito o argumento dela, também lhe era devido nome novo e não ouvido", sendo certo que "se já no mundo houve um profeta do passado (Moisés), por que não haverá um historiador do futuro? E assim o padre jesuíta nos dá da profecia esta visão justíssima, enquanto utopia e ucronia:

> Os profetas não chamaram história às suas profecias porque não guardam nelas estilos nem leis de histórias: não distinguem os tempos, não assinalam os lugares, não individuam as pessoas, não seguem a ordem dos casos e sucessos e quando tudo isto viram e tudo disseram, é envolto em metáforas, disfarçado em figuras, escurecido com enigmas e contado ou cantado em frases próprias de espírito e estilo profético, mais acomodadas à majestade e admiração dos mistérios, que à notícia e inteligência deles[22].

Ele, Vieira, não: determinou "observar religiosa e pontualmente todas as leis da história", com "circunstâncias de lugar, tempo e pessoas". Por isso a sua empresa é temerária e solitária, diz com orgulho e angústia: "O mar é imenso, as ondas confusas, as nuvens espessas, a noite escuríssima"[23]. Aqui se manifesta, tragicamente, a ambigüidade do profeta e do homem de ação em Vieira: ele quer transpor para a realidade referencial o que é do domínio do mito. Mas, como escreve Pessoa na *Mensagem*, se "o mytho é o nada que é tudo",

> Assim a lenda se escorre
> A entrar na realidade
> E a fecundá-la decorre.
> Embaixo, a vida, metade
> De nada, morre[24].

22. *Obras Escolhidas*, vol. VIII, p. 9.
23. *Idem*, p. 10.
24. *Obra Poética*, p. 72.

Morreu Vieira na vida, mas as suas profecias irão continuar, com o poeta, que também ele retomará a sua "História do Futuro" ao falar, logo no primeiro poema do seu livro messiânico, do "futuro do passado".

Vieira foi para Pessoa, na verdade, um dos inspiradores centrais do seu profetismo poético. Segundo ele, porém, ao transpor de novo a profecia do real para a linguagem (pois não será a poesia o "real absoluto", como dizia Novalis?), o padre jesuíta é sobretudo o "Imperador da língua portuguesa", nesta residindo, antes de mais, ao universalizar-se numa pluralidade de línguas, o Quinto Império a vir, como veremos. Não admira, pois, que Pessoa remeta para a infância (*infans*: o sujeito ainda não falante) a recepção originária da *traditio* profética que Vieira lhe transmitiu pela leitura. É Bernardo Soares quem escreve:

Lembro-me, como do que estou vendo, da noite em que, ainda criança, li pela primeira vez, numa selecta, o passo célebre de Vieira sobre o Rei Salomão. *Fabricou Salomão um palácio...* E fui lendo até ao fim, trêmulo, confuso; depois rompi em lágrimas felizes, como nenhuma felicidade real me fará chorar, como nenhuma tristeza da vida me fará imitar. Aquele movimento hierático da nossa clara língua majestosa, aquele exprimir das idéias nas palavras inevitáveis, correr da água porque há declive, aquele assombro vocálico em que os sons são cores ideais – tudo isso me toldou de instinto como uma grande emoção política. E, disse, chorei; hoje, relembrando, ainda choro. Não é – não – a saudade da infância, de que não tenho saudades; é a saudade da emoção daquele momento, a mágoa de não poder já ler pela primeira vez aquela grande certeza sinfônica[25].

Esta glorificação da língua, refluída ao momento mítico da primeira leitura, é evidentemente um retorno à língua como língua poética, língua que remonta sem cessar à sua própria origem, outra: nem sequer a infância é aqui uma fase da vida real, pois, segundo indica pelo menos João Gaspar Simões, só no seu regresso a Portugal, na sua adolescência, Pessoa leu de fato Vieira; e justamente a começar pela *História do Futuro* e pelo sermão intitulado "Pala-

25. *Livro do Desassossego*, Páginas Escolhidas, Porto, s. d., p. 36.

vra de Deus Empenhada e Desempenhada"[26]. Como quer que seja, a língua aparece-nos assim na sua significação simbólica. Trata-se, aliás, repare-se, do mesmo texto em que Pessoa escreveu a célebre frase: "Minha pátria é a língua portuguesa". Mas essa pátria, sendo a pátria portuguesa, é uma pátria-império, como sabemos através dos últimos inéditos de Pessoa, publicados por Joel Serrão:

> É um império de gramáticos? – pergunta o poeta. – O imperialismo dos gramáticos dura mais e vai mais fundo do que o dos generais. É um imperialismo de poetas? Seja. A frase não é ridícula senão para quem defende o antigo imperialismo ridículo. O imperialismo de poetas dura e domina; o dos políticos passa e esquece, se o não lembrar o poeta que os cante[27].

Como não ver neste império, mais exatamente, um Quinto Império poético? Um império não de uma só língua, mas de uma língua-todas-as-línguas, simultaneamente português e universal? Num texto também agora publicado e referente à *Mensagem*, no qual se explica a substituição do nome de Portugal por essa outra palavra simbólica, Pessoa observa: "E o curioso é que o título *Mensagem* está mais certo – à parte a razão que me levou a pô-lo – do que o título primitivo. Deus fala todas as línguas..."[28].

No poema "Quinto Império", um daqueles que mais claramente (ou obscuramente?) assume o profetismo messiânico, Pessoa alude a uma plêiade heteronímica de poetas ("outros, e outros, gente vária"), os quais

> Glosam, secretos, altos motes
> Dados no idioma do Mistério –
> Soldados não, mas sacerdotes
> Do Quinto Império[29].

Cotejando intertextualmente este poema com os trechos citados, podemos reconstituir essa concepção de um esote-

---

26. *Vida e Obra de Fernando Pessoa*, Lisboa, 1951, vol. II, p. 297.
27. *Sobre Portugal*, Lisboa, 1979, p. 240.
28. *Idem*, p. 179.
29. *Obra Poética*, p. 98.

rismo poético que vai multiplicando a língua portuguesa nas línguas, ao infinito.

Importa salientar que a página de Vieira aludida por Pessoa se refere, sintomaticamente, ao "Templo de Salomão", cujo significado cabalístico é conhecido, tendo transitado simbolicamente para a Ordem do Templo e passado dos Templários para a Maçonaria. Pessoa, como hoje é sabido, pela publicação na íntegra de um texto em que revela a sua posição iniciática, era iniciado dessa Ordem que, segundo ele, entrara "em dormência", justamente no ano do seu nascimento: 1888. E do ritual da Ordem Templária extrai Pessoa a epígrafe e um dos seus poemas. Foi desse Templo, enfim, reza outro poema, "que Portugal foi feito ser"[30].

Quem diz Portugal diz, nos textos proféticos de Pessoa, Império. Se o coração do Bandarra era "não português mas Portugal", e o que o sapateiro de Trancoso sonhava era "o Império por Deus mesmo visto"[31], esse Império, ou a sua "esperança", como diz em termos vieirianos Pessoa, estava destinado a ser o Quinto. Enquanto "futuro de Portugal", ele "está escrito já – segundo o poeta – nas trovas de Bandarra", isto "para quem saiba lê-lo"[32]. Pessoa dá no entanto dele uma versão diferente da que circulava na tradição, através da interpretação que Daniel fez de um sonho de Nabucodonosor, a que um sermão de Vieira se refere. Num prefácio ao livro *Quinto Império*, de Augusto Ferreira Gomes, ei-lo que desenvolve uma exegese segundo a qual, sendo o Primeiro Império espiritual o da Grécia e descendendo nós dele, o Segundo é o de Roma, o Terceiro o da Cristandade, e o Quarto o da "Europa laica de depois da Renascença". O Quinto "nós o atribuímos – diz Pessoa – a Portugal, para quem o esperamos"[33]:

---

30. *Idem*, p. 74.
31. *Idem*, p. 86.
32. *Regresso ao Paganismo*, Porto, s. d., pp. 13-14.
33. *Idem, Ibidem*.

> Grécia, Roma, Cristandade,
> Europa – os quatro se vão
> Para onde vae toda edade.
> Quem vem viver a verdade
> Que morreu D. Sebastião?[34].

O sebastianismo pessoano, que foi haurido quer em Bandarra e em Vieira, quer mais modernamente em Sampaio Bruno, é de horizonte universalista e não nacionalista, pelo menos no sentido corrente: tendo-se definido como "nacionalista místico" e "sebastianista racional", Pessoa deu a estas expressões uma acepção que, pela sua própria contradição nos termos – pela sua *coincidentia oppositorum* –, transcende qualquer significado referencial, política ou histórica, sendo antes, como bem viu Dalila Pereira da Costa, de natureza "trans-histórica". Assim, como ela lapidarmente escreve, "a *Mensagem* não será uma alegoria de Portugal; mas uma outra forma desta nação se expressar"[35]. Na verdade,

> As nações todas são mysterios,
> Cada uma é todo o mundo a sós[36].

Por isso, interroga Pessoa: "quem que seja português pode viver a estreiteza de uma só personalidade, de uma só nação, de uma só fé?"[37]. Portugal-Império caracteriza-se, espiritualmente, por uma pluralidade potencialmente infinita: "Nós, Portugal, o poder ser". Não se trata do Império no sentido inglês de *empire*, ou no francês de *empire*[38]. Quando a tal tipo de império, ele já se "desfez", do mesmo modo que o mar se "cumpriu". Falta apenas "cumprir-se Portugal"[39].

---

34. *Obra Poética*, p. 85.
35. *O Esoterismo de Fernando Pessoa*, Porto, 1971, pp. 161 e 167.
36. *Obra Poética*, p. 79.
37. *Regresso ao Paganismo*, p. 111.
38. *Idem*, p. 102.
39. *Obra Poética*, p. 78.

Só que Portugal se interroga, face ao seu próprio mistério, entre nuvens e nuvens:

> Nem rei nem lei, nem paz nem guerra,
> Define com perfil e ser
> Este fulgor baço da terra
> Que é Portugal a entristecer –
> Brilho sem luz e sem arder,
> Como o que fogo-fátuo encerra.
>
> Ninguém sabe que coisa quere.
> Ninguém conhece que alma tem,
> Nem o que é mal nem o que é bem.
> (Que ancia distante perto chora?)
> Tudo é incerto e derradeiro.
> Tudo é disperso, nada é inteiro.
> Ó Portugal, hoje és nevoeiro...
>
> É a Hora![40].

Eis a profecia de que o poeta nos deixa suspensos. Tentemo-la nós des-velar, des-ocultar, mas não com apressados e imediatos sentidos. Que ela fique a pairar poeticamente, feita de luz e trevas. "Tão certo é – lembra Pessoa – o que se diz em certo passo secreto – que a melhor luz que temos neste mundo não é mais que treva visível"[41].

---

40. *Idem*, p. 89.
41. *Regresso ao Sebastianismo*, p. 16.

7. FERNANDO PESSOA E A UNIVERSALIDADE DA LÍNGUA PORTUGUESA

Um povo que se pode rever e reconhecer num poeta, como Fernando Pessoa, capaz de proclamar a língua sua pátria, no âmago duma profunda crise de identidade, nacional e pessoal, a que deu expressão heteronímica, é na verdade um povo prometido a uma "Nova Renascença", qual a que esse mesmo poeta profetizou ao anunciar, no início deste século, nas páginas de *A Águia*, o advento próximo de um "Supra-Camões", que encarnaria o "Supra-Portugal de Amanhã"[1].

1. *Obra em Prosa*, Rio de Janeiro, 1976, p. 367.

Que essa língua-pátria (ou essa pátria-língua) fosse, segundo Pessoa, signo múltiplo de universalidade, de que Portugal é poética e historicamente portador, e que constitui a sua missão presente e futura, eis o que bastaria para fazer da obra poetodramática a que meteu ombros, ao lado e para lá da do Épico, ao mesmo tempo um símbolo do espírito patriótico e do espírito ecumênico, que torna os Portugueses, indiscriminadamente, cidadãos da Pátria e cidadãos do Mundo.

Poeta da língua, poeta da língua portuguesa, Pessoa foi-o antes de mais por ser um poeta em poetas, um poeta da poesia: pois não é esta, como mostrou Heidegger, a condição originária que torna possível a linguagem, e portanto a matriz da língua?[2]. Se através do seu *poiein*, do seu fazer poemático, de heterônimo em heterônimo e de semi-heterônimo em ortônimo, Pessoa restituiu à língua, às línguas – que não apenas à língua portuguesa –, a sua pluralidade essencial, foi por ter sabido assumir plenamente a universalidade da língua poética. Por isso, ele pôde justificar a mudança do título inicial da "Mensagem" – que deveria ter sido "Portugal" – com o argumento, entre outros, de que "Deus fala todas as línguas"[3]. E não se propôs o poeta tomar demiurgicamente Deus por paradigma?

> Assim a Deus imito
> Que quando fez o que é
> Tirou-lhe o infinito
> E a unidade até[4].

Ele sabia, de resto, que "não é [...] a língua em que está escrito um poema que pesa no caso", mas sim "o poema que foi escrito nessa língua"[5]. E, no caso em questão, tal poema iria tornar-se, precisamente, um dos que mais pesa-

---

2. *Approche de Hölderlin*, Paris, 1973, p. 55.
3. *Sobre Portugal*, Lisboa, 1979, p. 179.
4. *Obra Poética*, Rio de Janeiro, 1981, p. 408.
5. *Páginas de Estética e de Teoria e Crítica Literárias*, Lisboa, 1973, p. 37.

riam na visão pessoana da pátria e da língua, de raiz messiânica e esotérica. Na verdade, os seus versos, como os heterônimos,

> Glosam, secretos, altos motes
> Dados no idioma do mistério[6].

"Idioma" esse que o poeta identificava com o do "Quinto Império" universal, de que Portugal estava profeticamente investido e de que ele era o arauto, como o fora o Padre Antônio Vieira, sagrado na *Mensagem* "imperador da língua portuguesa"[7].

Importa ter portanto, *ab initio*, consciência do alcance que a concepção da língua toma na poesia de Pessoa, bem como nos textos metapoéticos com que a dobrou, para proceder-e a uma exegese rigorosa dos dois pólos em que exemplarmente o poeta se move e que para nós aqui importam: o patriotismo e a universalidade, de que a língua portuguesa é a manifestação mais elevada.

A profissão de fé patriótica é sem dúvida uma das constantes, insistentemente reiteradas, entre as mais obsessivas de Fernando Pessoa. Mas ela é sempre inseparável da afirmação, paralela e complementar, de doação à Humanidade, como missão a cumprir pelo poeta. É disso insofismável testemunho, entre muitos outros, uma carta a Armando Cortes-Rodrigues, da época do *Orpheu*, em que tem alguns assomos de confessionalismo, quer a propósito do que chama a "sinceridade" do poetodrama heteronímico, quer da "insinceridade" de certas estéticas modernistas, como o "interseccionismo", passando pela assunção de um sentido metafísico e religioso da existência. Aí Pessoa escrevia nomeadamente: "A idéia patriótica, sempre mais ou menos presente nos meus propósitos, avulta agora em mim; e não penso em fazer arte que não medite fazê-lo para erguer alto o nome português através do que eu consiga rea-

---

6. *Obra Poética*, p. 32.
7. *Idem*, p. 20.

lizar"[8]. Mas, antes disso, já ele tinha escrito, nessa mesma carta: "Ter uma ação sobre a humanidade, contribuir com todo o poder do meu esforço para a civilização, vêm-se-me tornando os graves e pesados fins da minha vida"[9]. Poderíamos citar, esparsos na sua obra fragmentária, outros passos idênticos, que vão desde os textos da juventude até aos da maturidade, já em vésperas da morte. No complexo, flutuante e intrinsecamente contraditório discurso pessoano, há porém que distinguir e precisar alguns conceitos que ora se confundem e sobrepõem, ora se delineiam com autonomia, ou melhor, com heteronomia lingüística e poética.

Um desses conceitos é o de "Nação", que para Pessoa tanto é sinônimo como antônimo do de "Pátria", o mesmo acontecendo com os seus derivados "patriotismo" *versus* "nacionalismo". Também o conceito de "Estado" é contraposto ao de "Nação" e de "Pátria", normalmente em termos pejorativos. No jogo cruzado destas oposições se vai compondo uma lógica que tece as "malhas" de um "Império" polissêmico, que é simultaneamente, no caso de Portugal, Quinto Império, concretização da coexistência da "Pátria" (ou da "Nação") e da "Humanidade". Nesse sentido, como se lê na *Mensagem*,

> As nações todas são mysterios.
> Cada uma é todo o mundo a sós[10].

Poderá haver uma concepção mais universalizante da nação, em que o menor laivo de nacionalismo desaparece?

Quando Pessoa escreve alhures: "Há três realidades sociais – o indivíduo, a Nação, a Humanidade. Tudo mais é fictício" – ele identifica Nação com Pátria, dando ao patriotismo essa dimensão universalista. E explicita ainda:

> O indivíduo e a Humanidade são *lugares*, a Nação o *caminho* entre eles. É através da fraternidade patriótica, fácil de sentir a quem

8. *Obra em Prosa*, p. 54.
9. *Idem, ibidem*.
10. *Obra Poética*, p. 7.

não seja degenerado, que gradualmente nos sublimamos, ou sublimaremos, até à fraternidade com todos os Homens.

Concluindo enfim: "A Nação é a escola presente para a Super-Nação futura"[11]. Numa palavra, para o "Supra-Portugal de amanhã", de que falavam as profecias de *A Águia*.

Já em outros textos Pessoa estigmatiza, em plena República jacobina, o nacionalismo, como degenerescência que é do patriotismo: "Somos uma nação, não uma pátria; somos um agregado humano, sem aquela alma coletiva que constitui uma Pátria"[12]. E com o "preconceito nacionalista" ele relaciona alguns preconceitos conexos, de que o "integralismo" era então a expressão: o "preconceito tradicionalista", o "preconceito da disciplina" o "preconceito da ordem", o "preconceito antidemocrático e antiindividualista"[13]. Mas a esse nacionalismo "integralista" ele opõe, já numa acepção patriótica, o que chama o "nacionalismo integral" – repare-se na diferença – de Teixeira de Pascoaes e da "Renascença Portuguesa":

> Sem plena consciência, é certo – escreve Pessoa –, mas com um sagrado instinto patriótico, Pascoaes e os que o seguiram procuraram chegar a um conceito português da vida. É a primeira tentativa que do gênero se fez em Portugal. Os poetas da "Renascença" puseram-se a elaborar – como poetas, por certo, mas pelos poetas é que estas coisas começam – uma atitude perante o sistema do Universo que se revelasse portuguesa inteiramente[14].

Portuguesa e universal, em suma, se esse "sistema do universo" for tomado à letra, o que implica igualmente que seja apreendido no seu espírito.

Trata-se, com efeito, para Pessoa, de um problema "espiritual", mais do que político: "Não há outro problema hoje de mais importância do que criar uma alma portugue-

---

11. *Páginas Íntimas e de Auto-Interpretação*, Lisboa, s. d., pp. 435-436.
12. *Da República (1910-1935)*, Lisboa, 1979, p. 206.
13. *Idem*, p. 221.
14. *Idem*, p. 201.

sa"[15]. Nessa medida, era para ele essencial "considerar a Pátria portuguesa como a coisa para nós mais existente, e o Estado Português como não existente", impondo-se "fazer, portanto, tudo pela Pátria e não pedir nada ao Estado"[16]. Ao propor "a criação lenta e estudada de uma atitude donde derive uma noção de Portugal como pessoa espiritual", o poeta está já a apontar para uma visão heteronímica da Pátria, que, como sugeriu penetrantemente Joel Serrão, será em última instância a do "Quinto Império"[17]. Império espiritual e conseqüentemente cultural: lingüístico, poético, mítico, que o sebastianismo corporiza, messianicamente, num Portugal a universalizar-se:

O Portugal feito Universo[18].

como reza um poema esotérico, rosicruciano, em que os Templários, em cuja Ordem Pessoa se dizia iniciado, são de novo convocados à sua missão de "Cavaleiros" de um cristianismo ecumênico:

A todos, todos, feitos num
Que é Portugal, sem lei nem fim,
Convoca, e, erguendo-os um a um,
Vibra, clarim!

E outros, e outros, gente vária,
Oculta neste mundo misto.
Seu peito atrai, rubra e templária,
A Cruz de Cristo[19].

"Cruz universal", pois se integra, através do cristianismo gnóstico de Pessoa, na sua visão do Quinto Império, que, no "esquema português", parte, segundo ele, "do império espiritual da Grécia, origem do que espiritualmente

15. *Idem, ibidem.*
16. *Sobre Portugal*, p. 125.
17. *Fernando Pessoa, Cidadão do Imaginário*, Lisboa, 1982, pp. 183-184.
18. *Obra Poética*, p. 34.
19. *Idem*, p. 32.

somos"[20] e de cuja seqüência Portugal emergirá, como sua transcendência futura. Como se lê na *Mensagem*:

> Grécia, Roma, Cristandade,
> Europa, os quatro se vão
> para onde vae toda edade[21].

Quanto ao Quinto, esse, diz o poeta, "nós o atribuímos a Portugal, para quem o esperamos"[22]:

> O Portugal que se levanta
> Do fundo surdo do Destino,
> E, como a Grécia, obscuro canta
> Baco divino[23].

A aproximação de Portugal da Grécia, note-se, fá-la Pessoa sob o signo da universalidade: "Só duas nações – a Grécia passada e o Portugal futuro – receberam dos deuses a concessão de serem não só elas mas todas as outras"[24]. Daí o "Neo-Paganismo", ou "Paganismo Superior", que do heterônimo Antônio Mora, com o seu "Regresso dos Deuses", até aos heterônimos Alberto Caeiro e Ricardo Reis, se propôs reconstruir.

Para compreender como a visão pessoana do Quinto Império, enquanto "Império Espiritual", se consubstancia no que chama um "imperialismo da cultura", o qual atinge a sua expressão mais sublimada num "imperialismo de gramáticos" e num "imperialismo de poetas", universais por excelência, é preciso liminarmente ver como um tal imperialismo se distingue dos imperialismos de "domínio" e de "expansão", sejam eles unificadores, cesaristas ou hegemônicos, no primeiro caso, e colonizadores de territórios ou de raças, no segundo[25]. É que, desde logo, o Império

20. *Sobre Portugal*, p. 247.
21. *Obra Poética*, p. 19.
22. *Sobre Portugal*, p. 247.
23. *Obra Poética*, p. 34.
24. *Ultimatum e Páginas de Sociologia Política*, Lisboa, 1980, p. 134.
25. Cf. *Sobre Portugal*, p. 221.

Espiritual é o oposto de um império que seja mero poder: "Todo o Império que não é baseado no Império Espiritual é uma Morte de pé, um Cadáver mandando", escreve o poeta[26].

A Portugal, a quem está vedado ser uma "potência guerreira" e uma "potência econômica" e para cujo destino, de resto, "as colônias não são precisas" (sic), como numa resposta ao inquérito de Augusto da Costa sobre *Portugal Vasto Império*, responde em 1934 Fernando Pessoa, está destinado, sim, um "Império Espiritual" e, dentro de determinadas condições, um "Império de Cultura".

E essas "condições imediatas" são, entre outras, para Pessoa, as seguintes, segundo um fragmento que deixou incompleto:

1. Em primeiro lugar, "uma língua apta para isso", isto é, que seja "rica", "gramaticalmente completa" e "fortemente *nacional*";

2. Em segundo lugar, "o aparecimento de homens de gênio literário, escrevendo nessa língua e ilustrando-a", gênio esse que se deve caracterizar por ser "universal e dentro da humanidade", atingindo "perfeição lingüística", o que supõe a "concorrência de outros fatores culturais";

3. Em terceiro lugar, a existência de uma "base material imperial" que permita "poder expandir (ainda mais) essa língua e impô-la", tendo em conta o "número de gente falando-a inicialmente", a "extensão da situação geográfica" e os meios de "conquista e ocupação perfeita"[27].

Dentro da maneira muito própria de estruturar os seus textos, começando por uma ordenação à primeira vista sistemática, para depois a abandonar e derivar noutras direções, Pessoa esboçou apenas os lineamentos destas condições, embora apontasse, por exemplo, os elementos de

26. *Idem*, p. 225.
27. *Idem*, p. 229.

complexidade "vocálica", "consonantal", "tônica" etc..., de tal "língua"[28]. A sua preocupação centra-se, predominantemente, numa comparação entre as línguas européias capazes de realizar as condições referidas.

Partindo do princípio de que "uma língua será tanto mais rica quanto mais a nação houver sido composta, no seu início e fundação como tal, de elementos *culturais* diferentes", Pessoa elege a inglesa e a portuguesa, respectivamente no Norte e no Sul da Europa, como as que têm "maior base cultural" para uma "capacidade imperial" da língua[29]. A primeira pelo "duplo elemento cultural germânico e latino"; a segunda pela concorrência de "dois elementos culturais – o latim e o árabe"[30].

Se "das línguas ditas latinas é a portuguesa a mais rica e a mais complexa", isso verifica-se, segundo o poeta, "não só em termos e frases, como também em capacidade de expressão, em riqueza gramatical, por assim dizer"[31]. Em síntese: "poder-se-á dizer nesta língua o que não pode dizer-se nas outras"[32].

Seria interessante – mas não é esse aqui o nosso escopo – ver como a sua natureza de escritor plurilíngüe, nomeadamente em inglês, intervém nesta visão de Pessoa, para quem as duas línguas foram formas de expressão igualmente disponíveis e que até ao fim da vista o solicitaram. O que é certo é que, num esboço de argumentação contra uma afirmação contestável de Unamuno sobre a vantagem de preferir o castelhano como língua de escrita, Pessoa alega ironicamente:

O argumento de Unamuno é realmente um argumento para escrever em inglês, já que essa é a língua mais difundida no mundo. Se eu me abstiver de escrever em português, porque o meu público é em

28. *Idem, ibidem.*
29. *Idem, ibidem.*
30. *Idem, ibidem.*
31. *Idem*, p. 228.
32. *Idem, ibidem.*

conseqüência limitado, posso também escrever na língua mais difundida de todas. Por que hei de escrever em castelhano? Para que *Usted* possa entender-me? É pedir demasiado por tão pouco[33].

Pessoa tem consciência, entretanto, de que é necessário, em termos imperiais, determinar os apoios de que Portugal carece, para assumir a sua missão cultural e lingüística de alcance universal. E, por níveis de proximidade, ele enumera-os: em primeira mão o Brasil, visto ter por língua nacional o português (não havia então outros países independentes de que ele fosse idioma oficial); em segundo lugar a Ibéria, de cuja "personalidade espiritual" Portugal participa; e, enfim, *last but not the least*, precisamente a Inglaterra, pelo "apoio político da sua política externa", condicionante do "apoio civilizacional"[34]. Note-se como Pessoa, na visão imperial que desenha, giza toda uma estratégia, com os seus "Generais do Espírito", e mesmo uma diplomacia, que permita alcançar o fim universalista desejado.

Respondendo por antecipação aos céticos, ou aos que eventualmente o acusasem de outros imperialismos, o poeta exclama:

Que mal haverá em nos prepararmos para este domínio cultural, ainda que não venhamos a tê-lo? Não queremos derramar uma gota de sangue; e ao mesmo tempo nos não furtamos à ânsia humana de domínio. Não caímos portanto na esterilidade do universalismo humanitário, mas também não caímos na brutalidade do nacionalismo extracultural[35].

Numa palavra, e resumindo a sua tese, ele insiste na missão pacífica de "fraternidade universal" da língua portuguesa, que refere explicitamente à teosofia rosicruciana:

Queremos impor uma língua, que não uma força; não hostilizamos raça nenhuma, de nenhuma cor, como em geral não temos hostilizado, porque podemos ter sido por vezes bárbaros, como todos os

---

33. *Ultimatum e Páginas de Sociologia Política*, p. 195.
34. *Sobre Portugal*, p. 233.
35. *Idem*, p. 239.

imperiais de conquista, mas nem fomos mais, senão menos, que outros, nem nos pode ser contado como defeito que excluíssemos os de outra cor da nossa casa ou da nossa mesa[36].

Indo ao cerne desta obsessão pessoana, insistente e persistentemente retomada, reelaborada, veremos que um horizonte profético lhe dá sentido: a utopia de uma língua universal, que faz por vezes pensar na *caracteristica universalis* de Leibniz, mas que tem no entanto por característica própria o poder ser constituída através de uma língua nacional, uma língua-pátria, que traz em si a viabilidade de universalmente comunicar, para lá da diversidade das línguas. Se o Quinto Império há de ser o cumprimento da profecia de Bandarra, a propósito de D. Sebastião, "será paz em todo o mundo", Pessoa observa que essa paz universal só será alcançável "numa fraternidade por enquanto imprevisível, mas que por certo exigirá um meio de comunicação igual – uma língua"[37]. Que essa língua seja a portuguesa, a língua de Vieira, seu imperador, e que Pessoa a anuncie e simultaneamente a pratique, através das suas *personae*, das suas máscaras poéticas, eis o que faz de um e outro, como de Bandarra, os "Avisos" da *Mensagem* do Quinto Império.

Na *Mensagem* se corporiza, emblematicamente, heraldicamente, o imperialismo espiritual de que Portugal é a expressão: mensagem de língua, mensagem de poesia, universalizando o nome da pátria. Mas que imperialismo é esse, afinal? – interroga-se Pessoa. E ele mesmo, outro, pergunta e responde:

É um imperialismo de gramáticos? O imperialismo dos gramáticos dura mais e vai mais fundo que o dos generais. É um imperialismo de poetas? Seja. A frase não é ridícula senão para quem defende o antigo imperialismo ridículo. O imperialismo de poetas dura e domina; o dos políticos passa e esquece, se o não lembrar o poeta que os cante[38].

36. *Idem, ibidem.*
37. *Idem, ibidem.*
38. *Idem*, p. 240.

Como aconteceu com Camões e *Os Lusíadas*, como acontecerá com o "Supra-Camões" e a *Mensagem*, poetas e poemas simbólicos da "portuguesa língua", para a qual já o velho Ferreira antevia a irradiação universal.

Língua de gramáticos e língua de poetas, porque língua essencialmente plural, a multiplicar-se, a perfazer-se completamente em outras línguas. Como já vira Mallarmé, "as línguas são imperfeitas, por isso que várias", faltando a "suprema"[39]. A poesia, ao transformá-las, não faz mais do que "remunerar" os seus "defeitos", as suas falhas. Pessoa está, pois, consciente de que a sua pátria-língua, ou a sua língua-pátria, é uma língua que, mesmo não imperialmente consumada, será uma língua a trabalhar poeticamente: "Se falharmos, sempre conseguimos alguma cousa – aperfeiçoar a língua. Na pior hipótese, sempre ficamos escrevendo melhor"[40].

Mas a profecia pessoana parece ter começado a cumprir-se, a duplamente cumprir-se: na obra do poeta, heteronimicamente multiplicada, e na língua portuguesa, hoje a multiplicar-se em pátrias. E num e noutro caso a universalizar-se num império de poetas e num império de gramáticos. O império que se "desfez", geopoliticamente, terá de ser refeito, para "cumprir-se" essoutro Portugal-Império que é a língua portuguesa, universalizando-se infinitamente, através da finitude de uma língua nacional e trans-nacional: língua pátria, sim, mas de uma Pátria que "não existe no espaço" como essa "Índia nova" de que há de partir em busca e cuja redescoberta em *A Águia* profetizava[41]. A empresa é vasta: Pessoa e os seus companheiros de geração empreenderam-na, conscientes, como afirmou Almada Negreiros no seu *Ultimatum Futurista às Gerações Portuguesas do Século XX*, de que "ainda nenhum português realizou o verdadeiro valor da língua portuguesa"[42].

39. *Oeuvres Complètes*, Paris, 1945, p. 363.
40. *Sobre Portugal*, p. 239.
41. *Obras em Prosa*, p. 397.
42. Textos de Intervenção in *Obras Completas* de ALMADA NEGREIROS, Lisboa, 1972, vol. 6, p. 35.

Empresa lingüística, empresa poética: numa palavra, empresa de *escrita*. Se, politicamente, "somos hoje um pingo de tinta seca da mão que escreveu Império da esquerda à direita da geografia"[43], havemos de voltar a ser escritos numa outra tinta, a sulcar ainda, como esse "mar sem fim" por onde as naus do sonho vão navegar, pois que "navegar é preciso". Navegar, sim, nesse "mar universal" que é a língua poética, a multiplicar-se em línguas, como os heterónimos pessoanos e os poetas sensacionistas de *Orpheu*, que, "sendo estritamente portugueses, são cosmopolitas e universais"[44]. De resto, como diz Pessoa, "uma literatura original, tipicamente portuguesa, não o pode ser, porque os Portugueses típicos nunca são portugueses"[45]. Mas universais, como a língua, de que Bernardo Soares, no seu "desassossego" de ser português e não português, fez a pátria.

43. *Sobre Portugal*, P. 79.
44. *Páginas Íntimas e de Auto-Interpretação*, p. 151.
45. *Idem, ibidem*.

8. EM TORNO (E RETORNO) DAS *NOVAS POESIAS INÉDITAS* DE FERNANDO PESSOA

1. *A Aventura*

Aconteceu, vem acontecendo à poesia de Pessoa uma aventura infinitamente reversível: a disseminação, ao acaso dos textos, daquela "biblioteca virtual" que um dia o poeta disse constituírem ("aproximadamente") os seus inéditos[1]. Aventura, ventura: ela deixa a cada leitor a liberdade e o prazer de, fiel ou infiel à volubilidade de critérios dos sucessivos organizadores editoriais, a ler erraticamente, se-

---

1. *Cartas de Fernando Pessoa a João Gaspar Simões*, Lisboa, 1957, p. 47.

gundo o modelo dessa outra "biblioteca de Babel" visionada por Borges: "ilimitada e periódica", ei-la que se oferece a todos os percursos, de tal modo que "se um viajante a atravessasse em qualquer direção comprovaria ao cabo dos séculos que os mesmos volumes se repetem na mesma desordem (que, repetida, seria uma ordem: a Ordem)"[2]. Verso e anverso dos múltiplos e sempre incompletos fragmentos de estruturação com que o poeta dos heterônimos foi retomando, uns após outros, os planos das suas "pessoas-livros"[3], ele que teria sido, por uma ironia quase mallarmeana, poeta dum só livro, a não ter-se repartido ainda, babelicamente, nas breves brochuras *estrangeiras* que compõem os seus poemas ingleses. Isso que importaria, de resto, quando nem um único livro antepóstumo ambicionava Caeiro, o dos premonitórios "poemas inconjuntos"?

> Se eu morrer novo,
> Sem publicar livro nenhum,
> Sem ver a cara que têm os meus versos em letra impressa,
> Peço que, se se quiserem ralar por minha causa,
> Que não se ralem[4].

É claro que o poeta logo pressentia não poderem os poemas "ser belos e ficar por imprimir", quaisquer que fossem as relações dos que teriam, apesar de tudo, que acabar por pôr os textos "ao ar livre e à vista". E o *acaso objetivo* lá foi permitindo que se cumprisse uma das leis da anarquia feliz a que está votada a obra de Pessoa: a de que "qualquer caminho leva a toda a parte", pois "cada ponto é o centro do infinito", como numa oportuna citação dum inédito nos deu a ler Jorge Nemésio, no estudo que em tempos consagrou à "estrutura das futuras edições"[5].

Ignorando, quanto a nós, a sorte reservada às edições críticas a vir (será de augurar-lhes um mesmo ou outro

---

2. *Ficciones*, Madrid, 1972, p. 100.
3. *Páginas Íntimas e de Auto-Interpretação*, Lisboa, s. d., p. 101.
4. *Obra Poética*, Rio de Janeiro, 1960, p. 177.
5. Cf. *A Obra Poética de Fernando Pessoa*, Bahia, 1958, p. 24.

"futuro do passado"?[6]), saudemos desde já o aparecimento de mais um livro de *Novas Poesias Inéditas*, devido à solicitude de Maria do Rosário Marques Sabino e de Adelaide Monteiro Sereno[7], que arrancaram ainda uma mancheia de textos à mala sem fundo. Desta vez, e diferentemente dos anteriores volumes de poemas inéditos (volumes em que curiosamente se combinavam, com aliás indiferente legitimidade, a arrumação regressiva e a progressiva: primeiro o período de 1930-1935, depois o de 1919-1930[8], optaram as organizadoras por uma travessia de ponta a ponta da biografia poética do Pessoa ortônimo (1908-1935), segundo uma seqüência cronológica (mas monológica) a que só fazem exceção alguns poemas sem data, dois dos quais atribuídos hipoteticamente ao heterônimo Álvaro de Campos. Assim parece insinuar-se, implicitamente, uma proposta de leitura diacrônica. A menos que se trate de mera economia de ordem (ou desordem), no sentido borgesiano dos termos. O primeiro fingimento (ou o último) é o que a si próprio se oculta. Ou nem sequer.

Pouco se nos dá, afinal: um simples folhear do livro, mesmo à flor da pele, logo nos faz derivar obliquamente o desejo para uma transgressão da sua linearidade vertebral. E tanto poderemos descer como remontar as artérias dos textos, deixando-nos ir e vir ao sabor das vagas de leitura. Indeterminação, alternância da diacronia e da sincronia, movimento ondulante e circular do prazer: não evoluímos, viajamos. Talvez a sucessão tipográfica das páginas mais não seja do que uma espécie de carta de marear, onde se traçam para nós os acidentes da escrita, sem que nem rota nem ancoragens sejam obrigatórias. Tendo partido à aventura, vogamos agora à ventura. E enquanto leitores (o

6. Esperemos que tenham, ao menos, a qualidade e humildade das reedições da *Obra Poética*, organizadas para a Aguilar com os cuidados e as minúcias de M. ALIETE GALHOZ.
7. *Obras Completas*, vol. X, Lisboa, 1973.
8. *Poesias Inéditas*, vols. VII e VIII, org. por JORGE NEMÉSIO, o primeiro com uma nota prévia de VITORINO NEMÉSIO, Lisboa, 1955 e 1956.

sujeito múltiplo dos poemas), à pluralidade do texto, dos textos, na sua errância de um a outro:

> Por isso, alheio, vou lendo
> Como páginas, meu ser.
> O que segue não prevendo,
> O que passou a esquecer.
>
> (*Novas Poesias Inéditas*, p. 49)

Olvido de si mesma da leitura, no seu eterno retorno: entre texto e texto, apenas o fluxo e o refluxo da escrita, que os vai lendo e relendo sem fim. Cada um de nós poderá assim anotar nas margens de cada poema:

> Leio o transtorno do que nunca li.
>
> (p. 147)

E recomeçar, ainda e sempre, um novo percurso de leitura, transcrevendo-o (ou transtornando-o) num outro texto. O texto a vir. E a ir.

2. *O Vaivém*

Esta aventura reversível da leitura-escrita desenha pouco a pouco um jogo estrutural, de que vai ao mesmo tempo instituindo e violando as regras: chamar-lhe-emos o *vaivém*[9]. Movimento de estruturação, desestruturação e reestruturação imanente aos poemas, só deles emergindo, na

---

9. Podemos encontrar na linguagem tântrica, que, como observa Octavio Paz, é uma "linguagem poética", um modelo perfeito deste *vaivém*: "o pressuposto básico do tantrismo é a abolição dos contrários – sem suprimi-los; esse postulado leva-o a outro: a mobilidade dos significados, o contínuo vaivém dos signos e dos seus sentidos". Cf. *Conjunciones y Disyunciones*, México, 1969, p. 70. [Trad. bras. *Conjunções e Disjunções*, S. Paulo, Perspectiva, 1979.] De notar que o vaivém pode verificar-se entre os meros significantes: "Um dos traços essenciais do tantrismo é o uso das *mantras*",

transcendência dum código, para neles imediatamente imergir: e a metalinguagem volve desse modo à linguagem poética (seu objeto e seu sujeito) numa capilaridade que é a do próprio ir e vir textual. Apelo a uma leitura metafórica? Sem dúvida, mas antes de mais metonímica: é na contigüidade líquida da escrita e da leitura, da leitura e da escrita (ou, se se quiser, na sobreposição da mensagem/código e do código/mensagem), que se operam as transposições paradigmático-sintagmáticas tanto dos elementos (nós diremos as *mônadas*) do significante como do significado, no seu nomadismo poemático[10]. O que nos permite restituir ao modelo de Roman Jakobson uma mobilidade que certas análises estruturais, na fixidez da sua microscopia, lhe tinham feito perder. Mônadas nômadas: o anagramatismo é aqui a melhor figura desse vaivém dos signos inerente ao intertexto poético, de que cada texto-poema vai formando uma constelação, no texto-a-texto e no poema-a-poema em que a leitura-escrita se tece.

O vaivém assume, nestas *Novas Poesias Inéditas*, uma infinidade de formas, tanto no plano do "conteúdo" como da "expressão": desde as metáforas ou sinédoques aquáticas, e símbolos marítimos correspondentes, até à ondulação

que são "sílabas sonoras, distintas ou combinadas, e na sua maior parte destituídas de sentido", podendo deslocar-se e aglutinar-se como "germes de energia" no "momento e lugar desejados". Cf. PHILIP RAWSON, *Tantra*, Paris, 1973, p. 22. Quais os eventuais ecos do tantrismo em Fernando Pessoa, como, aliás, doutras formas de pensamento orientais?

10. Como sutilmente escreveu EDUARDO PRADO COELHO, num artigo consagrado às *Novas Poesias Inéditas* ("A Palavra em Arquipélago", *República*, de 12-VII-73), "o poético possui neste livro uma existência nômada: são sintagmas flutuantes, versos à deriva, palavras-ilhas, efeitos-arquipélago, que emergem da massa textual reunida pelo volume". Já nos parece entretanto de discutir, da nossa própria perspectiva de leitura-escrita, a sua hipótese de "não haver talvez nunca uma *coincidência poético-textual*". É no vaivém do inter-texto (poemático) que as incoincidências se tornam coincidências, de que cada poema não é mais do que um conglomerado (um "arquipélago", como diria Eduardo Prado Coelho).

do ritmo versificatório, dir-se-ia assistirmos a um mesmo (e sempre outro) movimento circular, em que sujeito e poema se vão reciprocamente metamorfoseando:

> Eis-me em mim absorto
> Sem o conhecer
> Bóio no mar morto
> Do meu próprio ser.
>
> Sinto-me pesar
> No meu sentir-me água...
> Eis-me a balancear
> Minha vida-mágoa.
>
> Barco sem ter velas...
> De quilha virada...
> Frio o céu d'estrelas
> Como nua espada[11].
>
> E eu sou vento e céu
> Sou o barco e o mar...
> Só que não sou eu...
> Quero-o ignorar.
>
> (pp. 21-22).

O balancear das águas mortas é textualmente o elemento (fluido) de contigüidade entre todos os estratos do poema: nele bóiam as mônadas metafóricas em que o sujeito poético se dissemina metonimicamente: o mar e o barco (a quilha), o vento e o céu (as estrelas), flutuando num marulho compassado, em que de vaga a vaga os versos se sucedem, ora espraiando-se em transportes suaves, ora fragmentando-se em sintagmas esparsos à tona do texto, numa cadência de abandono onde a inconsciência e o olvido do eu no não-eu se vêm dissolver, tal a "vida-mágoa", num esfriar mortal de água e céu. A combinação de pentassílabos de acentuação ímpar e de acentuação par, com predomínio embora dos primeiros, reitera a impressão duma alternância rítmica, ora mais lenta ora mais viva, como

11. Cf. variação dos versos 11-12, indicada em nota da p. 21, que aqui preferimos.

se um arrepio de vento viesse percorrer o embalo doce das ondas. E note-se como a circularidade ondulatória se realiza mesmo em dois planos homólogos e complementares: à concavidade das vagas (do mar) sobrepõe-se a concavidade do céu, refletindo-se especularmente. O próprio barco voltado condensa em si, pela inversão do seu bojo, a possibilidade das duas curvas simétricas, que se prolongam uma à outra, no movimento alternado do seu vogar de naufrágio, que um poema anterior já anunciava:

> Por meu ser me afundo [...].

(p. 20)

O mar e o barco (a nau, o navio) aparecem de resto recorrentemente ao longo do livro como símbolos privilegiados da circularidade do ser e do não-ser, da vida e da morte:

> Ó mar, sê símbolo da vida toda –
> Incerto, o mesmo e mais que o nosso ver!
> Finda a viagem da morte e a terra à roda,
> Voltou a alma e a nau a aparecer.

(p. 44)

No plano do significante, o *vaivém* assume entretanto a forma duma figura particularmente sugestiva, pois corporiza na sua estrutura a simetria da circularidade ondulatória – a do quiasmo:

> Vejo boiar a inércia do meu ser
> No meu ser sem inércia, inútil mar.

(p. 104)

Quiasmo imperfeito este, em que a oposição dos dois termos exteriores ("inércia" e "sem inercia"), mediatizada pela relação de contigüidade estabelecida pelos termos centrais da figura, que são simultaneamente os termos final e inicial de cada verso ("do meu ser" / "no meu ser"), tende a identificar, na sua diferença, o movimento e o não-movimento que caracterizam o ir e vir das ondas. A correspondência do início e do fim dos dois versos, dada pela rima de "boiar" e "mar", acentua ainda reversibilidade fônica e semântica assim estabelecida.

O movimento estático do *vaivém*, no qual o sujeito no seu retorno sobre si mesmo como outro se metaforiza, surge quase sempre associado, uma vez mais, ao mar, ou então às suas respectivas manifestações sinedóquicas:

> Sou como o movimento do alto-mar,
> Que parece existir sem avançar.

·(p.57)

> Sou um navio que chegou a um porto
> E cujo movimento é ali estar.

(p. 135)

Repare-se: na distância de poema a poema, a intertextualidade da escrita-leitura, num longo *vaivém* que a viagem oceânica do navio entre a partida e a chegada pode por seu turno metonimizar, permite-nos transformar a incoincidência textual numa coincidência poética, transpondo a oposição paradigmática "alto-mar" / "porto" (equivalente à dos sememas *movimento / não-movimento*) do eixo da seleção para o da combinação e realizando assim, no intertexto, uma *coincidentia oppositorum*.

Ao sabor do *vaivém* da leitura, encontramos inúmeras, e por vezes mínimas, dessas mônadas de significantes e significados, flutuando em suspensão. Talvez aquela que melhor possa metaforicamente representá-las seja a da "alga", que dá um dos raros títulos a um poema (p. 31), onde só aparece aliás (in *praesentia absentia*) como "qualquer coisa imprecisa", diluindo-se na "voz de névoa" do silêncio. Acaso num breve "afluxo à tona de água" algumas dessas algas acabem por entrelaçar-se no "sargaço fluido de uma hora incerta", entre uma e outra vaga. *Vaga*: significante indeciso, que ao adjetivar-se pode assumir um novo significado – o do indefinido (do vago) conotado também pelo errar líquido das ondas, no seu "movimento regular de olvido":

> Se ao menos uma vaga
> Lembrança me viesse
> De melhor céu ou plaga
> Que esta vida! Mas esse
>
> Pensamento pensado
> Como fim de pensar
> Dorme no meu agrado
> Como uma alga no mar.
>
> (p. 25)

É na dormência, no sono abandonado das águas (e a presença do sono é nestes poemas obsessiva, culminando no último texto do livro) que o *vaivém* das algas se deixa escrever, como um "marulhar surdo" a dissolver-se em espuma no nevoeiro da noite, onde as vagas vagas se indefinem:

> A Noite me traz e leva;
>
> Moro à beira irreal da Vida,
> Sua onda indefinida
>
> Refresca-me a alma de espuma...
> Pra além do mar há a bruma...
>
> (p. 144)

Mas o indefinido do além (da transcendência) é também o indefinido do aquém (da imanência), não havendo nunca um limite inicial nem final, neste vaguear poeticamente circular:

> E pra aquém? há Cousa ou Fim?
> Nunca olhei para trás de mim... .
>
> (*ibidem*)

A reversibilidade infinita do *vaivém* não é, enfim, senão uma errância esquecida, sempre a ser outra e outra – uma deriva:

> Flor morta, bóia no meu sonho, até
> Que a leve o vento,
> Que a desvie a corrente, a externa sorte.

(p. 148)

3. *Errar, Errar*

Não julguemos, pois, ter jamais agarrado, nas malhas da nossa leitura, esse "pensamento pensado / como fim de pensar" que é a lógica poética de Pessoa. Na sua estrutura da contradição permanente ("uma afirmação é tanto mais verdadeira quanto mais contradição envolve" – dizia o poeta[12]), a verdade é sempre fugidia:

> Quando encontrar a verdade
> Hei de ver se hei de fugir,
> Pelo menos em metade.

(p. 105)

Assim, o *vaivém* é ele mesmo, simultaneamente, verdadeiro e falso – errância e erro:

> Não tenho vinda e nem ida.
> Sou apenas um ser meu.
>
> Nem isso... Anda tudo à volta
> A retirar-me de mim.

(*ibidem*)

Errância, mas estática: ilusão do movimento e do tempo, através da identidade ontológica do sujeito. Erro ainda,

---

12. *A Nova Poesia Portuguesa*, Lisboa, s. d., p. 97.

contudo: a circularidade do ser nos entes implica a viagem do eu, a alteridade do mesmo como eterno retorno[13]. O *vaivém* não é mais do que esta coexistência de significantes e significados e o *errar* (errar e errar), numa polissemia que abre o texto e o sujeito à sua pluralidade.

Já o Fausto de Pessoa, num dos seus "diálogos interiores", tinha meditado sobre esse erro-errância sem fim que é o da linguagem poética:

> Do eterno erro na eterna viagem,
> O mais que (exprime) na alma que ousa,
> É sempre nome, sempre linguagem,
> O véu e capa de uma outra cousa[14].

Erro de erro, ilusão de ilusão: "a própria ilusão é uma ilusão"[15]. O esoterismo de Pessoa não é alheio a este perfilar infinito de linguagens que remetem para outras linguagens, de que os heterônimos são os sucessivos e múltiplos nomes, remetendo para outros nomes.

Não se trata, entretanto, de subsumir segundo uma hierarquia denotação / conotação os significados de "erro" e "errância" no significante *errar*. O que a linguagem poética pessoana põe justamente em causa é essa hierarquia, pela reversibilidade do *vaivém* dos significantes e significados em que sintagmaticamente, no plano do valor, as equivalências paradigmáticas se realizam[16].

---

13. Cf. MAURICE BLANCHOT, "O Eterno Retorno do Mesmo: o mesmo, quer dizer, o eu mesmo enquanto resume a regra da identidade, isto é, o eu presente. Mas a exigência do retorno, excluindo do tempo todo o modo presente, não libertava nunca um agora em que o mesmo voltaria ao mesmo, ao eu mesmo [...]. O instante da presença, excluindo-se, excluía toda a possibilidade idêntica". *Le Pas Au-Delà*, Paris, 1973, p. 21.
14. *Obra Poética*, p. 426.
15. Cf. "O Desconhecido", in *Textos Filosóficos*, I, Lisboa, 1968, p. 45.
16. A distinção hjelmsleviana entre denotação e conotação tem sido, neste sentido, de vários lados contestada, em particular por JULIA KRISTEVA: "as pesquisas posteriores a Hjelmslev sobre o signo conotativo (literário) conduzem a construções mecânicas

Um exemplo privilegiado disso é-nos dado por este passo dum poema que podemos tomar como uma metaforização metonímica perfeita do eterno retorno da errância e do erro:

> Quero ir buscar quem fui onde ficou.
>
> Ah! Como hei de encontrá-lo? Quem errou
> A vinda tem a regressão *errada*.
>
> (p. 90, grifo nosso)

"Errar" identifica aqui, na sua dupla ocorrência sintagmática ("errou", "errada"), esse desdobrar reversível de sentidos do mesmo significante, através da diferença de significados, sem que possa dizer-se qual o signo conotador e qual o conotado: ou antes, conotando-se ambos mutuamente. Assim, na primeira ocorrência morfo-sintática ("errou") a reversibilidade é visível: "errar" (a "vinda" e a "regressão") é errá-la nos dois valores do termo, que se reenviam. O *vaivém* dos signos assume em coexistência, enquanto forma da expressão, uma e outra forma do conteúdo, a do erro e a da errância. De tal modo que, por um contágio metonímico, a segunda ocorrência ("errada") reverte também, como erro da errância ou como errância do erro, à ambivalência da primeira. E poderíamos dizer que, violando o código da língua enquanto erro (gramatical), ela assume em si mesma (outra que é) uma duplicidade sintagmaticamente manifesta de significados: "errada" terá então simultaneamente o valor dum adjetivo e dum particípio

complexas que não rompem o espaço fechado do signo-fronteira da denotação". Cf. *Recherches pour une Sémanalyse*, Paris, 1969, p. 23. Roland Barthes, manifestando-se a favor da conotação ("apesar de tudo"), concebe-a numa relação de "jogo" com a denotação, o que admite a sua reversibilidade: "estruturalmente, a existência de dois sistemas reputados diferentes, a denotação e a conotação, permite ao texto funcionar como um jogo, cada um dos sistemas reenviando ao outro segundo as necessidades de uma certa *ilusão*". E assim "a denotação não é o primeiro dos sentidos, mas finge sê-lo; sob esta ilusão, ela não é finalmente senão a última das conotações". *S/Z*, Paris, 1970, pp. 15-16.

passado (deformado segundo um código da língua que supusesse o acordo em gênero do particípio com o complemento direto antecedente), integrando o pretérito perfeito composto do verbo "errar". E a frase poderá finalmente ler-se: aquele que errou (errática e erradamente) a vinda tem também já errado (errada e erraticamente) a ida, na reversibilidade do *vaivém*. A mensagem poética mais não terá feito do que criar um novo código, que permitirá assim uma nova leitura-escrita do texto.

Se quisermos continuar a aplicar a esta alteridade de significados na identidade de significantes o modelo conotativo (mas onde residirá nesse caso a denotação, senão no seu volver constante sobre si mesma enquanto outra[17], isto é, enquanto conotação duma conotação?), haverá que designá-la, mais propriamente, como uma *conotação heteronímica*[18]. Cada signo conotador, na sua dupla fase de significante e significado, é inversamente um signo conotado, entendendo-se que o significado de conotação engloba também aqui o significante (o mesmo como outro).

A conotação heteronímica, no seu *vaivém* textual, exerce ainda uma função metonimicamente importante: a de estabelecer uma relação anafórica entre os significados dispersos texto a texto, através das múltiplas ocorrências dum mesmo significante, fecundado-o assim como uma diversidade de sentidos que contextualmente não teria: a leitura intertextual pode metaforizar-se como uma disseminação do pólen dos significados ao longo dos textos[19]. Se num poema lemos:

17. É neste sentido que, defendendo a conotação, R. Barthes observa que "dois sistemas, denotativo e conotativo, um se volta sobre si mesmo e se marca: o da denotação". *Idem, ibidem.*
18. Preferimos esta designação à de "conotação autonímica", entre nós adotada por E. PRADO COELHO (a partir de J. Rey Debove) para indicar a "transformação de uma autonímia primeira numa autonímia segunda" na textualidade poética de Pessoa. Cf. *art. cit.* e "Notes sur une Interprétation Autonymique de la Littératité: le Mode du 'comme je dis'", *Littérature*, 4 dezembro de 1971. Trata-se, na verdade, de duas conotações autonímicas, mas que se transformam, heteronimicamente, uma na outra.
19. O papel anafórico da conotação foi também posto em evi-

> Nada, só o dia –
> Se é tarde ou cedo continuar a errar –,
> Alheio a mim [...],

(p. 43)

o significante *errar* surge-nos agora grávido dos dois sentidos que já nele detectamos. E num poema subseqüente de novo esta polissemia se manifesta, em texto onde as conotações metaforicamente exorcizadas do mar (símbolo paradigmático do *vaivém*), negando-se denotativa e referencialmente como verdade no real, são restituídas como erro na errância do sonho, horizonte de todas as poéticas de Pessoa:

> Olhando o mar, sonho sem ter de quê,
> Nada no mar, salvo o ser mar, se vê.
> Mas de que me servem a verdade e a fé?
>
> Ver claro! Quantos, que fatais erramos,
> Em ruas ou em estradas ou sob ramos,
> Temos esta certeza e sempre e em tudo
> Sonhamos e sonhamos e sonhamos.

(p. 70)

As aproximações metafórico-metonímicas desse modo propiciadas pela leitura-escrita permitem-nos ir tecendo nos interstícios dos textos outras relações entre as mônadas de significantes e significados em nomadismo migratório, que se vão encontrando aqui e ali ao sabor dum exílio errante, no seu eterno retorno. E nas malhas da leitura (a escrita) virão como as algas enredar-se as oposições temáticas que pelos poemas antinomicamente proliferam, inscrevendo-se um momento nesse "intervalo entre não-ser e ser" que é o intertexto, em metamorfoses indefinidas (finitas e infinitas) de vaga a vaga:

dência por R. Barthes, que a define como "uma determinação, uma relação, uma anáfora, um traço que tem o poder de se referir a menções anteriores, ulteriores ou exteriores, a outros lugares do texto (ou de um outro texto)". *S/Z*, p. 15.

> Nada é real, nada em seus vãos moveres
> Pertence a uma forma definida
>
> (p. 93)

Tentar agarrá-las num recenseamento exaustivo, necessariamente incompleto, ou encerrá-las num sistema fechado, seria nada mais nada menos que aprisioná-las. Haverá antes que deixar a cada leitor a liberdade de errar e errar, heteronimicamente, como o poeta, mesmo se continua a apegar-se ainda à ilusão da sua identidade e unidade:

> Quem se crê próprio erra.
> Sou vário e não sou meu[20].

---

20. *Obra Poética*, p. 517.

9. A PÁTRIA DE PESSOA OU A LÍNGUA MÁTRIA *

*A D. Henriqueta Madalena Nogueira Rosa Dias,
Irmã de Fernando Pessoa.*

*Tomo nas mãos, como caveira, ou chave
De supérfluo sepulcro, o meu destino...*

RICARDO REIS

"Os mortos, não nascem, não morrem": esse foi talvez, o epitáfio que Fernando Pessoa sonhou e traçou um dia, no

*Discurso pronunciado na cerimônia de inumação do corpo de Fernando Pessoa no Mosteiro dos Jerônimos.

"desassossego" de viver[1], para o túmulo, onde hoje a Pátria o acolhe como um dos maiores, ao lado de Camões. "Jazo a minha vida", escreveu também ele, pela mão de Bernardo Soares, alegando esquivamente, perante os heterônimos e o ortônimo, serem as suas "sensações", de que teceu pluralmente o texto infinito, "um epitáfio por demais extenso" sobre a sua "vida morta"[2].

"O mais que posso esculpir é sepulcro meu a beleza interior" – assim Pessoa poeticamente se escusou à posteridade necrófila[3]. Era como se nem a arca mítica lhe fosse sarcófago, mas se sumisse, evanescente, consigo mesmo, outro. Ele antecipava-se, com uma ironia lógica muito sua, ou das *porsonae* a que deu vida, à inanidade exterior de qualquer mármore onde quisessem amortalhá-lo.

Nada de menos letal: "Neófito, não há morte" – segredava a sua "Iniciação"[4]. E "no túmulo de Christian Rosencreutz" o que lemos não é senão, exotericamente, a aparência da morte:

> Calmo na falsa morte a nós exposto,
> O livro ocluso contra o peito posto,
> Nosso Pai Roseacruz, conhece e cala[5].

Porque, esotericamente, lá reza, epigráfica, a "Fama Fraternitatis Roseae Crucis":

> Não tínhamos ainda visto o cadáver do nosso Pai. Por isso afastamos para um lado o altar. Então pudemos levantar uma chapa de metal amarelo, e ali um belo corpo célebre, inteiro e incorrupto...[6].

Do segredo oculto da morte do Pai, ou do seu Nome, não descerraremos o "Livro", o mistério. Resta-nos sondar, através do Poeta, o da Pátria, glosando, como ele, a

---

1. *Livro do Desassossego*, BERNARDO SOARES, Lisboa, 1982, vol. II, p. 68.
2. *Idem*, p. 32.
3. *Idem, ibidem*.
4. *Obra Poética*, Rio de Janeiro, 1981, p. 96.
5. *Idem*, p. 125.
6. *Idem*, p. 24.

paternidade do fundador, para que na *Mensagem* Fernando Pessoa simbolicamente apelou:

> Pae, foste cavalheiro,
> Hoje a vigília é nossa.
> Dá-nos o exemplo inteiro
> E a tua inteira força![7].

Da paternidade à maternidade, da Pátria à Mátria, que Pe. Antônio Vieira realizou, vai a universalidade originária da Nação-Império, que Portugal assumiu:

> As Nações todas são mysterios.
> Cada uma é todo o mundo a sós.
> Ó mãe de Reis e avó de Impérios,
> Vella por nós![8]

Que outro discurso faria sentido, hoje e aqui, senão o de dar a esta vigília cívica e poética, que aos olhos de uns parecerá de lesa-Pátria e aos olhos de terceiros de lesa-Poesia – há sempre os ultrapuros de um qualquer sinal impuro –, a dignidade de um ato que respeite o que na Poesia e na Pátria é irredutível mas reversível? Pois não é a Pátria, para Pessoa, a própria Língua, que ele pluralmente cantou, como Camões? Dir-se-ia que, de além-túmulo, a voz do Épico outra vez ecoa:

> ...Vereis um novo exemplo
> De amor dos pátrio feitos valerosos
> Em verso divulgado, numerosos[9].

Ou ainda:

> Vereis mor da pátria, não movido
> De prêmio vil mais alto e quase eterno[10].

---

7. *Idem*, p. 7.
8. *Idem, ibidem*.
9. LUÍS DE CAMÕES, *Obra Completa*, Canto Primeiro, Rio de Janeiro, 1963, p. 12.
10. *Idem, ibidem*.

E se Pessoa também não conheceu, em vida senão aquela "apagada e vil tristeza" que ficou inscrita no epílogo de *Os Lusíadas*, o certo é que profetizou o advento de um Supra-Camões, poeta máximo de uma "Nova Renascença", de que emergiria o "Supra-Portugal de amanhã", apesar de a época lhe ser aparentemente adversa:

> O atual momento político – escreveria ele em 1912 nas páginas a *A Águia* – não parece de ordem a gerar gênios supremos, de reles e mesquinho que é. Mas é *precisamente por isso* que mais concluível se nos afigura o próximo aparecer de um Supra-Camões na nossa terra[11].

Que o poeta dos heterônimos o tenha sido, reescrevendo intertextualmente a obra camoniana, depois de recalcá-la, eis uma das aventuras mais fascinantes da heterotextualidade de Pessoa. Mas a mediadora dessa heterotextualidade é sempre, nas suas várias manifestações arquitextuais, a Pátria, espaço onde se cruzam, atravessando a língua, todos os seus discursos, do mítico ao poético.

Poderíamos destecer da trama poetodramática dos heterônimos, semi-heterônimos e ortônimos, que plural também "ele mesmo" é, esse texto-a-texto de uma Pátria múltipla, matriz de um patriotismo universalista, de que Portugal e os países de expressão portuguesa são lingüística e poeticamente a manifestação. Desfeito o império geopolítico, ficou um "império de Cultura", que falta cumprir, e de que decorre um "imperialismo espiritual" – o Quinto Império, na versão portuguesa interpretada por Pessoa – que na língua e na Poesia tem a afloração mais alta:

> É um imperialismo de gramáticos? – questiona o poeta. O imperialismo dos gramáticos dura mais e vai mais fundo que o dos generais. É um imperialismo de poetas? Seja. A frase não é ridícula senão para quem defende o antigo imperialismo ridículo. O imperialismo de poetas dura e domina; o dos políticos passa e esquece, se o não lembrar o poeta que os cante[12].

---

11. *Obras em Prosa*, Rio de Janeiro, 1976, p. 367.
12. *Sobre Portugal, Introdução ao Problema Nacional*, Lisboa, 1979, p. 240.

De Camões a Pessoa, de *Os Lusíadas* a *Mensagem*, há uma continuidade e uma metamorfose: a visão patriótica alargou-se em universalidade ecumênica, o classicismo e a modernidade encetaram o diálogo, a *traditio* e a *revolutio* reencontraram-se. Mas, sobretudo, a língua portuguesa enriqueceu-se e diversificou-se entre um Ricardo Reis arcaizante e um Álvaro de Campos futurante, a linguagem poética, retornando com Alberto Caeiro ao seu "grau zero" – ou atingindo nele, como noutros querem, o seu "grau ômega"[13] –, foi capaz, de grau em grau, de explodir e proliferar num "excesso de expressão", *ad infinitum*.

Perante essa fascinante Via Láctea, que é a língua mátria, a língua pátria de Pessoa, que outra pátria demandar? Ela é, entretanto, para o poeta, uma espécie de Via Sacra, em que várias pátrias na Pátria se religam. Desde o *infans*, à escuta da língua materna, até ao escolar que conheceu o exílio numa língua estranha (madrasta ou padrasta?); desde o adolescente, aluno aplicado de uma escola técnica comercial, mas exímio cultor de um inglês literário, até ao jovem feito, que trocaria o Curso Superior de Letras por uma profissão de "correspondente estrangeiro"; desde o adulto lúcido, empenhado entretanto em vanguardas poéticas e estéticas, sob o signo de *Orpheu*, até ao homem da maturidade, que se compraz numa clássica *Athena*; desde o cidadão do simbólico, empenhado numa ação política só de linguagem concebida, até ao diretor e redator de uma revista de contabilidade, cujas teorias são ainda atuais; desde o amoroso por procuração heteronímica, autor de cartas "ridículas", num português banal, até ao moribundo, que escreveu as suas últimas palavras em inglês, quase *in extremis* – o percurso dessa Via Sacra seria longo de seguir. Mas sempre uma obsessão recorrente nela vem ao de cima, pontuando-a como uma paixão irreprimível: a da Pátria amada.

---

13. Cf. EDUARDO LOURENÇO, *Pessoa Revisitado*, Porto, 1973, p. 36.

Logo aos sete anos, quando o primeiro heterônimo, estrangeiro de nome – o *Chevalier de Pas* – lhe tinha ocorrido, já em Pessoa Pátria e Mátria se entrelaçavam, numa dualidade amorosa indissolúvel, mas em tensão latente:

> Ó terras de Portugal
> Ó terras onde eu nasci
> Por muito que goste delas
> Inda gosto mais de ti[14].

Anos mais tarde, em plena juventude, dividido então entre o "amor da humanidade" e o amor da Pátria, mais que solicitado por outros amores, Pessoa escreveria em tom exaltante: "Ninguém suspeita do meu amor patriótico, mais intenso do que o de quem quer que eu encontre, de quem quer que eu conheça"[15]. Esse amor incompreendido fá-lo sofrer, segundo ele, "até ao limite mesmo da loucura". Mas, como escreverá num dos seus poemas a D. Sebastião, que exprimem o seu "nacionalismo místico", embora ele se pretenda um "sebastianista racional",

> Sem a loucura que é o homem
> Mais que a besta sadia,
> Cadáver adiado que procria?[16]

Essa "loucura" traduziu-se, essencialmente, numa sucessão infinda de projetos patrióticos, que conheceram múltiplos avatares. A começar pelo esboço de uma "República de Portugal", que cedo o obcecou. Implantada que foi de fato a República, com o 5 de Outubro, a sua estréia literária em *A Águia*, órgão da "Renascença Portuguesa", fez-se sob a égide do patriotismo, identificado como o "republicanismo", apesar das reservas que lhe suscitavam o "tri-partido republicano" e os seus próceres.

Os anos passaram. E em 1915, nas vésperas do *Orpheu*, era ainda e sempre a pátria que o chamava, acima das

---

14. Cit. por JOÃO GASPAR SIMÕES, in *Vida e Obra de Fernando Pessoa*, Lisboa, 1951, vol. I, p. 40.
15. *Obras em Prosa*, ed. cit., p. 35.
16. *Obra Poética*, ed. cit., p. 10.

aventuras paúlicas e interseccionistas, consideradas pouco "sérias" e "insinceras" (ao contrário dos heterônimos, note-se). Assim, em carta a Armando Cortes-Rodrigues, ele confessa:

> A idéia patriótica, sempre mais ou menos presente nos meus propósitos, avulta agora em mim; e não penso em fazer arte que não medite fazê-lo para erguer alto o nome português através do que eu consiga realizar. É uma conseqüência de encarar a sério a arte e a vida[17].

Essa atitude será, então, elevada pelo Poeta à dimensão da religiosidade, relação que é, aliás, freqüente em Pessoa, embora numa acepção heterodoxa.

A preocupação com Portugal, com o que chama o "problema português", passa agora a ser nele constante e a ter alguma expressão pública. Quer nas páginas de *O Jornal*, onde paralelamente ao *Orpheu* colaborou por um momento, até ser dele expulso, pelas suas crônicas paradoxais, quer nas páginas de *Acção*, em 1919, quando já o parêntesis sidonista, que nele deixará um rasto meramente esotérico, tinha sido politicamente fechado, Pessoa vai, pela via da lógica da contradição ou da contraditoriedade – "terapêutica de libertação" que advoga – encontrando máscaras opostas e diversas para o seu patriotismo multímodo: seja a construção de uma "anarquia portuguesa" que, além de ser uma missão "civilizada" e "moderna", por combater a "doença da disciplina", é também "a mais moral e a mais patriótica", seja, ao invés, a "organização de Portugal", que passa, em seu entender, pela superação quer do "superprogressismo" quer do "superconservantismo" e implica, antes de mais, uma "transformação profissional", que permita a "industrialização sistemática do País": tese avançada para a época e que, como se vê, é precursora de muitas das nossas preocupações atuais, desde o ensino técnico e a formação profissional ao desenvolvimento e modernização tecnológica de que continuamos a carecer.

---

17. *Cartas a Armando Cortes-Rodrigues*, Lisboa, s. d., p. 74.

Pessoa irá mais tarde, com o advento da ditadura militar do 28 de maio, fazer incursões mais ousadas pelo campo do discurso aparentemente político. Nomeadamente em 1928, com *O Interregno*, opúsculo escrito em nome do *Núcleo de Acção Nacional*. À primeira vista, o seu subtítulo – "Defesa e Justificação da Ditadura Militar em Portugal" – indigita um apoio ao novo regime. Nada de menos exato, como se pode ler neste "Primeiro Aviso" do folheto:

As razões que nele se apresentam – explica Pessoa – nem se aplicam às ditaduras em geral, nem são transferíveis para qualquer outra ditadura, senão na proporção em que incidentalmente o sejam. Tãopouco se inclui nele, explícita ou implicitamente, qualquer defesa dos atos particulares da Ditadura Militar presente. Nem, se amanhã esta Ditadura Militar cair, cairão com ela estes argumentos[18].

Trata-se, com efeito, de um texto em que Pessoa, obedecendo uma vez mais à lógica da *coincidentia oppositorum*, procura construir uma teoria do "Estado do Interregno" em que, face ao equilíbrio das forças opostas – "metade do País é monárquica, metade do País é republicana", eis a primeira premissa do autor –, e perante a insolubilidade do problema institucional e constitucional, só há uma força que, sendo o fiel da balança, pode evitar a Guerra Civil: a "Força Armada". No desenvolvimento do seu raciocínio, que não obedece nem à lógica aristotélica nem à lógica hegeliana, mas à lógica da contradição complementar, em que há coexistência e não síntese dos opostos, contrários ou contraditórios, Pessoa reitera a sua teoria do equilíbrio, a todos os níveis. Por exemplo, o da opinião pública, essencial para a vida numa sociedade normal, pois dela depende a mentalidade de um povo: "Consiste a vida social no equilíbrio de duas forças opostas: – escreve o Poeta.

Têm as duas forças que existir, para que haja equilíbrio e, embora haja equilíbrio, que ser opostas. Um país unânime numa opinião de hábito não seria país – seria gado. Um país concorde numa opinião de intuição não seria país – seria sombras. O progresso con-

18. *Obras em Prosa*, ed. cit., p. 602.

siste numa média entre o que a opinião de hábito deseja e o que a opinião de intuição sonha[19].

E Pessoa, recorrendo ao paradigma do Épico, que sempre o obsidia, dá uma figuração à sua teoria, que se alarga do Estado ao Império Português:

> Figurou Camões, em *Os Lusíadas*, em o Velho do Restelo a opinião de hábito, em o Gama a opinião de intuição. Mas o Império Português nem foi a ausência de império que o primeiro desejara, nem a plenitude de império que o segundo desejaria. Por isso, por mal ou bem, o Império Português pôde ser[20].

Só que, cumprido o Mar e desfeito o Império, faltava cumprir-se Portugal, como Pessoa escreveria na *Mensagem*... É, aliás, importante verificar como na sua estruturação intrínseca – inacabada – *O Interregno* à *Mensagem* se assemelha, com os seus "Avisos", de que falta o "Terceiro", significativamente. O caráter esotérico, messiânico, do opúsculo é evidente. Nem a ditadura, nem muito menos o ditador, que Pessoa em alguns poemetos satirizou, são aqui justificados. Quanto à Força Armada... Recorde-se a frase de Pessoa, sibilina e irônica: "Nem, se amanhã essa Ditadura Militar cair, cairão com ela estes argumentos"... O 25 de Abril o diria.

Mas o "sentido de Portugal" é para o Poeta determinado, sobretudo, pela Cultura, mais do que pela política:

> A nossa ruína cultural, a nossa não lusitanidade íntima, esse é o mal que nos mina; todos os outros, por graves que sejam, podem parar, podem ter solução. Mas para aquilo que, continuado, é a morte mesma, não há solução[21].

Ora, da morte só se pode nascer, renascer, na verdade: daí a esperança posta na "Renascença Portuguesa", a coisa para nós mais existente e o Estado Pessoa, a "organização da cultura nacional"[22]. Essa organização não competiria,

---

19. *Idem*, p. 614.
20. *Idem, ibidem*.
21. *Sobre Portugal*, ed. cit., p. 128.
22. *Páginas de Estética e de Teoria e Crítica Literárias*, Lisboa, 1973, p. 336.

para ele, ao Estado: importava, pois, "considerar a Pátria Portuguesa", com que começara no Porto, segundo português como não existente". Numa palavra, era preciso "criar um organismo cultural capaz de substituir o Estado" em tais funções[23].

A Pátria devia sobrepor-se, para Pessoa, não só ao Estado mas à própria Nação: "Somos uma nação não uma pátria", assim denunciava ele o "preconceito nacionalista", nomeadamente o "integralista", a que contrapunha o "nacionalismo integral", de um Teixeira de Pascoaes, por exemplo, cuja espiritualidade exaltava: "Não há outro problema hoje de mais importância do que criar uma alma portuguesa"[24]. É Portugal mesmo, de resto, que é visto, heteronimicamente, como uma "pessoa espiritual".

Essa espiritualidade toma no Poeta um alcance essencialmente universalista, que o Quinto Império corporiza. Da "fraternidade patriótica" à "fraternidade com todos os Homens", tal é o horizonte de Pessoa. Por isso ele deixará no seu testamento espiritual este lema: "Tudo pela Humanidade, nada contra a Nação", respondendo assim ao conhecido *slogan* de Salazar: "Tudo pela Nação, nada contra a Nação".

Do universalismo pessoano é a língua, uma vez mais, a expressão suprema. Se "a base da pátria é o idioma", este, sendo português, é sempre universal. E assim, ao substituir o título do livro *Portugal* pelo de *Mensagem*, Pessoa alega, além de que não acha a sua obra "à altura do nome da pátria", que "Deus fala todas as línguas". O plurilingüismo poético é de resto praticado não apenas pelo ortônimo mas pelos heterônimos, que, no interior da língua portuguesa, sua pátria comum, se multiplicam em discursos, numa cena enunciativa heterogênea, explorando todas as potencialidades do idioma (fonemáticas, lexicais, morfológicas, sintáticas). O fenômeno heteronímico não é, como procuramos pela nossa parte mostrar, mais do que um poemodrama,

23. *Sobre Portugal*, ed. cit., p. 125.
24. *Da República (1910-1935)*, Lisboa, p. 201.

onde dialogam e contracenam línguas várias e sujeitos
múltiplos, num logotetismo proliferante.

Desde a sua biografia à sua antropografia, numa mescla
que corresponde bem à diversidade nacional e regional, os
heterônimos compõem um autêntico *etnograma* – e *etno-
drama* – do Povo português. As suas terras de renascença
são distribuídas de Norte a Sul: Ricardo Reis no Porto, Alberto Caeiro em Lisboa, como o ortônimo, Álvaro de
Campos em Tavira. Os caracteres antropométricos são di-
ferenciados: altura, tez, cor dos cabelos e dos olhos. A
educação recebida distribui-se por todos os tipos, graus e
meios: clássica e moderna, superior e elementar, aristocrática, das classes médias e populares. A profissão exercida
varia: médico, engenheiro, guardador de rebanhos, não falando do ajudante de guarda-livros Bernardo Soares. As
idéias políticas são díspares: não é Reis monárquico, exilado no Brasil? As atitudes religiosas diversificam-se, aden-
tro do neopaganismo português, politeísta por natureza. As
concepções filosóficas vão dos pré-socráticos à fenomenologia contemporânea, com marcas do pensamento ocidental e oriental. As teorias estéticas e poéticas (antigas e
modernas) multiplicam-se e cruzam-se, do antiaristotelismo ao futurismo. Enfim, as linguagens e as escritas, da
ortografia à caligrafia, passando por todos os níveis lingüísticos, estilísticos, retóricos, são inúmeras. Pessoa pode,
pois, com propriedade dizer:

> O bom português é várias pessoas... Nunca me sinto tão portu-
> guesmente eu como quando me sinto diferente de mim – Alberto
> Caeiro, Ricardo Reis, Álvaro de Campos, Fernando Pessoa e quantos
> mais haja havidos ou por haver[25].

E os heterônimos, semi-heterônimos e personalidades
literárias desdobram-se a perder de vista, não só com nomes portugueses (Antônio Mora, C. Pacheco, Vicente
Guedes, Barão de Teive, Rafael Baldaia etc.) mas estrangeiros: além do conhecido Chevalier de Pas, Alexander

---

25. *Páginas Íntimas e de Auto-Interpretação*, Lisboa, s. d.,
p. 94.

Search, Charles Robert Anon, Jean Seul, Thomas Cross "e outros, e outros, genta vária, / oculta neste mundo misto", como reza um poema esotérico[26].

Mais do que isso: na sua viagem errática e estática, os heterônimos compõem toda uma rosa cruzada dos ventos, como se refizessem as navegações dos portugueses – já que "navegar é preciso, viver não é preciso" –, pondo em contato civilizações e culturas, de Norte a Sul, de Ocidente a Oriente: Reis, nascido no Norte, vai para o Sul, para Ocidente, levando a cultura clássica ao Novo Mundo. Campos, nascido no Sul, vai estudar engenharia naval em Glasglow, no Norte, e viaja pelo Canal de Suez, em busca de um "Oriente ao oriente do Oriente". Só Caeiro, nascido na cosmopolita capital, se fica pelo Ribatejo, entre rebanhos, a escrever a sua poesia da Natureza, que nem poesia se quer, no seu "objetivismo absoluto", mas tem reminiscências hinduístas, budistas, taoístas, na sua antifilosofia, realizando "conjunções e disjunções" orientais e ocidentais, para usar os termos de Octavio Paz.

Se há poeta que, na nossa época, pode ser emblemático de uma universalidade civilizacional, cultural, intelectual, estética, política, esse poeta é Pessoa. Que admira se ele é hoje traduzido em todas as línguas, ou quase, de todos os continentes, se ele é lido avidamente pelos jovens sedentos de todas as sensações, experiências e idéias, da modernidade e da pós-modernidade, se ele é meditado não apenas por críticos, professores, literatos, mas por homens de ciência, técnicos e cada vez mais pelo leitor comum, anônimo? Não nos dá ele, para lá do planeta, a dimensão cósmica do Universo, nesse poema do homem médio contemporâneo e quotidiano que é a "Tabacaria", de Álvaro de Campos:

> Escravos cardíacos das estrelas,
> Conquistamos todo o mundo antes de nos levantar
> [da cama;
> Mas acordamos, e ele é opaco,
> Levantamo-nos, e ele é alheio,

26. *Obra Poética*, ed. cit., p. 32.

> Saímos de casa, e ele é a terra inteira,
> Mais o sistema solar e a Via Láctea e o Indefinido[27].

A galáxia heteronímica é, em suma, uma galáxia poética e uma galáxia cosmológica, numa expansão do Universo que "tende para um centro cada vez mais centro, tendendo ao mesmo tempo para o Infinito"[28]. O Infinito e o finito, coexistindo no Indefinido, no *ápeiron* dos Gregos, a que Pessoa retorna, pois, como ele diz, "só duas nações – a Grécia passada e o Portugal futuro – receberam dos deuses a concessão de serem não só elas mas todas as outras"[29].

Rememoremos o poema-pórtico da *Mensagem*:

> A Europa jaz, posta nos cotovellos:
> De Oriente a Occidente jaz, fitando,
> E toldam-lhe românticos cabellos
> Olhos gregos, lembrando.
> ....
> Fita, com olhar sphyngico e fatal,
> O Occidente, futuro do passado.
>
> O rosto com que fita é Portugal[30].

Aí nos aparece uma dimensão de que Fernando Pessoa foi entre nós um antecessor e que aqui mesmo, nos Jerônimos, teve há poucos meses consagração, exatamente e simbolicamente no dia seguinte ao do aniversário do poeta: a dimensão européia. Não de uma Europa circunscrita geograficamente, pois para Pessoa "a Ásia, a América, a África, a Oceania são a Europa", enquanto fonte e origem da nossa civilização[31]. Mas uma Europa universalista, de que Portugal foi no passado a ponta avançada naqueles continentes. Uma Europa que sofrera uma decadência e a cujos "mandarins" Álvaro de Campos dirige o seu *Ultimatum*, como os ingleses tinham feito a Portugal. Uma Europa que,

---

27. *Idem*, p. 298.
28. *Textos Filosóficos*, Lisboa, 1968, vol. I., pp. 28 e 29.
29. *Ultimatum e Páginas de Sociologia Política*, Lisboa, 1980, p. 134.
30. *Obra Poética*, ed. cit., p. 5.
31. *Páginas Íntimas e de Auto-Interpretação*, ed. cit., p. 113.

então, tinha sede de criar, e que a buscava saciar através das vanguardas internacionais, a que os portugueses Amadeo de Souza-Cardoso, Santa-Rita Pinto, Mário de Sá-Carneiro e Almada Negreiros foram também beber o futurismo, o cubismo e outros ismos, que Pessoa transmutou e crismou em sensacionismo e interseccionismo mas sobretudo na aventura de *Orpheu*, que foi para sua geração, como ele escreveu, "a ponte por onde a nossa Alma passa para o futuro"[32].

A figura mítica de Orpheu dá na verdade conta da condição trágica dessa geração, de que o diálogo epistolar interrompido entre Pessoa e Sá-Carneiro é patético testemunho. Condenado, para salvar Eurídice dos infernos, a não voltar-se, Orpheu é votado à sua própria morte, com a do objeto do seu amor. E não ficou a revista *Orpheu* frustrada "de cima", com esse fatídico número 3, cuja suspensão prenunciou o suicídio do poeta de *Indícios de Oiro*?

Hoje, falho de ti, sou dois a sós,

escreveu Fernando Pessoa em memória de Sá-Carneiro, assinalando, em epígrafe, publicá-lo só "nesse número do *Orpheu* que há de ser feito com rosas e estrelas em um mundo novo"[33].

Talvez o texto que Pessoa publicou também em *Athena*, revista da sua fase clássica, possa servir para iluminar, entre luzes e sombras, as duas mortes, de Sá-Carneiro e de si mesmo, outro. "Morre jovem o que os Deuses amam", assim começa o Poeta num estilo epidítico, em honra do Amigo[34]. Mas logo, num movimento antitético, que é o da sua lógica da contradição, a si próprio parece dirigir-se: "Não morrem os jovens todos a que os Deuses amam, senão entendendo-se por morte o acabamento do que constitui a vida". Destino duplo: "Uns morrem; aos outros, ti-

---

32. *Cartas a Armando Cortes-Rodrigues*, ed. cit., p. 101.
33. *Obra Poética*, ed. cit., p. 458.
34. *Obras em Prosa*, ed. cit., p. 455.

rado o instinto com que vivam, pesa a vida como morte, vivem morte, morrem a vida em ela mesma".

É como se estivéssemos a ouvir, através dessa estranha dualidade, a linguagem heteronímica da morte, celebrando até ao limite da vida, aqui mesmo, a ecoar, neste espaço sagrado. "No herói, no santo e no gênio os Deuses se lembram dos homem", escreve Pessoa. Condição fatal, porém:

> São assim os que os Deuses fadaram seus. Nem o amor os quer, nem a esperança os busca, nem a glória os acolhe. Ou morrem jovens, ou a si mesmos sobrevivem, íncolas da incompreensão ou da indiferença.

De quem fala o poeta? De Sá-Carneiro e de si mesmo, ainda e sempre? Não é ele "dois a sós"? E o epílogo, entre resignado e magoado, não chega a ser lamento, senão quase imperceptível: "Nada nasce de grande que não nasça maldito, nem cresce de nobre que se não definhe crescendo. Se assim é, assim seja! Os Deuses o quiseram assim".

Os Deuses, ou os bárbaros: "*In qua scribebat, barbara terra fuit*". A denúncia do poeta não chega porém à indignação, nem à revolta. É que, "se a terra fora outra, não variaria o destino". O trágico é inerente, não só à arte e à poesia, mas ao humano: "O homem não pode ser igual aos Deuses, pois o Destino os separou". E assim "não corre homem nem se alteia deus pelo amor divino: estagna só deus fingido, doente da sua ficção".

Tocamos aqui o cerne e o cume do fingimento pessoano, que é a condição do poeta, mas, mais do que isso, do homem mesmo. Quanto mais alto este se quer erguer, na "gradação infinita dos seres", mais longe fica, simultaneamente, do infinito e do finito:

> Assim a Deus imito
> Que quando fez o que é
> Tirou-lhe o infinito
> E a unidade até[35].

---

35. *Obra Poética*, ed. cit., p. 408.

Se acima de Deus, para Pessoa, há sempre "outro Deus maior", "para além, Supremo deveras, está o Deus Imanifesto – a ausência até do Infinito"[36]. Exilado do Infinito e de Deus, assim se confessa o Poeta, pela voz de Ricardo Reis:

> Desterrado da pátria antiquíssima da minha
> Crença, consolado só por pensar nos deuses,
> Aqueço-me trêmulo
> A outro sol do que este[37].

Pátria divina, pátria terrestre, para a Pátria sempre se volve Pessoa, ainda que em sonhos – sonhos de sonhos, "dreams of others' dreams"[38] –, tal o Marinheiro perdido numa ilha longínqua:

> Como ele não tinha meio de voltar à pátria e cada vez que se lembrava dela sofria, pôs-se a sonhar uma pátria que nunca tivesse tido; pôs-se a fazer ter sido uma outra pátria, uma outra espécie de país com outras espécies de paisagens, e outra gente e outro feitio de passarem pelas ruas e de se debruçarem das janelas... Cada hora ele construía em sonho essa falsa pátria, e ele nunca deixava de sonhar...[39].

Pessoa ele mesmo escreveu: "o maior poeta da época moderna será o que tiver mais capacidade de sonho"[40].

A sonhar o deixaremos, como "no túmulo de Christian Rosencreutz:

> Ah! mas aqui, onde irreais erramos,
> Dormimos o que somos, e a verdade,
> Inda que enfim em sonhos a vejamos,
> Vemo-la, porque em sonho, em falsidade[41].

36. *Obras em Prosa*, ed. cit., p. 557.
37. *Obra Poética*, ed. cit., p. 192.
38. "35 Sonets", in *Obra Poética*, ed. cit., p. 517.
39. "O Marinheiro", in *Obra Poética*, ed. cit., p. 613.
40. *Páginas de Estética e de Teoria e Crítica Literárias*, ed. cit., p. 157.
41. *Obra Poética*, ed. cit., p. 125.

Despertos que estamos, nós, nesta vigília cívica e poética, deste lado da morte, da vida, apenas nos resta cumprir a divisa que nos legou para a eternidade:

Ter sempre na memória o mártir Jacques de Molay, Grão-Mestre dos Templários, e combater, sempre e em toda a parte, os seus três assassinos – a Ignorância, o Fanatismo e a Tirania[42].

---

42. Cit. por JOÃO GASPAR SIMÕES, *Vida e Obra de Fernando Pessoa*, ed. cit., vol. II, p. 362.

10. FERNANDO PESSOA E A LÍNGUA DE BABEL*

Deus fala todas as línguas.
FERNANDO PESSOA

Um dos mitos de que o texto pessoano está impregnado, sem que, no entanto, como por vezes nele metatextualmente acontece, seja de todo em todo esotericamente visível – até pelas suas incidências esotéricas –, é o mito de Babel. Mito essencial e fundador, num poeta que se multiplicou em línguas e em linguagens, mas em que a obsessão

* Comunicação ao III Congresso Internacional de Estudos Pessoanos.

de uma língua ou de uma "característica universal", como queria Leibniz, nutriu a sua tentativa incessante de a corporizar numa só língua, que mais do que a "portuguesa língua" de Antônio Ferreira seria a língua imperial de Vieira, essa "clara língua majestosa" cuja "fria perfeição de engenharia syntactica" fez chorar uma noite Bernardo Soares, o mesmo que haveria de a proclamar sua "pátria"[1].

Ora, é precisamente sob a pena de Soares, o "ajudante de guarda-livros" que da escrita do *Livro do Desassossego* foi o autor, ou semi-autor, e em todo o caso o guardador discreto, que vamos encontrar um dos raros fragmentos em que a problemática de Babel se dá a ler (a entreler). Nesse fragmento se retoma a questão das questões da busca pessoana da língua universal, que através das línguas particulares que pratica, heteronimicamente, ele prosseguirá sem fim.

"No fundo – observa Bernardo Soares – há na nossa experiência da terra duas coisas só – o universal e o particular"[2]. Partindo deste paradigma, ele acaba por colocar em evidência (ou por ocultar melhor?) o cerne do mito: a oposição, para usar os seus próprios termos, de uma "linguagem primitiva e divina", um "idioma adâmico", para "descrever as cousas do universal", e de uma "linguagem estilhaçada e babélica", para descrever as "coisas" particulares[3].

Compare-se com o *Gênesis* (versículos 1 a 9 do Capítulo XI): de um lado, a língua originária, pré-babélica, língua sagrada, língua única, composta das mesmas palavras; do outro, a linguagem de Babel, linguagem dividida, da confusão e da dispersão dos homens, de que decorreu a pluralidade das línguas. Mas as diversas versões desses versículos são controversas, como o mostrou por exemplo

---

1. BERNARDO SOARES, *Livro do Desassossego*, Lisboa, 1982, vol. I, pp. 16 e 17.
2. *Idem*, vol. II, p. 137.
3. *Idem, ibidem.*

Henri Meshonnic[4]. É que, como ele muito bem diz, "a passagem do *Gênesis* sobre a torre de Babel é a cena primitiva da teoria da linguagem". E, do mesmo passo, acrescenta, "da tradução", nascida como foi da diversidade das línguas[5].

Mas que língua "única" (ou "uma" ou "una") é essa, assim evocada no *Gênesis*, como um eco ao seu começo dos começos? Uma língua por excelência religiosa, como o hebreu, no qual, segundo a tradição, "não existe uma só palavra, acima da sílaba, que não seja um composto derivado de uma raiz primitiva", na expressão de um gramático esotérico como Fabre d'Olivet[6]? Ou uma língua puramente mítica, cuja "unicidade" não seria senão "uma ausência de qualquer língua", como aventa Claude Hagège, que ao mito de Babel consagrou um minucioso estudo[7]. Seja como for, a interpretação, a hermenêutica do mito varia: enquanto uns vêem nas línguas babélicas a figura da Queda, da condenação divina dos homens à divisão e à confusão, para outros elas seriam a condição do cumprimento de uma "vocação universalista", que levou Deus a dispersar pelo mundo o seu povo"[8]. "Teologia de Babel", "teologia dos tradutores", comenta com razão Henri Meshonnic[9].

Pessoa, que poliglota e tradutor foi, além de logoteta, fundador de línguas heteronímicas, move-se, cremos nós, no espaço de ambigüidade, de contradição, de paradoxo dessa dupla interpretação do mito de Babel. É essa duplicidade que o fragmento de Bernardo Soares testemunha.

---

4. "L'Atelier de Babel", in *Les Tours de Babel*, Mauvezin, 1985, p. 17 e ss.
5. *Idem, ibidem*.
6. Cit. por CLAUDE HEGÈGE, in *L'Homme de Paroles*, Paris, 1985, p. 112.
7. "Babel, du temps mythique au temps du langage", *Revue Philosophique*, n° 4, Paris, 1978, p. 470.
8. Cf. Interpretação de CLAUDE HEGÈGE (*op. cit., p. 469*), a partir da trad. do versículo 4 por ANDRÉ NEBER, *De L'Hebreu au Français*, Paris, 1963.
9. *Op. cit.*, p. 28.

Na verdade, o semi-heterônimo de Pessoa deixa pairar uma indeterminação entre a "linguagem primitiva e divina", o "idioma adâmico que todos entendem", com que descreve "qualquer cousa universal" e que fala "com a alma", e a "linguagem estilhaçada e babélica", com que descreve "coisas" ou referentes particulares, e que *a contrário* falaria (pressupõe-se) com o corpo[10]. Assim, ao exemplificar a diferença que vai dessa "qualquer cousa" a estas outras "coisas" – e repare-se como até nos significantes ela se manifesta, lingüisticamente –, através de uma enumeração já de si babélica, que faria as delícias de um Borges, Soares nada mais faz afinal do que acentuar a indefinição entre o universal e o particular, que tendem para uma *coincidentia oppositorum*.

Dois exemplos apenas, por mais frisantes. O primeiro é, curiosamente, em termos denotativos, o do "Elevador de Santa Justa", que se volve, ao passar do particular ao universal, um sucedâneo emblemático, à escala lisboeta, da própria Torre de Babel. "O que no Elevador de Santa Justa é o universal – escreve Bernardo Soares – é a mecânica facilitando o mundo"[11]. Mas, nesse caso, estaríamos então perante a identificação entre uma linguagem humana – a linguagem científica – e a linguagem divina, adâmica mas também babélica, tal a Torre, construída pelos homens como por eles foi inventada a mecânica.

O segundo exemplo é dado metalingüisticamente, ao definir Bernardo Soares "o portuguez que se pronuncia em Traz os Montes" como o paradigma universal do particularismo lingüístico, que de "linguagem estilhaçada e babélica" se torna "idioma adâmico que todos entendem": "o que nas pronúncias locaes é universal – explica o autor do *Livro do Desassossego* – é o timbre caseiro das vozes de gente que vive espontânea, a diversidade dos seres junctos, a sucessão multicolor das maneiras, as diferenças dos povos e a vasta variedade das nações"[12]. Dir-se-ia uma glosa dos

10. *Livro do Desassossego*, vol. II., p. 137.
11. *Idem, ibidem.*
12. *Idem, ibidem.*

versículos do *Gênesis*, na qual se glorifica a dispersão universal das línguas, até à sua dispersão em variantes dialetais ou outras, numa proliferação *ad infinitum*.

Desse modo o mito de Babel guarda, em pessoa, a sua ambigüidade hermenêutica. Condenação ou redenção divina? Que importa? Não são "os deuses, finitos e infinitos" citados também como exemplo de universalidade, no fragmento de Bernardo Soares? E não argumenta o ortônimo, alhures, que "Deus fala todas as línguas" e não apenas uma?[13].

Sabe-se como o Poeta levou a sua empresa babélica às últimas conseqüências, imitando a Deus, como ele dizia. Quer repartindo-se – melhor se diria, desgarrando-se – entre o Português e o Inglês, ou ainda o Francês, quer fazendo da língua pátria (ou mátria) uma língua plural, para que profetizava, com o Quinto Império, uma universalidade ecumênica.

Essa universalidade seria assumida através de um "imperialismo de gramáticos" e de um "imperialismo de poetas", que relegariam para longe o "antigo imperialismo ridículo", seja o dos "generais" seja o dos "politícos"[14]. É que só as gramáticas poéticas, na sua pluralidde logotética, realizariam a babélica utopia a que Pessoa, "criador de mitos", meteu ombros. Assim têm de ser consideradas as linguagens heteronímicas, línguas, sim, mas a vir, ou, como escrevia Bernardo Soares, "antes da norma e do sistema"[15].

Por isso, para o autor do *Livro do Desassossego*, a gramática era "não uma lei" mas "um instrumento"[16]. E ele exemplificava com o que chamou uma violação da "mais elementar das regras da gramática, que manda que haja concordância de gênero, como de número, entre a voz substantiva e a adjetiva"[17]. Deliciemo-nos:

13. *Sobre Portugal*, Lisboa, 1979, p. 179.
14. *Idem, ibidem*.
15. *Livro do Desassossego*, vol. I, p. 21.
16. dem, ibidem.
17. *Idem*, p. 22.

Suponhamos que vejo deante de nós uma rapariga de modos masculinos. Um ente humano vulgar dirá d'ella, "Aquella rapariga parece um rapaz". Um outro ente humano vulgar, já mais proximo da consciencia de que fallar é dizer, dirá d'ella, "Aquella rapariga é um rapaz". Outro ainda, consciente dos deveres da expressão, mas mais animado do affecto pela concisão, que é a luxuria do pensamento, dirá della, "Aquelle rapaz". Eu direi, "Aquella rapaz" [...]. E terei dito bem; terei falhado em absoluto, photographicamente, fora da chateza, da norma, e da quotidianidade. Não terei falhado: terei dicto[18].

Atente-se nos pormenores da ortografia, ora simplificada ora latinizante ou helenizante: é que, para Bernardo Soares, "a ortographia também é gente" e "a palavra é completa vista e ouvida", comprazendo-se pois na "gala da transliteração greco-romana", que tem a ver com a busca de uma motivação grafemática e fonemática, de raiz cratiliana, em que possa "ler" a "grande certeza symphonica" que Vieira nele imprimiu[19].

Vejamos agora estoutro passo do *Livro do Desassossego*, em que, já não quanto ao gênero mas quanto ao número, justifica idêntica falta de concordância entre o substantivo e o adjetivo:

...Pensei que seria útil pôr no fim do meu livro, quando o publicar, abaixo das "Errata" umas "Não-Errata", e dizer: a phrase a este incerto movimentos", na página tal, é assim mesmo, com as vozes adjetivas no singular e o substantivo no plural[20].

Repare-se na sutileza do exemplo e do comentário, da linguagem-objeto e da metalinguagem, que se tornam reversíveis: o singular e o plural entrelaçam-se, como o masculino e o feminino, enquanto "vozes" ambíguas, de que cada "phrase" é também ambiguamente a expressão. A enunciação poiética gera, ao mesmo tempo que os enunciados, os seus sujeitos, numa gramática outra, que se diria

18. *Idem, ibidem.*
19. *Idem*, p. 17.
20. *Idem*, vol. II, p. 178.

estrangeira sendo ainda a mesma, mas estranha. Por isso Bernardo Soares se interroga, com desassossego: "Mas a que assisto quando me leio como a um extranjo?"[21]. Tal qual: "extranjo", por confusão babélica, em que o português e o francês, este invocado expressamente no texto, se enxertam. E não há aí também ecos do inglês, numa colagem múltipla, como as que Joyce pratica no *Finnegan's Wake*?

Se na prosa de Soares esses enxertos pegam amiúde, ele imaginou ainda cruzamentos poéticos e lingüísticos mais "extranjos": "A sensibilidade de Malharmé (*sic*) dentro do estilo de Vieira; sonhar com Verlaine no corpo de Horácio; ser Homero ao luar"[22]. Poetas e escritores modernos e clássicos, línguas vivas e mortas, a fecundarem-se mutuamente, numa "Babel feliz", como diria Roland Barthes... E não é esse intertexto babélico que passa e repassa nas linguagens dos heterônimos, semi-heterônimos e ortônimos (no plural, insista-se) de Pessoa?

A diversidade dialógica dos discursos que se cruzam no heterotexto pessoano tem, como se sabe, uma dimensão esotérica, que se inscreve no rosicrucianismo e no cristianismo gnóstico do Poeta. Como escreve Luc Benoist, "o termo de Rosa-Cruz designa um estado espiritual que comporta um conhecimento de ordem cosmológica em relação com o hermetismo cristão", de que uma das "características mais reveladoras" consistia no "dom das línguas", isto é, na "arte que tinham de falar a cada um a sua própria linguagem", tomando mesmo "um nome novo"[23]. Exemplo disso foi o alquimista Valentin Andrea, autor da revelação da lenda de Christian Rosencreutz, a que se refere expressamente Pessoa no seu "Ensaio Sobre a Iniciação"[24], que há que pôr em relação com seus poemas esotéricos.

---

21. *Idem*, vol. I, p. 26.
22. *Idem*, p. 32.
23. *L'Esotérisme*, Paris, 1980, p. 104.
24. Cf. YVETTE CENTENO, *Fernando Pessoa e a Filosofia*

Eis a via iniciática que nos permite acercar a interpretação pessoana do mito de Babel. Se "Deus fala todas as línguas" – expressão que seria cara aos Rosa-Cruz – e o Quinto Império é um "império universal" de "gramáticos" e de "poetas", a versão portuguesa deste remonta de Pessoa a Vieira, "imperador da língua" que era, e de Vieira a Bandarra, profeta babélico por excelência, como se lê no primeiro dos três "Avisos" da *Mensagem*:

> Sonhava, anonymo e disperso,
> O Império por Deus mesmo visto,
> Confuso como o Universo
> E plebeu como Jesus Christo[25].

A dispersão, a confusão divina das línguas – e não a sua unidade –, tal foi a demanda logotética e poética de Pessoa, ao inverter, fiel tradutor final do texto do *Gênesis*, heterotextualmente, o mito de Babel.

Hermética, Lisboa, 1985, p. 63. Com pertinência lembra Yvette Centeno, na Introdução a este livro, constituído por textos herméticos de Pessoa, que Valentin Andrea falava de "escrituras mágicas' conducentes à "elaboração de uma língua nova" (p. 11).

25. *Obra Poética*, Rio de Janeiro, 1972, p. 86.

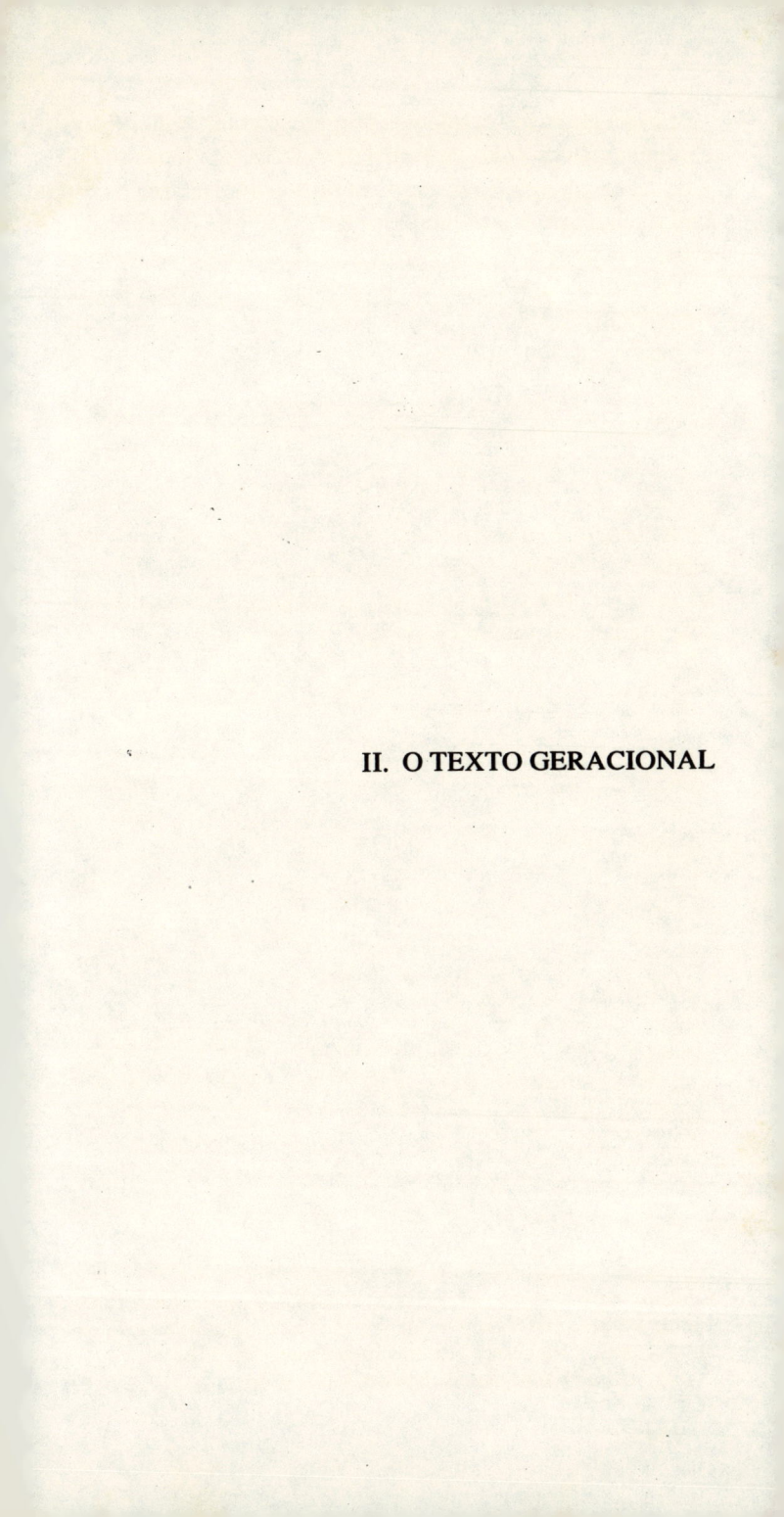

II. O TEXTO GERACIONAL

II. O TEXTO GERACIONAL

1. CAMÕES, PASCOAES, PESSOA
OU O MITO DA "NOVA RENASCENÇA"

*A nossa nova poesia é a poesia
auroral de uma Nova Renascença*

FERNANDO PESSOA

Ao indagarmos, no esquivo centenário da morte de Camões, da boa ou má fortuna do Poeta, num século como o nosso que o tem sido de errâncias várias, mas não menos do que outros de amor ardente (feliz ou infeliz) inscrito ambiguamente na leitura dos seus textos, poríamos *in limine* esta questão das questões: por que continuará Épico (ou o Lírico) a ser dramaticamente não só o "símbolo da consciência patriótica" – como escreveu Joaquim de Carvalho[1] – mas da consciência poética nacional? E por que goza ele, se é que sempre e ainda goza, do "plebiscito unânime e constante das gerações"[2], como também pretende aquele estudioso?

A persistência dessa dupla forma de assunção da consciência de si, que vai da identidade à alteridade, num rosto e numa máscara bifrontes, não deixa de propor a todo um povo um problema. Seremos nós, como diz justamente a *vox populi*, um povo de poetas, e por isso mesmo um povo poético por excelência, que só num poeta se reconhece como se se visse ao espelho? E que significará este comprazimento prolongado, esta deleitação morosa nessa espécie de estádio especular, para glosar Lacan?

Já um dos estrangeiros que mais penetrantemente tentaram apreender a nossa fugidia maneira de estar no mundo, Keyserling, chamou a atenção para o fato de os Portugueses não poderem encontrar a sua libertação senão, como ele observa, na "forma exteriorizada", na "expressão", modo de conciliar tragicamente os opostos, as tensões íntimas em que se debatem[3]. O que só a poesia, com a sua linguagem, a sua lógica da contradição, em última análise permite.

Seria na verdade tentador ver na poesia camoniana, como o faz por exemplo Fidelino de Figueiredo, um sibilino verbo oracular, a que vamos, como povo, pedir nacionalmente "conselho", nos nossos momentos de crise[4]. E isso explicaria a multiplicidade de respostas (ou de silêncios) de que o Vate nos deixa suspensos, como a Esfinge, suscitando ao longo dos tempos as mais diversas interpretações, ou recuperações, ao sabor dos exegetas do mito.

---

1. *Compleição do Patriotismo Português* (discurso pronunciado em 10 de junho de 1953, no Rio de Janeiro), Coimbra, 1953, p. 8.
2. *Idem, ibidem*.
3. *Analyse Spectrale de l'Europe*, Paris, 1965, p. 233.
4. *As Duas Espanhas*, Lisboa, 1959, p. 29.

Porque de mito, no caso de Camões, em sentido próprio se trata. E se, como diz Bachelard, "a mitologia é compreendida, amada, continuada pelos poetas"[5], estes, como também lembrou Octavio Paz, recriam "arquétipos", "na acepção mais antiga da palavra: modelos míticos"[6]. Mais do que isso, eles podem tornar-se a própria figura do mito, que assim encarna naqueles que lhe emprestam forma, com ele se confundindo.

É o que com Camões se passa: ao dar expressão a um mito nacional, através de *Os Lusíadas*, o poeta multiplicou-se, do mesmo passo, tornando-se a sua biografia lacunar objeto privilegiado do próprio mito. Haja em vista o que ainda na proximidade deste centenário se verificou, como o escândalo provocado por uma nova *Vida Ignorada de Camões*, de José Hermano Saraiva, que teve um grande êxito comercial, apesar das tentativas bem fundamentadas de desmistificação (e de des-mitificação) feitas por alguns consagrados eruditos, como Vítor Aguiar e Silva e Américo da Costa Ramalho[7].

Ao notar tal fenômeno, Fidelino de Figueiredo contrapô-lo ao mito espanhol do *D. Quixote*, que começou por ser uma figura de ficção antes de ser identificado com um povo inteiro: aí Cervantes apagou-se diante da sua criação, ao contrário de Camões. É que, como escreve aquele ensaísta, "há um sentido inverso na cronologia e na gênese" de *Os Lusíadas* e do *D. Quixote*:

> da coletividade a Camões em Portugal; de Cervantes à coletividade, em Espanha; convergente no primeiro caso e envolvendo o próprio artista; divergente no segundo caso e deixando isolado o artista, foco inicial[8].

5. Pref. a PAUL DIEL, *Le Symbolisme dans la Mythologie Grecque*, Paris, 1966, p. 6.
6. *El Arco y la Lira*, México, 1966, p. 67.
7. Cf. respectivamente "...um Camões bem diferente...", *Colóquio/Letras*, 47, janeiro de 1979, p. 5, e *Recensão Crítica* (JOSÉ HERMANO SARAIVA, *Vida Ignorada de Camões*), separata de *Humanitas*, XXIX-XXX, 1977-78.
8. *Op. cit.*, p. 30.

Quer-nos pela nossa parte parecer, entretanto, que a dupla mitificação que entre nós teve lugar nem sempre suscitou uma total convergência do mito nacional e do mito do poeta. Podemos falar, mesmo, de um movimento alternado de aproximação e de afastamento dos dois mitos, num jogo constante de convergências e divergências, de conjunções e disjunções, que correspondem às crises e vicissitudes históricas por que tem passado a afirmação ou a negação de uma identidade nacional pelos nossos poetas mais significativos.

Poderíamos, de certo modo, na genealogia do mito camoniano, traçar duas espécies de linhagens, que derivam da ênfase posta ora no poema ora no poeta, como símbolos da pátria. À primeira linhagem chamaríamos a *linhagem política*, à segunda a *linhagem poética* propriamente dita, sem que todavia se possam traçar fronteiras nítidas entre as duas, pois permanentemente se entrelaçam, em pontos de intersecção mútua. Visto como Portugal mesmo ou como a ele marginal, Camões tanto é gratificado em pessoa com a glória de o ter cantado como relegado para uma maldição inexorável: condição e destino dos poetas, que Platão afastou da República mas que esta reclama, depois de mortos, para ornamento de seu panteão e glória.

Entre o Camões da resistência à ocupação castelhana e da Restauração, o Camões liberal e republicano, ou o Camões nacionalista das últimas décadas, e o Camões de Bocage, de Garrett, de Gomes Lea, de Pascoaes, de Pessoa ou de Jorge de Sena – para só citar alguns ramos da linhagem poética –, há por vezes diferenças abissais, embora haja também, não raro, afinidades visíveis. Dir-se-ia que ele é reclamado simultaneamente pela pátria e pelos poetas, num amor feito de ciúmes ou ressentimentos recíprocos, quando afinal pátria e poetas através dele se reencontram, para lá dos desencontros, de século para século.

Um exemplo privilegiado, que permite surpreender o caráter obsessional de Camões no imaginário mítico-poético nacional, é da visão que, logo após a viragem da Monarquia para a República, dele tiveram os dois maiores poetas portugueses deste século, que por um momento, nas páginas de *A Águia* e no espaço de coexistência dos opostos da *Renascença Portuguesa*, fizeram do Poeta, em sentidos convergentes e divergentes, o pólo de referência da sua assunção da pátria e da poesia. Falamos de Teixeira de Pascoaes e de Fernando Pessoa, como já se terá adivinhado. Que melhor amostra mítica do que essa tríade fascinante, cuja simples evocação a torna, por assim dizer, o triângulo central da poesia portuguesa, nas suas ressonâncias espirituais e messiânicas? De certo modo, Pascoaes e Pessoa representam, o primeiro o momento culminante de identificação do poeta e da pátria, o segundo a inexorável alteridade que a partir desse momento se abre no mito camoniano, que para permanecer atuante tem de metamorfosear-se num novo mito: o de um Supra-Camões que, ao multiplicar-se em poetas heteronímicos, anuncia ao mesmo tempo a pluralização da pátria – quer dizer, da língua, que para Pessoa ela acima de tudo é.

Como sobrevivera entretanto Camões, após o seu apogeu romântico e republicano do tricentenário, à viragem do século? Apesar de Pessoa, numa carta destinada a um editor inglês, de 1916, ter pretendido – e já veremos porquê – que Guerra Junqueiro "desalojou Camões do primeiro lugar, ao publicar *Pátria* em 1896"[9], a verdade é que pelo *fin-de-siècle* se assistira, com o decadentismo-simbolismo e com o neogarrettismo, a uma revivescência da figura camoniana, que se prolongará, neo-romanticamente, no saudosismo e no lusitanismo, a que *A Águia* dá como órgão da "Renascença Portuguesa" acolhimento.

Logo no número de junho de 1912 da revista, Camões é evocado por Teixeira de Pascoaes, em termos que assinalam superlativamente o Épico, num endeusamento que muito tem a ver com a religiosidade patriótica que desde o primeiro número da 2ª série passa e repassa nos textos do autor da *Arte de Ser Português*. "Camões é uma divindade

---

9. *Páginas Íntimas e de Auto-Interpretação*, Lisboa, s. d., p. 136.

portuguesa"[10] – eis, *ipsis verbis*, o poeta divinizado, num misto de espiritualidade pagã e cristã, em que o saudosismo dissolve corpo e alma. Não é a saudade, como logo no manifesto inaugural ele a visionara, o próprio Camões "desmaterializado"? Repare-se, aliás, como a palavra-chave "divindade", primeiro minusculada, é logo maiusculada, ao erguer Pascoaes Camões à altura de "Divindade tutelar da nossa Pátria", sendo Portugal "o único país cuja autonomia se tem firmado sobre o nome de um Poeta". E que esse poeta é um deus, e um deus pagão, di-lo expressamente o texto, ao afirmar que "Netuno reencarnou em Camões para escrever em verso heróico a sua autobiografia". Por isso *Os Lusíadas*, que desde o século XVII tinham sido considerados pela tradição como o "Evangelho Nacional", são agora mais precisamente metaforizados como os "Evangelhos do Mar". Mar que é ele mesmo "o nosso Livro de Orações", que lendo o poema rezamos. A esta visão panteísta do poema, transcendentalizando-se num texto sagrado, corresponde do lado do poeta uma imanência-transcendência antropomórfica: "Vasco da Gama transfigurado em sonho, eis o poeta dos *Lusíadas*" – escreve Pascoaes[11]. Camões é assim, segundo ele, o "ponto de contato" simultaneamente com a "Humanidade" e com a "Vida eterna". Numa palavra, Natureza e História, feitas poesia, tornam-se do mesmo passo trans-Natureza e trans-História.

Deste modo se entrosam, outrossim, e importa relevá-lo, o mito poético e o mito político de Camões. A "sombra" deste – e atente-se no lexema tipicamente pascoaliano – "vigia as nossas fronteiras e ampara as nossas colônias". Numa palavra, ele é, enquanto "fortaleza espiritual", garante da nossa independência interna e da nossa expansão externa[12]. O texto ideológico insinua-se, articulando-se paragramaticamente com o texto poético.

10. *A Águia*, 2ª série, nº 6, p. 173.
11. *Idem, ibidem*.
12. *Idem, ibidem*.

Se nessa nota de 1912 o Camões evocado é exclusivamente o Épico, já um ano depois, em junho de 1913, será o Lírico o invocado. E desta vez, curiosamente, pela sua identificação com a poesia popular, que constitui, religiosamente, um "novo Credo", uma "nova síntese divina do Universo": "O poeta épico, o poeta objetivo dos grandes feitos marítimos e o poeta enamorado da mulher, desdobram-se agora num outro poeta misterioso e mais profundo, sobrenatural" – escreve Pascoaes. Nele encarna "a alma do nosso Povo, o gênio da Raça", de que o "lirismo popular é a expressão"[13]. O poético aponta, porém, transcendentalmente, para algo mais, que Pascoaes profetiza deste modo: "para além do épico e do lírico", e através do "acordo" espiritual entre o canto camoniano e a cantiga popular, está a "Obra da Renascença". Se o lirismo de Camões é o "primeiro vagido sublime da Saudade", Os Lusíadas são nada mais nada menos que o matrimônio, simultaneamente pagão e cristão, entre o Espírito e a Natureza. Camões, diz Pascoaes, "não hesitou em casar as Divindades do Olimpo e Jesus Cristo". Assim se explica o "aparente contra-senso" mitológico, que nem Garrett segundo Pascoaes quis perceber... Em suma, "Camões respondeu em português ao movimento da Renascença italiana". E do mesmo passo universalizou-a civilizacionalmente: "se a idéia da Renascença, em Portugal, se tornou gênio coletivo, deve competir ao povo português convertê-la em concreta realidade social ou nova civilização"[14].

Como se vê, Camões foi por Pascoaes inteiramente absorvido nessa Weltanschauung portuguesa que pretendia ser o saudosismo renascentista, na expressão de Fernando Pessoa[15]. E este mesmo, à sua maneira, disso tivera a premonição, num artigo publicado no nº 4 de A Águia, ainda antes – repare-se bem – do texto pascoaliano de junho de 1912. Assim, ao tentar, através do "raciocínio", como ele diz, "matematicamente confirmar" as "intuições proféticas

13. A Águia, 2ª série, nº 18, p. 178.
14. Arte de Ser Português, Lisboa, 1978, p. 135.
15. Páginas Íntimas e de Auto-Interpretação, p. 121.

do poeta Teixeira de Pascoaes sobre a *futura civilização lusitana*, sobre o *futuro glorioso* que espera a Pátria Portuguesa", Pessoa conclui, exacerbando até o limite essas profecias, que "deve estar para muito breve o inevitável aparecimento do poeta ou poetas supremos, desta corrente, e da nossa terra, porque fatalmente o Grande Poeta, que este movimento gerará, deslocará para segundo plano a figura, até agora primacial, de Camões"[16]. "Supra-Camões" lhe chama ele, quer por se tratar de um poeta não só de "*grau* superior" mas até de "*ordem* superior" ao do nosso "ainda primeiro poeta" – como Pessoa em linguagem esotérica escreve –, quer sobretudo por ser o anunciador do "*Supra-Portugal* de amanhã", missão mais alta do poeta ou poetas a vir. Através de um fingimento sociológico e psicológico, que recobre, no plano do fenotexto, o que poderíamos designar, oximoristicamente, como uma lógica analógica, o genotexto pessoano destrói e reconstrói do mesmo passo, poeticamente, o mito camoniano, na sua dupla filiação genealógica, invertendo a relação entre a História e a Poesia, tal como Fidelino de Figueiredo a caracteriza, numa espécie de volte-face inaudito, pelo qual Camões se volve, quixotescamente, num Portugal em demanda de novas descobertas: "E a nossa grande Raça partirá em busca de uma Índia nova, que não existe no espaço, em naus que são construídas daquilo de que os sonhos são feitos"[17]. Essa Índia é, simultaneamente, a de uma Pátria e a de um Poeta só identificados enquanto heteronimicamente outros. Recorde-se Álvaro de Campos, o do "Opiário":

> ...Ah uma terra aonde, enfim,
> Muito a leste não fosse o oeste já!
> Pra que fui visitar a Índia que há
> Se não há Índia senão a alma em mim?[18].

Que é o "Oriente ao oriente do Oriente" senão o "Ocidente, futuro do passado" do primeiro poema da *Mensa-*

---

16. *A Águia*, 2ª série, nº 4, abril de 1912, p. 106.
17. *A Águia*, 2ª série, nº 12, p. 112.
18. *Obra Poética*, Rio de Janeiro, 1961, p. 256.

gem, Supra-Lusíadas de um Supra-Portugal potencialmente infinito: "Nós, Portugal, o poder ser'" – tal qual o define, indefine Pessoa?

Atente-se em como, "criador de Mitos" que almejava ser, Pessoa teria, para reconstruir poeticamente o novo Mito camoniano, de começar por minimizar Camões e *Os Lusíadas*, senão rasurá-los, como diz Eduardo Lourenço[19]. Assim ele não deixa de subalternizar de modo ostensivo o Épico, relativamente aos heróis das Descobertas e do Império oriental: "Camões, conquanto grande – escreve – não está, nas letras, à altura em que estão nos feitos o Infante D. Henrique e o Imperador Afonso de Albuquerque"[20]. Ora, se para ele a obra dos navegadores não foi mais do que o "obscuro e carnal ante-arremedo"[21] da "Índia nova" ainda a descobrir, onde ficariam *Os Lusíadas* ao lado da sua obra? Não pertenciam eles "à espécie ínfima do gênero supremo em literatura", como noutro passo diz? E embora, em carta a João Gaspar Simões, Pessoa declare preferir o Camões épico ao lírico[22], não afirma também, sintomaticamente, que ele é lírico mesmo quando épico? Dentre as "formas poéticas da Renascença" (o lirismo, a epopéia, o drama) o poeta dos heterônimos propende aliás, em última análise, para este último, considerando mesmo Shakespeare superior a Homero. Por isso não admira que, reincidinco na sua profecia de um Supra-Camões, ele acabe por identificá-lo com o dramaturgo isabelino, que lhe serve e aos heterônimos de modelo, quando fala do seu poemodrama, do seu poetodrama. No horizonte pessoano está sempre na verdade uma poética pangenérica, em que lirismo, epopéia e drama coexistam, dialogicamente, como acontece, *máxime*, em *Mensagem*, que só por aí mostra a sua superioridade sobre *Os Lusíadas*.

19. "Camões e Pessoa", *Brotéria*, vol. 110, nº 7/8/9, julho-agosto-setembro de 1980, p. 59.
20. *Sobre Portugal*, Lisboa, 1979, p. 84.
21. *A Águia*, 2ª série, nº 12, p. 192.
22. *Páginas de Doutrina Estética*, Lisboa, 1946, p. 230.

Mas não se trata, em Pessoa, de recalcar Camões senão para que ele retorne, outro, através da sua disseminação intertextual, que se dá a ler nos diferentes heterônimos. Não só, como notou Eduardo Lourenço, desde logo a "ausência camoniana", na *Mensagem*, "embebe todo o poema pessoano mais profundamente ainda do que o texto antigo embebe *Os Lusíadas*"[23], como também, por um fenômeno contagiante de proliferação citacional, que vai do *pastiche* e da paródia à transmigração arquitextual de gêneros e modalidades discursivas, assistimos a um paragramatismo generalizado, em que as gramas escriturais e leiturais se entretecem, numa hifologia transtextual, onde a memória e a desmemória dos textos se dissolvem:

> Canto, e canto o presente, e também o passado e o futuro,
> Porque o presente é todo o passado e todo o futuro
> E há Platão e Virgílio dentro das máquinas e das luzes elétricas[24].

assim a "Ode Triunfal" parodia as epopéias clássicas. Do *arma virumque cano* virgiliano ao "cantando espalharei por toda a parte" da proposição camoniana, mediatizados pelo futurismo-sensacionismo e entrelaçados com filosofemas platônicos, é todo o texto que se vai expandindo, num vaivém diacrônica e sincronicamente circular, como o volante da "Ode Marítima", num "excesso de expressão" que é o próprio excesso do texto e seu gozo. Através da intertextualidade Camões-Pessoa, Virgílio-Camões, Virgílio-Pessoa, Platão-Camões, Platão-Pessoa etc., etc. (podendo a cronologia ser subvertida), passam e repassam tempos históricos múltiplos.

Assim o mito supracamoniano poeticamente se constrói, num reencontro da modernidade com a tradição, num eterno retorno feito de repetição e de diferença, numa palavra, através de uma revolução permanente das formas, de uma metamorfose do passado em futuro e do futuro em passado, num presente-ausente que é o de Camões mesmo, co-

---

23. *Camões e Pessoa*, p. 59.
24. *Obra Poética*, p. 260.

mo é o de Portugal feito nevoeiro, com que a *Mensagem* temporalmente se suspende, na Hora-Ser...

Para lá das oposições entre as visões camonianas destas duas primeiras gerações do século XX – a saudosista e a modernista – há por certo entre elas relações profundas. E desde logo um sebastianismo poético e messiânico, embora de sentido e tom diversos, que as envolve a ambas. Apesar de num caso, aparentemente, o acento tônico ser mais nacionalista e no outro mais europeu e universalista, importa contudo matizar as oposições. "Afastamo-nos de Camões, de todos os absurdos enfadonhos da tradição portuguesa" – escreve Pessoa, é verdade[25]. Mas ao anunciar, no mesmo texto, o "raiar da Época Áurea da literatura portuguesa" – de que o Supra-Camões seria o expoente, depreende-se – ele diz que se Portugal se encontrou finalmente a si próprio foi por começar "a sacudir o peso de chumbo da tradição antinacionalista representada pelo italianizado Camões"[26]. O que pareceria, *a contrário*, uma profissão de fé nacionalista. Entretanto, Pessoa faz expressamente apelo ao sensacionismo – poética-sésamo de *Orpheu* – para pôr em contato o saudosismo com a cultura européia, a começar pelas vanguardas.

O reencontro com uma Europa que era para Pessoa a "*fons et origo* da nossa civilização"[27], eis o horizonte da "Nova Renascença", de que o Supra-Camões é a antecipação profética:

Portugal – escrevia ele na seqüência da polêmica sobre a *Nova Poesia Portuguesa* – pertence à civilização ocidental; a sua evolução, literária ou outra, tem vindo integrada, portanto, na evolução, literária ou outra, dessa civilização. E visto que essa civilização tem, em literatura porque em tudo, uma linha evolutiva, se a nossa nova poesia traz qualquer coisa de original em si, essa originalidade deve ser o princípio de um novo estádio na linha evolutiva da civilização em que Portugal está integrado – nova Renascença, portanto, que de

25. *Paginas Íntimas e de Auto-Interpretação*, p. 122.
26. *Idem*, p. 121.
27. *Idem*, p. 113.

Portugal se derramará para a Europa, como da Itália para a Europa se derramou a outra Renascença[28].

Repare-se: se Camões, "o italianizado Camões" – como diz Pessoa[29] – "respondeu em Português ao movimento da Renascença italiana" – como escreve Pascoaes[30] –, ao Supra-Camões compete, agora, dar por sua vez uma resposta homóloga, derramando-se em tempos modernos para a Europa. Mas a Europa de Pessoa (do Supra-Camões) é uma Europa Supra-Continental. Como a propósito de *Orpheu* ele dirá, "a Ásia, a América, a África e a Oceania são a Europa"[31]. Reversivelmente, a Europa existe já em Portugal: "Basta qualquer cais europeu – mesmo aquele cais de Alcântara – para ter toda a terra em comprimido"[32]. Os próprios europeus, paradoxalmente, "não são europeus porque não são portugueses", como ironiza num artigo publicado em 1923[33].

Assim, de Portugal à Europa e da Europa a Portugal, a identidade e a alteridade entre a visão de Pascoaes e a de Pessoa explicitam-se[34]. E essa identidade-alteridade tem muito a ver com o próprio modo como os dois poetas assumem a identidade e a alteridade do "ser Português". Enquanto para Pascoaes "uma Pátria é uma individualidade", que chega a ter uma religião própria, "ligando os indivíduos, ou sejam homens ou nações"[35], *Pessoa pergunta: "Quem, que seja português, pode viver a estreiteza de uma*

---

28. "Uma Réplica ao senhor Dr. Adolfo Coelho", in *A Nova Poesia Portuguesa*, pp. 113-114.
29. *Páginas Íntimas e de Auto-Interpretação*, p. 121.
30. Cf. *supra*, p. 26.
31. *Páginas Íntimas e de Auto-Interpretação*, p. 113.
32. *Idem, ibidem*.
33. *Revista Portuguesa*, n? 23/24, 13 de outubro de 1923.
34. Em *A Águia*, Pascoaes, em resposta a Raul Proença e António Sérgio, tinha afirmado que o Saudosismo não era "nada incompatível com o moderno espírito europeu, mas antes acompanhando-o, embora sem perder o seu perfil inconfundível". 2ª série, n? 10, outubro de 1912, p. 114.
35. *A Águia*, 2ª série, n? 12, p. 186.

só personalidade, de uma só nação, de uma só fé?"[36]. Por isso à fusão do paganismo e do cristianismo, que é para Pascoaes "a idéia-mãe da Nova Renascença"[37], Pessoa prefere um "Paganismo Superior" em que, para lá da "estreiteza estéril do cristianismo", se fundam portuguesamente "todos os protestantismos, todos os credos orientais, todos os paganismos mortos e vivos"[38]. Esse paganismo Superior está para o Supra-Camões como o paganismo de Pascoaes estava para Camões puro e simples.

O mito camoniano é assim, em Pascoaes e em Pessoa, recriado em consonância com as suas visões (melhor se diria *vidências*) não apenas da poesia e da pátria, mas da espiritualidade mesma, num caso de dominante mística, noutro caso esotérica: identificação no poeta de *Marânus*, heteronimização no poeta da *Mensagem*. Através e para além de Camões é sempre uma "Nova Renascença" que profeticamente, cada um à sua maneira, ambos anunciam, por vezes em termos semelhantes, mesmo se com sentidos diversos, numa *coincidentia oppositorum*.

Coincidência, antes de mais, e para além de tudo, numa atitude fundamental: a de atribuírem à "moderna geração poética" (Pascoaes) ou à "novíssima poesia" (Pessoa) essa visão profética. Se a Renascença fora, com Camões, uma "aurora elegíaca" do "espírito poético", segundo o poeta saudosista, a "Nova Renascença" será, com o Supra-Camões, uma "poesia auroral", para o poeta modernista, que depois da experiência da *Águia* voará outro em *Orpheu*.

De linhagem essencialmente poética, o mito de Camões e da "Nova Renascença" é em Pascoaes e em Pessoa ao mesmo tempo de raiz nacional e patriótica, sem deixar de ser universal. Ele faz apelo às energias criadoras de todo um povo. Por isso Jaime Cortesão, poeta mas também político, que à República se devotou, escreve num dos primeiros números de *A Águia*: "Pertence este esforço de re-

---

36. *Revista Portuguesa*, art. cit. *supra*.
37. *A Águia*, 2ª série, nº 12, p. 186.
38. *Revista Portuguesa*, art. cit. *supra*.

nascimento quase exclusivamente a poetas? Não é bem certo, embora eles predominem na "Renascença Portuguesa". Mas que fazer? Esperemos que venham ajudar-nos os demais Artistas, os sábios e os obreiros e toda a ordem"[39].

E eles vieram, como o provou o futuro. A "Nova Renascença" não fazia senão começar, auroralmente.

---

39. *A Águia*, 2ª série, nº 10, p. 124.

2. DA *RENASCENÇA PORTUGUESA* AO *ORPHEU*

(UM VÔO DE ÁGUIA)

Vôo outro – eis tudo
FERNANDO PESSOA

Com aquele seu inevitável senso da ironia, que ele de modo tão incisivo definiu – "dizer uma coisa para dizer o contrário"[1] –, escreveu um dia Fernando Pessoa: "Onde está o erro da 'Renascença Portuguesa?' O primeiro é em

---

1. *Páginas de Doutrina Estética*, Lisboa, 1946, p. 183.

171

estar no Porto"². E acrescentava sibilinamente: "De resto, não podia ter nascido senão no Porto". Predestinacão significativa esta. É que, num país de "cultura anarquizada", como segundo Pessoa era então o nosso, aí teria começado, enfim, com esse movimento, a "organização da cultura nacional". Afirmação com o seu quê de aparente paradoxo, mas que está bem na lógica do discurso pessoano, que procede por antinomias sucessivas. Se, por falta de um "meio culto" em que as "individualidades vincadas" se movam, "extrapertencemos à Europa", de que somos uma espécie de "adjacência civilizada" (embora tenhamos "um fundo caráter europeu no fundo"), a verdade é que – confia profeticamente o poeta –, "uma vez criado um meio culto entre nós, ver-se-á de repente esse meio culto tomar um relevo, uma importância excepcional"³.

Tal poderia ter sido, a concretizar-se a ousada previsão, o papel do Porto nessa "Renascença" a que, dois anos após a Revolução republicana de 1910, os homens de *A Águia* aspiravam, ao proporem-se, no seu ambicioso programa, "criar um novo Portugal, ou melhor *ressuscitar* a Pátria Portuguesa, arrancando-a do túmulo onde a sepultaram alguns séculos de obscuridade física e moral"⁴. Não se tratava, pelo menos em intenção primeira, proclamada num tom solene pelo seu mais ilustre porta-voz, Teixeira de Pascoaes, de um regresso a um passado qualquer: "Não! Renascer é regressar às fontes originais da vida, para criar uma nova vida"⁵. E não seria em princípio o Saudosismo, de que o poeta do Marão desterrado no Porto se tornara a figura emblemática, um óbice a essa desejada ressurreição, antes pelo contrário: "Tenho às vezes saudades do futuro"⁶ – rezava um poema seu, como se fosse o versículo de uma emergente "Religião", qual a que Pascoaes haveria

2. *Páginas de Estética, Teoria e Crítica Literárias*, Lisboa, 1973, p. 356.
3. *Idem*, p. 357.
4. *A Águia*, 2ª série, janeiro de 1912.
5. *Idem, ibidem*.
6. *Cantos Indecisos, Obra Completa*, V, Lisboa, s. d., p. 21.

de propor, com Igreja e tudo, ao que chamava a "Raça" portuguesa, numa conotação mais própria da linguagem poética do que da linguagem antropológica, como é bem de ver. Dessa nebulosidade padeceu entretanto à partida o ideário da *Renascença*, que à volta de um tal carisma, por aliciante que fosse, não poderia ganhar por si só a consciência cultural a que aspirava um setor importante de intelectuais que no movimento se agrupavam, um tanto ecleticamente: desde Leonardo Coimbra, cujas consonâncias filosóficas criacionistas mais se aproximavam do poeta de *Marânus*, até Jaime Cortesão, que já então aliava um misticismo de raiz panteísta, afim ainda do mestre, ao fôlego mental que animaria a sua ação política e a sua investigação histórica, passando por um Antônio Sérgio e um Raul Proença, que cedo se dariam conta da incompatibilidade entre o seu racionalismo, toda claridade apolínea, com os laivos irracionalistas em que banhava aquela "filosofia da Pátria" que se pretendia renascente. De resto, a coexistência de *saudosistas* e *lusitanistas* na segunda série da *Águia* tornara-a de um hibridismo literário muito fluido, para além das diversas procedências ideológicas dos seus colaboradores: basta citar, ao acaso, nomes como os de Afonso Duarte e Augusto Casimiro, ao lado dos de Mário Beirão, Antônio Correia de Oliveira e Veiga Simões, sem falar de um Afonso Lopes Vieira, que se lhes manteve tangencial, para nos darmos conta de que nem sequer os seus veios poéticos eram confluentes, por reconhecíveis que sejam os entrelaçamentos do pós-simbolismo com o nacionalismo literário.

Nesta indeterminação se fundamentará aliás Pessoa, como veremos, para dela extrair, especulativamente, nas páginas de *A Águia*, a sua antevisão de uma "Nova Renascença", dizendo "coincidir absolutamente com aquelas intuições proféticas do poeta Teixeira de Pascoaes sobre a *futura civilização lusitana*, sobre o *futuro glorioso* que espera a Pátria Portuguesa"[7]. Já não é no entanto no plano

---

7. *A Nova Poesia Portuguesa*, Lisboa, s. d., p. 31.

concreto da criação de um "Porto Culto" – para usar um título de Sampaio Bruno, também colaborador da revista – que as suas esperanças acerca do movimento se situam, mas nos sintomas por ela revelados, através dos seus poetas, do próximo aparecimento de um "Supra-Camões". O mito, esse "nada é tudo", supre assim a inviabilidade histórica de uma revolução cultural, que a República foi incapaz de promover. É claro que a *Renascença* teve apesar de tudo os seus prolongamentos numa ação pedagógica prática, que deu lugar, por um lado, às Universidades Populares, e por outro, sob o impulso de Leonardo Coimbra, à primeira e efêmera Faculdade de Letras do Porto. Mas foram, por assim dizer, os cantos de cisne de uma cidade que no século XIX tivera uma vida intelectual intensa e que ao declínio econômico, social e político, agravado pelo centralismo administrativo do país, vira suceder o declínio das suas cabeças pensantes. Não é de admirar que da "Renascença Portuguesa", núcleo aglutinador por um momento da nossa melhor cultura viva, tenham mais tarde bifurcado, para irem eclodir na capital, os dois únicos movimentos que durante a República ganharam verdadeira densidade, acima da mediocridade reinante: a *Seara Nova*, subseqüente à dissidência de Antônio Sérgio, de Raul Proença e mais tarde de Jaime Cortesão, e o *Orpheu*, que Fernando Pessoa, ao deixar de colaborar em *A Águia*, já levava dentro de si, com os *alter egos* de uma geração heteronímica.

Compreende-se a exclamação meio desolada meio conformada de Teixeira de Pascoaes, ao comentar uma vez essas deserções inevitáveis. "Finalmente, a *Águia* fugiu-me das mãos, para voar mais alto. E, faminta, pousou, em Lisboa, na *Seara Nova*, onde encheu o papo"[8]. Que teria ele dito dos vanguardistas órficos, que sob as suas asas a mãe-ave incubara, se lhes tivesse compreendido então o vôo revolucionário, o qual ao que parece minimizou sempre, até à boca da morte? Esses, se não encheram o papo, pois disso não curavam, iriam ser o fruto amadurecido das profecias

---

8. Cit. in. *Estrada Larga*, I, Porto, s. d., p. 90.

de Pessoa, que dos poetas da Renascença fizera uma leitura inaudita, fingindo interpretar os seus textos à luz dum certo código, para melhor tecer uma teia outra, uma vez desfeita a que adrede tramara.

Tem sido matéria de interrogação para historiadores e críticos literários a razão que terá levado o que iria ser o poeta dos heterônimos e o principal catalisador da geração de *Orpheu* a escolher as páginas de *A Águia* para lugar de eleição das suas primícias públicas. Regressado há uma meia dúzia de anos da África do Sul, a repatriação de Pessoa fora o reencontro com um "país perdido" e, antes de mais, com uma língua que já não era para ele nem a língua materna (a língua mátria) nem a língua paterna (a língua pátria), mas uma língua longamente desejada na sua ausência e que tivera de ir reinventando a partir do seu exílio numa língua estrangeira, em que começara a ensaiar os seus tentames poéticos. Que à exacerbação da "idéia patriótica", confessada mais tarde a Armando Cortes-Rodrigues como um dos seus permanentes "propósitos", se tenha vindo acrescentar a sua necessidade de inserção num movimento cultural que dela pretendia ser a expressão, nada mais natural, se não acontecesse que os pressupostos estético-literários da Renascença pareciam colidir, *ab initio*, não só com as influências nele então dominantes mas com as suas tendências já latentes. Após os seus "anos de aprendizagem" ingleses, em que as leituras dos poetas românticos (um Shelley, um Keats, um Byron) tinham deixado entre outros rastos, a verdade é que no seu retorno a Portugal foram sobretudo os poetas simbolistas (e não os neo-românticos, que nas hostes saudosistas se alistaram) os que sobre ele exerceram mais atração: pense-se, por exemplo, num Camilo Pessanha, a quem os renascentistas se mantiveram alheios, a ponto de Mário de Sá-Carneiro, em carta a Pessoa, achar espantoso que um Jaime Cortesão se lhe dissesse indiferente, o que o levara a pôr em dúvida a sua autenticidade como poeta[9]. É claro que há aflora-

---

9. *Cartas a Fernando Pessoa*, I, Lisboa, s. d., p. 132.

mentos pós-simbolistas no Saudosismo e que, por outro lado, já Pessoa no Simbolismo detectara, a partir de Max Nordau, os germes de "degenerescência", a que nos seus artigos de *A Águia* não deixará de aludir. Mas o certo é que parece não terem sido motivações de ordem estritamente literária as que dominaram o impulso da sua participação na "Renascença Portuguesa".

Motivações políticas também o não foram, pelo menos no seu sentido mais imediatamente referencial, apesar de *A Águia* ter surgido na seqüência da revolução republicana, na sua primeira série, e de ter a partir da segunda assumido um papel de empenhamento cívico ativo, pretendendo acompanhar no plano cultural as transformações da sociedade portuguesa, através da superação da estreiteza dos políticos de partido. Fernando Pessoa não deixa de aludir ao pano de fundo da República em que a Renascença se move. Na verdade – escreve ele –, "tendo o movimento literário português nascido e acompanhado o movimento republicano, é dentro do republicanismo, e pelo republicanismo, que está e será o glorioso futuro deduzido. São duas faces do mesmo fenômeno criador"[10]. Mas logo acrescenta: "o republicanismo que fará a glória da nossa terra e por quem novos elementos civilizacionais serão criados não é o atual desnacionalizado, idiota e corrupto, do tripartido republicano"[11]. Alusão aos partidos formados à volta dos próceres Afonso Cosa, Brito Camacho e Antônio José de Almeida, envolvidos desde logo em querelas estéreis que, além das divisões de clientelas, impediam a elaboração de um programa conseqüente de reformas do país. Sabe-se como Pessoa, nos seus textos políticos, obedece à lógica da coincidência dos opostos, que nada tem a ver com a da política *tout court*: monárquico/republicano, eis a fórmula ideal do seu credo, sob a figura de um oximoro[12]. A buscar

---

10. *A Nova Poesia Portuguesa*, Lisboa, s. d., p. 57.
11. *Idem*, p. 58.
12. Cf. o nosso estudo "Poética e Política em Fernando Pessoa", *Persona*, 1, aqui reproduzido.

deste lado as suas motivações profundas, elas remeteriam para o profetismo messiânico que percorre de ponta a ponta toda a sua obra.

Como proféticos se apresentam, com efeito, os textos sobre a *Nova Poesia Portuguesa*, quer se diga "sociologicamente" quer "psicologicamente" considerada: máscaras de um fingimento que permite construir, intertextualmente, um embrechado *ana-lógico* e *mito-lógico* em que os sociologemas e os psicologemas funcionam como elementos paradigmáticos sintagmaticamente combinados entre si e com os elementos poemáticos a que servem e que lhes servem de suporte, de modo a desembocar sempre no que de antemão era dado: esse "supra-Portugal de amanhã", de que o "Supra-Camões" seria a encarnação.

Pessoa parte – e aí está o pressuposto de base em que com a "Renascença Portuguesa" se identifica – da constatação da existência de um movimento literário que considera axiomaticamente "representativo e peculiar da nascente geração portuguesa". Tendo-lhe a opinião pública feito, segundo ele, "o favor de o não compreender" – devido a ser feita de "incompreendedores-natos", uns por irremediável desfasamento etário, outros por "circunstâncias de bacharelos a espécie educativa", ou por "sentimentos de desvio e estéril entusiasmo, gerados por absorção na intensa e mesquinha vida política nossa" –, urge proceder a uma tentativa da sua compreensão "com raciocínios e cingentes análises", pois nem sequer esse movimento "tomou ainda consciência de si como realmente é", dado apresentar-se como "embrião quanto a tendências" e "nebulosa quanto a idéias"[13].

A alusão ao ecletismo e à vacuidade dos poetas e críticos de *A Águia* é nítida, nisso coincidindo com as críticas que lhe virão a ser feitas por Antônio Sérgio, nas suas *Epístolas aos Saudosistas*. Mas enquanto os pressupostos deste eram efetivamente de índole racionalista, os de Pes-

---

13. *A Nova Poesia Portuguesa*, pp. 19-20.

soa não fazem senão vestir-lhe o significante exterior, por oposição aos "misticismos de pensamento e de expressão" dos saudosistas, "úteis apenas – como diz – para despertar pelo ridículo, que a sua obscuridade para os profanos causa, o inimigo social"[14]. Se o propósito em que está empenhado é o de que "se ponha em termos de compreensibilidade lógica o valor e a significação, perante a sociologia, desse movimento literário e artístico", logo a seqüência do texto mostra quão longe as suas esperanças se situavam da sociologia da literatura, de que alguma crítica, pelo menos "segundo o método de Taine", como dizia Cesário Verde, já entre nós se aproximara: haja em vista um Moniz Barreto. Ao invés de explicar a literatura a partir da sociedade, é esta que será deduzida a partir da literatura. E, dentro dela, o "indicador sociológico" por excelência parece-lhe ser a poesia, por ser ela "o gênero literário que mais de perto cinge e mais transparentemente cobre o sentimento e a idéia expressos"[15].

Em vão se esperaria, no entanto, nesse primeiro artigo, uma qualquer análise de textos poéticos, assim aparentemente invocados. A essa análise prefere-lhe Pessoa um método dito analógico, através do qual, por comparação, com destemidos períodos culturais e políticos da Inglaterra e da França, em que a literatura ora precede, ora se sucede, ora coincide com o desenvolvimento social, chega à conclusão de que as características da "atual corrente literária portuguesa", assemelhando-se às do período isabelino inglês e do período romântico francês, pela predominância do "espírito nacional", fazem antever uma "renascença extraordinária", um "ressurgimento assombroso", como Teixeira de Pascoaes – citado como testemunha da profecia – previa no primeiro número da segunda série de *A Águia*.

Pessoa parece dar-se conta desse salto no abismo do desconhecido com que termina o artigo. Tanto que, *in extremis*, busca conciliar a loucura com a razão, a fé com a lógica, deixando o texto em suspenso:

14. *Idem*, p. 20.
15. *Idem*, p. 21.

O ponto de luz até onde essa renascença nos deve levar não se pode dizer neste breve estudo; desacompanhada de um raciocínio confirmativo, essa previsão pareceria um lúcido sonho de louco. Tenhamos fé. Tornemos essa crença, afinal lógica, num futuro mais glorioso do que a nossa imaginação possa conceber[16].

Este artigo não poderia deixar de ter provocado sensação, perplexidade e mesmo furor nos meios literários, a começar pela gente de *A Águia*, que nele se não reconhece. Segundo Álvaro Pinto – secretário da revista e correspondente de Pessoa –, foram 'bastante azedos" os "remoques" que recebeu, "sobretudo de velhos escritores e poetas, por causa do advento do Supra-Camões preconizado por Fernando Pessoa"[17]. Mas este insiste, com um artigo intitulado significativamente *Reincidindo...*, em que responde a uma "Carta de Coimbra", do correspondente de *O Dia*, tomada por ele, ironicamente, como "oferenda a qualquer deus que o fosse da lógica"[18]. Ainda e sempre esta insistência na lógica, que recalca a constante afloração, à superfície do texto, através do que chama algumas "falhas dialéticas", de uma lógica da contradição, a qual não é mais do que a lógica poética. A mesma que o faz lançar ironicamente, a propósito dos versos de Teixeira de Pascoaes,

>A foha que tombava
>Era alma que subia,

o seguinte desabafo:

>Haverá, é claro, quem não sinta a elevação e a originalidade daqueles versos. O raciocinador, porém, limita-se a apresentar raciocínios. Não é obrigado a uma preliminar distribuição de inteligência[19].

No fundo, este segundo artigo limita-se a desenvolver as teses do primeiro, "sem que, num ápice, hajam de ser alteradas essas conclusões", como acentua Pessoa. Simplesmente, desta vez, o método analógico é completado

16. *Idem*, pp. 33-34.
17. *Ocidente*, vol. XXIV, p. 317.
18. *Idem*, p. 35.
19. *Idem*, p. 51.

com uma exemplificação concreta das características que definem uma época criadora – essencialmente a *novidade* e a *nacionalidade*, indícios premonitórios da iminência de uma época de desenvolvimento social –, exemplificando que vai buscar, no caso português, aos poetas *fin-de-siècle*, sobretudo Antônio Nobre e Junqueiro, de que considera Antero precursor, e que terão o seu prolongamento nos poetas de *A Águia*: não só Pascoaes mas Jaime Cortesão e Antônio Correia de Oliveira, por exemplo. Embora recorrendo a conceitos tão indefinidos como os de *tom* e de *alma*, para mostrar a originalidade da linguagem poética dos autores citados, ao nível do que hoje chamaríamos as estruturas do significante e do significado. Pessoa faz um esforço para descer um abstrato céu especulativo ao terreno da textualidade palpável. E se fala, para comprovação da novidade e do nacionalismo dos poetas renascentistas, da "complexa intelectualização ou mistificação do seu exprimir-se", é abonando-se em passos como este, de Jaime Cortesão:

> E mal o luar os molha
> Os choupos, na noite calma,
> Já não têm ramos nem folha,
> São apenas choupos de Alma[20].

No seu último artigo, "A Nova Poesia Portuguesa no seu Aspecto Psicológico", Pessoa dará ainda uma versão mais elaborada, sobretudo no plano estético, mas também no que considera metafísico, das suas reflexões tão controversas. Entretanto, um "Inquérito Literário", organizado por Boavida Portugal, generalizara o debate acerca da existência ou não existência de uma "renascença literária". Desde depoimentos indireta e chocarreiramente abusivos, como o do Dr. Júlio de Matos, passando pelas observações mais lúcidas de Hernâni Cidade, até às considerações diretas do Prof. Adolfo Coelho, Pessoa sente-se visado, dirigindo uma acercada "Réplica" a este último. Mas, acima

---

20. *Op. cit.*, p. 51.

dessas preocupações polêmicas, há lugar para crer que fez um esforço para dar às suas teses uma arquitetura melhor estruturada e construída. Tanto que, ao remeter o texto de "A Nova Poesia Portuguesa no seu Aspecto Psicológico" a Álvaro Pinto, Pessoa lhe confessa: "Pensei-o, e ao passá-lo a limpo contra-raciocinei-o. Tornei a escrevê-lo e a contrapensá-lo. Cheguei finalmente aos raciocínios que finalmente foram[21]. Depoimento precioso: ele dá-nos o pensar (e o contrapensar) como indissociável da escrita (da reescrita). O pendor raciocinante é a mera ocultação/revelação do pendor escritural, que se multiplicaria mais tarde nos heterônimos.

O entrosamento da argumentação no derradeiro artigo da série é mais cerrado do que nos precedentes: o psicológico, o literário e o sociológico constituem os alfinetes e os fios de um bilro que o autor vai enredando e desenredando sutilmente, como se a lógica do significante se sobrepusesse à lógica do significado, num jogo poético e metapoético que lhe empresta, mais do que os precedentes, um interesse histórico-literário a que não foram insensíveis os seus comentadores, desde um João Gaspar Simões a um G. Rudolf Lind e um Fernando Guimarães, ao verem, em tal ensaio, não propriamente uma análise da poesia saudosista, mas uma prefiguração de alguns dos futuros processos poéticos pessoanos, a começar pelo paulismo, já nele em gestação, mas incluindo também, cremos nós, o *sensacionismo* e o *interseccionismo*.

Os dois aspectos sobre que incide o texto são, apesar do título, mais do que psicologia, a *estética* e a *metafísica* da *Nova Poesia Portuguesa*. A primeira é desdobrada em três elementos fundamentais: o *vago*, a *sutileza* e a *complexidade*. Se o vago não é o confuso nem o obscuro, mas o indefinido, a sutileza implica uma expressão detalhada da sensação, intensificando-a mas sem a alargar, o que já será próprio da complexidade. Neste "desdobrar" complexo de

---

21. *Ocidente*, vol. XXIV, p. 303.

uma "sensação em outras", através de um "ato analítico", em que se opera a "intelectualização de uma emoção" e a "emocionalização de uma idéia", podemos ver, em filigrana, para lá da estética saudosista ou mesmo paúlica, a estética sensacionista-interseccionista, embrionariamente delineada. Pessoa insiste no que distingue uma tal estética da do simbolismo, que seria essencialmente subjetivo, enquanto apenas vago e sutil, faltando-lhe justamente o lado complexo, que lhe daria a objetividade para que tende a "Nova Poesia Portuguesa". Essa objetividade advém-lhe de ser poesia da Natureza, mas uma Natureza espiritualizada, simétrica do espírito materializado que também nela se encontra. Em termos de metafísica, não se trata nem de um espiritualismo, mas do que Pessoa chama um "transcendentalismo panteísta": matéria e espírito são para ele "reais e irreais ao mesmo tempo, Deus e não-Deus essencialmente"[22]. Dir-se-á que é uma contradição nos termos – e o poeta na verdade reivindica-a: para ele, "uma afirmação é tanto mais verdadeira quanto mais contradição envolve", pois a "suprema verdade que se pode dizer de uma coisa é que ela é e não é ao mesmo tempo"[23]. Tal se configura a lógica poética pessoana, que neste texto de aparente defesa da poesia saudosista voou efetivamente demasiado alto para a "grande Ave" a que o seu amigo Sá-Carneiro gostava de se referir, ao falar do que era apenas para ambos um esvoaçar de passagem.

A profecia de Pessoa é, na verdade, uma auto e uma hétero-profecia: quem senão ele (e os seus outros) iria tornar-se esse "poeta proximamente vindouro", que realizaria o "máximo equilíbrio da subjetividade e da objetividade" – ser vários num só? "Supra-Camões?" – perguntava ele. "A frase é humilde e acanhada. A analogia se impõe mais. Diga-se 'de um Shakespeare' e dê-se por testemunho o raciocínio, já que não é citável o futuro"[24]. De fato, o modelo

---

22. *A Nova Poesia Portuguesa*, p. 96.
23. *Idem*, p. 97.
24. *Idem*, p. 57.

de um poeta dramático convinha melhor do que o de um poeta épico àquele que já então ia encenando o seu *poetodrama*. Ele seria "não de *grau* superior, mas mesmo de *ordem* superior ao do nosso – diz Pessoa – ainda-primeiro poeta"[25].

É evidente que, atingido este auge do que João Gaspar Simões chama o "equívoco" do saudosismo, mas que terá sido talvez para o jovem colaborador de *A Águia* mais um *fingimento*, em que toda uma geração é tomada como primeiro pretexto heteronímico, a ruptura era inevitável. Levando a sua lógica a tais extremos, Pessoa não podia deixar de ter consciência de que a sua coabitação com o movimento da "Renascença Portuguesa" era daí por diante difícil, senão impossível. As suas tentativas de introduzir os amigos nas páginas de *A Águia* prosseguem: sabemos da insistência que pôs na colaboração de Mário de Sá-Carneiro, de Armando Cortes-Rodrigues e de outros companheiros da sua tertúlia, como Antônio Cobeira, aliás não sem dificuldades, provindas quer de qüiproquós epistolares com Álvaro Pinto, quer de uma desconfiança recíproca que por então se instalara entre ele e a revista. Pessoa não hesita em escrever francamente:

> Eu não sou para alguma cousa que se pareça com *coterie* ou seita, e acho meu dever atacar o que de seita ou *coterie* se tem misturado com os altos propósitos e fundamental *verdade nacional* da Renascença[26].

Os seus pruridos quanto às susceptibilidades de um Pascoaes e de um Leonardo Coimbra, cujo culto era quase sagrado; os seus escrúpulos quanto à crítica contundente feita a um livro como o *Bartolomeu Marinheiro*, de Afonso Lopes Vieira, na revista *Teatro*; as suas hesitações quanto à publicação em *A Águia* da "Floresta do Alheamento", por ele julgada "ultra-excessiva, em matéria de requinte"; a sua dúvida quanto à saída de *O Marinheiro* nas edições da

---

25. *Idem*, p. 78.
26. Cit. por J. G. SIMÕES, *Vida e Obra de Fernando Pessoa*, Lisboa, 1951, vol. I, p. 173.

"Renascença Portuguesa" – tudo isso testemunha de uma dificuldade, de um mal-estar crescente, que Pessoa não consegue esconder, ele que literariamente tão bem sabia fingir.

A *Águia* ainda lhe propocionaria ao menos, indiretamente, a alegria de conhecer Almada – um Almada adolescente –, pois tendo escrito uma nota acerca da exposição de caricaturas por ele realizada em Lisboa, na qual dizia "que Almada Negreiros é um gênio, manifesta-se em não se manifestar", este dirigira-se-lhe num café do Cais do Sodré, para lhe pedir satisfações. E Pessoa, impávido, responderalhe: "Olhe, meu amigo, vou falar-lhe francamente. Eu não fui ver a sua exposição e não percebo nada de arte"[27].

Foi entretanto a Sá-Carneiro, na célebre correspondência de que uma metade está infelizmente perdida, que Pessoa mais intimamente confidenciou as suas opiniões acerca da "Renascença Portuguesa" e de *A Águia*. Elas resumem-se neste passo em que o poeta da *Dispersão* dá conta da consonância entre ambos existente a tal respeito: "Concordo absolutamente (e muito o tenho pensado) com o que Você diz sobre a "Renascença" e que belamente está resumido na frase: que ela é 'uma corrente funda, rápida, mas estreita' "[28]. Noutra carta, Pessoa contrapõe-se, a si e ao seu Amigo, a Pascoaes, que em seu entender sofre "de pouca arte"[29]. Aliás, há nas *Páginas Íntimas e de Auto-Interpretação* um trecho em que, depois de pôr uma "Elegia" do poeta Marânus a pairar acima de um poema de Browning, diz que Pascoaes "passou o resto da vida literária a pedir desculpa em má poesia por ter escrito um dos maiores poemas de amor do mundo"[30]. O que comprova que as referências dos artigos de *A Nova Poesia Portuguesa* não se podem tomar à letra, como apreciações críticas, mas

27. Cit. por J. G. SIMÕES, *idem*, p. 176.
28. *Cartas a Fernando Pessoa*, I. p. 133.
29. *dem*, p. 47.
30. *Op. cit.*, p. 153.

como elementos de um texto em que as citações funcionam, intertextualmente, com uma outra função: a de *pretextos*, no seu sentido próprio.

Pascoaes será ainda, como se sabe, um outro de Alberto Caeiro, heterônimo do *Guardador de Rebanhos*, que se quer o desmistificador de tudo o que há de nebuloso no poeta de *Sempre*[31]. Pessoa não deixou de o notar, num texto ambíguo:

> Tanto Caeiro como Pascoaes, encaram a Natureza *de um modo diretamente metafísico e místico*, ambos encaram a Natureza como o que há de importante, excluindo, ou quase excluindo, o Homem e a Civilização, e ambos, finalmente, integram tudo o que cantam nesse seu sentimento naturalista. Essa base abstrata têm de comum: mas no resto são, não diferentes, mas *absolutamente opostos*. Talvez Caeiro proceda de Pascoaes; mas procede por oposição, por reação. Pascoaes virado do aveso, sem o tirar do lugar onde está, dá isto – Alberto Caeiro[32].

De que lado está então o "transcendentalismo panteísta"? – perguntamos nós. Não estará afinal de um lado e do outro, numa autêntica *coincidentia oppositorum*?

Seguimos aqui, num percurso que não pôde ser mais longo, a trajetória de duas gerações e de dois poetas que um momento – em que espaço e em que tempo? – parecem ter convergido, para logo divergirem. Conjunções e disjunções – tal é o destino histórico desses seres que "são os menos poéticos do mundo, pois estão sempre em vias de ser uma outra personalidade", como dizia Keats. Que admira que um dia Pessoa tenha chegado a esta conclusão, após ter sido o profeta da Renascença: "a mera análise comparada dos estados psíquicos que produzem, uns o "saudosismo" e o "lusitanismo", outros obra literária no gênero da minha e da (por exemplo) do Sá-Carneiro, me dá

---

31. Sobre as relações entre os dois poetas, ver o estudo aprofundado de JACINTO DO PRADO COELHO, "Fernando Pessoa e Teixeira de Pascoaes", in *A Letra e o Leitor*, Lisboa, 1977, pp.175 e segs.

32. *Páginas Íntimas e de Auto-Interpretação*, pp. 344-345.

como radical e inevitável a incompatibilidde daqueles para com estes?"[33].

A sua órbita ia prosseguir, sob o signo de *Orpheu*. E, como Orpheu, para salvar o que amava, não podia voltar-se.

---

33. *Ocidente*, vol. XXIV, p. 315.

3. O RETORNO DE *ORPHEU*

> *O* Orpheu *é a soma e a síntese de todos os movimentos literários modernos.*
>
> ÁLVARO DE CAMPOS

1. *A Cena e os Atores*

Em 26 de março de 1915 (cerca das sete horas da tarde, de acordo com um horóscopo de Pessoa) era vendido em Lisboa o primeiro exemplar da revista *Orpheu*. Este acontecimento, aparentemente anódino e menor, não iria revelar-se banal. No marasmo da vida literária e cultural da época – à imagem de uma sociedade adormecida, onde apenas as notícias de uma guerra ainda estrangeira e distante, juntamente com uma agitação política estéril, indiciavam os germes de uma crise só agora latente[1] –, eis que irrompe o escândalo. Um pequeno grupo de poetas e de artistas, praticamente desconhecidos, deitava fogo ao rastilho, bem no meio dessa capital em vaso fechado. Não, não eram anarquistas lançando bombas na rua, como então se tornara corrente, mas revolucionários de outro gênero: provocadores modernistas, agitadores de vanguarda. Numa palavra, "doidos com juízo", no dizer meio sério meio trocista da imprensa, em títulos sensacionalistas. "Literatura de manicômio", "os poetas do *Orpheu* e os alienistas", "*Orpheu* nos infernos"...

Por que todo este tumulto? Por que, em vez da indulgência habitual face às pequenas efemérides literárias, todas estas reações violentas ou camufladas dos meios oficiais e bem pensantes, republicanos e monárquicos, contra uma revista de que se acusavam mutuamente de ser os inspiradores ocultos? Por detrás dos episódios circunstanciais, tratava-se, na verdade, dos sintomas de um sismo profundo, cujos prolongamentos imediatos não eram senão os primeiros estremecimentos de superfície. Bastaria um outro número, publicado três meses depois (tendo um terceiro acabado, finalmente, por abortar), para que *Orpheu* marcasse de modo indelével essa geração[2] e, mais ainda, toda a literatura portuguesa do século XX – enquanto a Europa,

---

1. Depois da Revolução republicana de 5 de outubro de 1910 assistira-se a uma divisão sucessiva dos partidos (Democrático, Evolucionista e Unionista) que criara uma instabilidade parlamentar e governamental, aproveitada pelos monárquicos. Na seqüência da participação portuguesa na guerra de 1914-1918 seria instaurada a ditadura de Sidônio Pais. Regressados à governação do país, os republicanos teriam de defrontar-se ao mesmo tempo com o movimento anarco-sindicalista e com as tentativas dos nacionalistas, até ao golpe militar de 28 de maio de 1926, que instaurou uma ditadura militar donde saiu o regime do Estado Novo de Salazar.
2. Cf. MARIA ALIETE GALHOZ, "O Momento Poético do Orpheu", pref. à reedição de *Orpheu 1*, Lisboa, 1959, e a sua introdução à reedição de *Orpheu 2*, Lisboa, 1976. Cf. também JOÃO GASPAR SIMÕES, *Vida e Obra de Fernando Pessoa (História de uma Geração)*, Lisboa, 1951.

de que ela fazia historicamente parte, ignorava as irradiações que se repercutiam no seu seio, de forma invisível, a partir da sua extrema ponta ocidental.

O que havia então de especialmente chocante e revulsivo nessa centena de páginas de uma "revista trimestral de literatura" destinada a Portugal e ao Brasil e cujos diretores (senão responsáveis) eram, respectivamente para cada país, os poetas simbolistas retardados Luís de Montalvor e Ronald de Carvalho? A nota protocolar de "introdução", assinada pelo primeiro, numa prosa preciosa e algo estranha, não apresenta qualquer novidade aparente, para além da afirmação de uma vocação estética de esoterismo e de exílio:

...*Orpheu*, é um exílio de temperamentos de arte que a querem como a um segredo ou tormento... Nossa pretensão é formar, em grupo ou idéia, um número escolhido de revelações em pensamento ou arte, que sobre este princípio aristocrático tenham em *Orpheu* o seu ideal esotérico e *bem nosso* de nos *sentirmos e conhecermo-nos*.

Estaríamos ainda face a uma recorrência do esteticismo decadentista e *fin-de-siècle*? Basta folhear aqui e além as páginas da revista para nos apercebermos imediatamente de que um outro *tom* se desprende dela, ressoando em breve, para o fim da coletânea, em sonoridades e gritos de paroxismo, aos quais a poesia futurista, lá fora em Itália, na Rússia, em França (mas não em Portugal, de momento) começava a habituar os ouvidos mais atentos. Simples eco epigonal, produto de importação ou de moda? Veremos que não: muito pelo contrário. Mas bastava que ao lado de alguns poemas subsidiários da longa herança pós-simbolista, cujos rastos ainda se não tinham apagado, aparecessem os textos do triunvirato que constituía o núcleo central do movimento (Mário de Sá-Carneiro, Almada Negreiros e Fernando Pessoa), para que a escrita órfica se encontrasse de repente marcada pelos signos de uma linguagem irredutível aos códigos domésticos. Foi essa linguagem que provocou então, justamente, o escândalo. Mesmo se as palavras de ordem imanentes a tais experiências poéticas – desde o "paulismo" ao "sensacionismo" e ao "interseccionismo" – não se encontravam aí teoricamente proclamadas, os seus "indícios de oiro" (para retomar o título de um conjunto de poemas de Sá-Carneiro que abriam a revista[3] deixavam-se já ler: o "drama estático" de Fernando Pessoa, *O Marinheiro*, os poemas entre decadentistas e futuristas do heterônimo Álvaro de Campos, "Opiário" e "Ode Triunfal", as prosas "ingênuas" de Almada Negreiros, sem falar dos contributos paúlicos de Armando Cortes-Rodrigues e de Alfredo Guisado – eis uma primeira amostra representativa do feixe de tendências de *Orpheu*.

Esse feixe enriquecer-se-ia com novos ramos, no segundo número, saído no mês de junho seguinte, já mais claramente depurado de sobrevivências simbolistas, nomeadamente com a partida de Ronald de Carvalho, que deixou de assegurar com Luís de Montalvor (mesmo se este continuou a colaborar nela) a direção de revista, transferida agora para Fernando Pessoa e Mário de Sá-Carneiro. O escândalo repetiu-se ainda, parecendo desta vez confirmar os epítetos da imprensa: entre os colaboradores figurava, com efeito, um poeta paranóico, internado num manicômio, Ângelo de Lima, cujos poemas fragmentários participavam dos processos da escrita interseccionista[4]. A seu lado alinhava uma prosa "vertígica" de Raul Leal, personalidade fascinante cujas tendências poéticas se misturavam com uma filosofia visionária e com um misticismo erótico, indo até à divinização da homossexualidade[5]. À parte as notas de timbre mallarmeano de um poeta brasileiro, Eduardo Guimaraens, e alguns poemas suposta-

---

3. Este título, *Indícios de Oiro*, foi mais tarde o de uma recolha póstuma de MÁRIO DE SÁ-CARNEIRO, organizada por FERNANDO PESSOA, e publicada em 1938 pela revista *Presença*.

4. Cf. a edição recente das *Poesias Completas* de ÂNGELO DE LIMA, com prefácio e notas de FERNANDO GUIMARÃES, Porto, 1971.

5. Cf. a obra poética de RAUL LEAL escrita em francês: *Antéchrist et la Gloire du Saint-Esprit*, *Psaumes* e *Messe Noire*, esta dedicada "à la mémoire de Gilles de Rais, sieur de Laval". Cf. *Líricas Portuguesas*, 3ª série, seleção de JORGE DE SENA, Lisboa, 1958. Sobre as concepções vertígicas de Raul Leal, cf. "Uma Carta de

mente "femininos", assinados por Violante de Cysneiros (pseudônimo sugerido por Pessoa a Cortês-Rodrigues, que temia represálias na Universidade), o essencial do número era constituído por poemas de Mário de Sá-Carneiro e de Fernando Pessoa. O primeiro apresentava, entre outros, um texto "semifuturista", "Manucure", enquanto o segundo se repartia entre o interseccionismo ortônimo de "Chuva Oblíqua" e o sensacionismo de "Ode Marítima", atribuída ao heterônimo Álvaro de Campos, poeta "engenheiro". A composição tipográfica destes poemas, bem como a publicação das reproduções de colagens de Santa-Rita Pintor, pintor cubo-futurista e *blagueur* célebre, companheiro de Sá-Carneiro em Paris, representavam sem dúvida uma das marcas típicas e revolucionárias de *Orpheu*: a interpenetração da literatura e das artes plásticas. A revista parecia querer ostentar, assim, o cunho de uma maturidade modernista, antes de morrer em beleza fatídica.

Premonitoriamente, *Orpheu* assegurava já, contudo, *in articulo mortis*, a sua posteridade, por intermédio do anúncio de algumas manifestações de ressonância futurista, mesmo se o grupo ainda embrionário que tomara a iniciativa da revista não provasse a sua verdadeira existência senão dois anos depois: Santa-Rita Pintor prometia uma conferência sobre "A Torre Eiffel e o gênio do Futurismo", e Raul Leal uma outra acerca do "Teatro Futurista no Espaço", enquanto Sá-Carneiro (que nunca tomara demasiado a sério, senão através de Pessoa, as concepções futuristas[6]) se propunha falar sobre "As Esfinges e os Guindastes" com um estudo sobre o "bimetalismo psicológico". Nenhuma destas conferências haveria, em última análise, de ter lugar. Mas um *fait divers*, ligado aos rumores respeitantes à organização de um espetáculo "paúlico" pelo grupo de *Orpheu*, de que se fizera eco *A Capital*, jornal republicano, viria a desencadear um incidente grave, que é

Raul Leal a Jorge de Sena", *Nova Renascença*, 18, Primavera de 1985, pp. 148 e segs.
  6. Cf. *Cartas a Fernando Pessoa*, Lisboa, 1958, vol. I, p. 152.

bem significativo das suscetibilidades políticas provocadas por todas essas manifestações vanguardistas irreverentes. Tendo Fernando Pessoa ousado, sob a pena de Campos, escrever uma carta de protesto a esse jornal, onde ironizava acerca das conotações futuristas de um acidente de que fora vítima, num elétrico, o Chefe do Governo da época (Afonso Costa, *leader* do Partido Democrático[7]), uma violenta campanha é orquestrada contra ele e seus companheiros. A tal ponto que estes, acusados globalmente, se viram compelidos a desmentir Campos, sendo Pessoa o único que se recusou a qualquer retratação...

Se este incidente deixava pressagiar dificuldades crescentes para *Orpheu*, estas viriam sobretudo do lado financeiro: tendo ficado por saldar, a fatura da revista seria um espinho na consciência de Sá-Carneiro, que partira às escondidas para Paris.. Abandonando a Pessoa as inerentes complicações internas, ele projetava já, contudo, um terceiro número de *Orpheu*, idealizando uma dimensão "européia" para a revista, em conexão com o movimento futurista. E, uma vez delineado o plano, o número começou mesmo a ser composto numa outra tipografia de Lisboa. Foi então que o aborto brutal sobreveio: mudando de opinião, depois de ter recebido uma reprimenda do pai, Sa-Carneiro pediu a Pessoa para suspender a publicação da revista. O poeta de *Dispersão* tomava assim sobre si pró-

7. Fernando Pessoa, cujas atitudes políticas revelaram sempre da lógica poética, escrevera em 1912 em *A Águia*, acerca do novo regime, no qual fingia acreditar: "O republicanismo que fará a glória da nossa terra e por quem novos elementos de civilização serão criados não é o atual, desnacionalizado, idiota e corrupto, do tri-partido republicano [...]. Se ser monárquico é ser traidor à alma nacional, ser correligionário dos Sr. Afonso Costa, do Sr. Brito Camacho ou do Sr. Antônio José de Almeida, assim como da diversa subgente sindicalística, socialística e outras coisas, representa paralela e equivalente traição". (In *A Nova Poesia Portuguesa*, Inquérito, Lisboa, s. d., p. 58.) "Sou monárquico absolutista [...]. É por isso que sou republicano", eis um dos seus paradoxos, pelos quais pretendia manifestar a coexistência (a indiferença) dos opostos. *Vide* supra o ensaio "Poética e Política em Fernando Pessoa".

prio a inteira responsabilidade da morte de *Orpheu*. Esta não faria mais, na verdade, do que antecipar a sua, já que acabaria por se suicidar em Paris, em 26 de abril de 1916.

"*Orpheu* acabou. *Orpheu* continua", escreverá ainda em 1935 Fernando Pessoa, num texto publicado por Almada Negreiros em *Sudoeste*: "Nós, os de *Orpheu*". Mas a grande ausência de Sá-Carneiro tinha deixado um vazio que jamais poderia ser preenchido: todas as tentativas posteriores feitas para ressuscitar esse desafortunado número três fracassarão: ele estava, como disse Pessoa, "frustrado de cima"[8].

Enquanto Fernando Pessoa continua a multiplicar-se em heterônimos, disseminando aqui e além os seus textos e prosseguindo, por outras vias, as suas experiências esotéricas, a iniciativa da agitação de vanguarda – face à qual tinha aliás tomado, desde 1915, uma certa distância[9] – passa para outras mãos. É agora a hora futurista que soa: Almada Negreiros e Santa-Rita Pintor apressam-se a montar um grande espetáculo, que se esgotaria numa única sessão e num único número de revista. Depois de uma primeira provocação com o seu "manifesto anti-Dantas"[10], publicado em dezembro de 1916, onde a iconoclastia literária ia de par com um humor social e culturalmente contundente, Almada, que então se apelidava "poeta de Orpheu, Futu-

---

8. Este terceiro número esteve, ao que parece, prestes a sair em 1917, como o testemunha a existência de alguns fascículos impressos que foram parar às mãos de Alberto de Serpa e Adolfo Casais Monteiro (Cf. *Orpheu 3*, edição fac-similada das "provas de página" em poder de Alberto de Serpa, Edições "Nova Renascença", Porto, 1984, com prefácio de José Augusto Seabra). Para além de poemas de Pessoa, Sá-Carneiro, Almada Negreiros e de outros colaboradores menores, devia incluir *hors-textes* de Amadeo de Souza-Cardoso, o único grande pintor cubista português. *Vide* infra *Orpheu 3*.

9. Cf. *Cartas a Armando Cortes-Rodrigues*, com uma introdução de Joel Serrão, Lisboa, 1944, p. 73.

10. Júlio Dantas, médico e dramaturgo então na moda, sobretudo entre o público feminino, que se tornaria depois Presidente da Academia das Ciências, era para Almada Negreiros o símbolo do cabotinismo cultural da época.

rista e Tudo", ligara-se com efeito a Santa-Rita para essa aventura efêmera do "marinettismo" português[11]. Os dois organizam em Lisboa, em 14 de abril de 1917, um *happening* de sensação, onde, vestido com um macacão, Almada Negreiros proclama o seu "Ultimatum Futurista às Gerações Portuguesas do Século XX", seguido da leitura do "Manifesto Futurista da Luxúria de Madame Valentine de Saint-Point" e dos textos de Marinetti "O Music-Hall" e "Tuons le Clair de Lune". De novo a imprensa se apodera do *leimotiv* preferido: "Elogio da loucura" é o título de *A Capital* (ainda e sempre). Ao fazer, mais tarde, nas páginas de *Portugal Futurista*, a retrospecção do espetáculo, Almada Negreiros não se esquecerá de notar:

> Os chefes políticos presentes, quando as nossas afirmações futuristas pareciam estar de acordo com as suas restrições monárquicas ou republicanas, apoiavam sumidamente com um muito bem parlamentar, mas se a nossa idéia lhes era evidentemente rival o seu único recurso resumia-se na gargalhada, símbolo sonoro da imbecilidade.

A principal e derradeira manifestação do movimento foi, de fato, a publicação, em novembro de 1917, do número único da revista já citada, logo apreendida pela polícia. Ela assinala a segunda grande data do Modernismo português. Um traço novo relativamente a *Orpheu*: a inserção, ao lado de originais portugueses, de textos de autores estrangeiros, nomeadamente de Blaise de Cendrars e de Guillaume Apollinaire, apresentados por Sonia Delaunay[12], para além, evidentemente, de traduções dos manifestos futuristas italianos de Marinetti, Boccioni, Carrà etc.

---

11. Através da correspondência de Sá-Carneiro a Pessoa, parece insinuar-se que Santa-Rita Pintor se prevalecia de um mandato de Marinetti para o representar em Portugal. Nada é, contudo, menos provável, dadas as trapaças do pintor...

12. A visita de Sonia e de Robert Delaunay a Portugal representou um contributo importante para o movimento modernista. A sua correspondência com Almada Negreiros, José Pacheco, Souza-Cardoso e Eduardo Viana foi publicada com o título de *Correspondance de Quatre Artistes Portugais*, por PAULO FERREIRA, Paris, 1972.

Até Raul Leal nela colabora com um texto escrito em francês, de título longo:

> L'Abstractionnisme futuriste – Divagation outrephilosophique – Vertige à propos de l'oeuvre géniale de Santa-Rita, Pintor, "Abstraction Congénitale Intuitive (Matière-Force)", la suprême réalisation du Futurisme.

Santa-Rita é, com efeito, a grande vedete artística, exaltada na revista por Bettencourt-Rebelo, mesmo se a sua obra se reduz a alguns quadros de epígono, enquanto a de Souza-Cardoso (apenas discretamente presente) a ultrapassa de longe. Mas a verdadeira alma do grupo encontra-se em Almada, que assina textos sobre "Os Bailados Russos em Lisboa", em colaboração com o músico Rui Coelho e com o arquiteto José Pacheko (exemplo significativo da interpenetração de todas as artes, pregada já por *Orpheu*, fazendo ainda aparecer com Santa-Rita Pintor "contrastes simultâneos", sob o título de "Saltimbancos". Mas a sua obra de choque é, sem dúvida, o *Ultimatum Futurista às Gerações Portuguesas do Século XX*, lido durante o espetáculo futurista acima descrito. *Ultimatum*, simplesmente, mas desta vez aos "mandarins da Europa", é também o título do manifesto de Álvaro Campos, o heterônimo do Pessoa que mais se aproxima do "futurismo", pelo seu lado "sensacionista", sem por isso aderir totalmente ao movimento. A presença tutelar de Sá-Carneiro também não podia faltar: era como se a sombra das asas da morte espiasse também já o "Portugal Futurista". Os seus textos, ao lado dos de Pessoa e de Almada, são o coração da revista.

E assim temos o ciclo do Modernismo português fechado, no que respeita às suas marcas externas: esotéricas. Outras revistas, como *Exílio* e *Centauro* (1916), ainda as reiteraram, numa tonalidade eivada de um sábio ecletismo, e muito especialmente *Contemporânea*, publicada a partir de 1922. Fernando Pessoa, esse, solicitado cada vez mais pelo jogo infinito do seu poetodrama[13], onde as poéticas

---

13. Cf. o nosso estudo *Analyse Structurale des Hétéronymes de*

contraditórias e complementares dos seus heterônimos encontram a sua polarização, consagra-se depois à publicação de uma revista de tipo clássico, de que fará sair, com Ruy Vaz, cinco números, entre 1924 e 1925, e à qual dá o nome de *Athena*, em homenagem à Grécia de um "neopaganismo" renascido. E é ainda nas páginas desta revista, mais propícia, à primeira vista, ao estetismo epicurista e estóico de Ricardo Reis, que o sensacionista Álvaro de Campos (um 'Whitman com um poeta grego lá dentro') irá expor as suas teses sobre a "estética não-aristotélica", onde a idéia de "força" substitui a de "beleza". Aí ele polemiza, além disso, com o poeta ortônimo, acerca da "metafísica", considerada por um como uma "ciência virtual" e pelo outro como uma "arte". Não tinha o próprio Pessoa, na apresentação da revista, procurado fazer coabitar as diferentes filosofias, estéticas e poéticas, dos heterônimos? "Onde não houver harmonia, equilíbrio dos elementos opostos, não haverá ciência nem arte, porque nem haverá vida" – escreveu o poeta, dentro da sua lógica da *coincidentia oppositorum*. É essa, com efeito, não apenas a sua própria e permanente obsessão, mas também a de toda a geração modernista.

Entretanto, qual foi o alcance imediato da revolução (nos diferentes sentidos da palavra) que, numa tão breve incandescência, ela levou a cabo? Podemos dizer que os efeitos mais profundos das fraturas abertas por *Orpheu* apenas se repercutirão subterraneamente e por vagas sucessivas, ao longo deste século. Mesmo se a geração por vezes chamada do "Segundo Modernismo" – a da presença – *veio a acolher, a partir de 1927, os textos de Fernando Pessoa e Sá-Carneiro, com grande solicitude pelos sobreviventes de* Orpheu *e reclamando-se sempre da sua herança, trata-se, sobretudo, daquilo a que hoje chamaríamos*

Fernando Pessoa: du Poémodrame au Poétodrame, tese defendida na "Sorbonne Nouvelle" e preparada na École des Hautes Études, sob a direção de Roland Barthes, Paris, 1971, depois publicada com o título de *Fernando Pessoa ou o Poetodrama*, S. Paulo, Perspectiva, 1974.

uma recuperação, salvo algumas exceções[14]. É pois com razão que Eduardo Lourenço pode interrogar-se, a este propósito, sobre se se trata de uma "contra-revolução do Modernismo"[15]. Mas essa é já uma outra história.

2. Breve Diacronia do Pré-Modernismo

Se desta *mise en scène*, necessária aos leitores menos iniciados, tentarmos passar a uma análise de conjunto do Modernismo português, simultaneamente na sua gênese diacrônica e no seu desdobramento sincrônico, qual é a imagem que podemos essencialmente fixar da "geração de *Orpheu*"? Vanguarda inesperada e sem futuro, num país marginal, por um instante mergulhado na atualidade literária européia, para logo voltar aos últimos avatares de uma viragem de século mal ultrapassada, recaindo nas suas estruturas sociais e culturais arcaicas? Gesto irreversível de ruptura, fazendo tábua rasa do passado antecedente, ou fruto já maduro duma mutação em vias de se cumprir, no próprio seio de uma situação de crise? Em vez de tentarmos dar respostas imediatas a estas questões, seremos levados a diferi-las e talvez, em última análise, a pô-las em questão. Internacional no seu horizonte e nacional na sua expressão, contemporânea do seu tempo e fora de um tempo linearmente demarcado, a revolução órfica parece transcender sempre as fronteiras espaciais e cronológicas onde, por vezes, se tenta enclausurá-la ou imobilizá-la, sem que por isso escape a uma imanência historicamente localizável.

---

14. Entre estas, importa salientar a de Adolfo Casais Monteiro, um dos raros "presencistas" que compreenderam a revolução de *Orpheu*. Ele é autor de alguns dos mais lúcidos ensaios sobre Fernando Pessoa. Cf. *Estudos sobre a Poesia de Fernando Pessoa*, Rio de Janeiro, 1958.

15. Cf. "Presença ou a Contra-Revolução do Modernismo", *A Revista do Livro*, 23-24, 1961.

Para partir de um termo de referência preciso, qual era a situação de Portugal no momento do aparecimento das três figuras que encarnam a geração de *Orpheu*? Nascidos a poucos anos de distância (1888, 1890 e 1893, respectivamente), dir-se-ia que Fernando Pessoa, Sá-Carneiro e Almada Negreiros emergiram do fundo de uma vaga em refluxo, na qual a vida portuguesa, desde a política e social até à literária, se debatia.

Atolado num "rotativismo" de partidos inertes e medíocres, exceto eleitoralmente, a monarquia parlamentar saída da revolução liberal, que depois da sua fase de radicalismo inicial se tornara uma plutocracia de "barões"[16], apesar das suas veleidades "regeneradoras", enfrentava a sua primeira grande crise: as potências coloniais cobiçavam os territórios portugueses de África, na seqüência da Conferência de Berlim – cobiça que ameaçou concretizar-se com o *Ultimatum* inglês de 1890. As idéias republicanas, mais do que aos socialistas, ligadas à repercussão da Comuna de Paris em Portugal, progridem por sua vez no país: e uma primeira revolução, fracassada em 1891 no Porto, dá o sinal da morte próxima da monarquia, que o assassínio de D. Carlos, em 1908, e a revolução vitoriosa de 1910 consumarão, sem que com isso os grandes problemas do país fossem resolvidos. É neste clima de *Finis Patriae*[17] – e ao mesmo tempo de *fin-de-siècle* – que mergulha a literatura portugues, com a qual Pessoa e os seus companheiros de *Orpheu* terão de se confrontar, nos seus últimos prolongamentos para lá do século.

Quais são as correntes literárias então dominantes? A geração de 1870, marcada por certo tanto pelo realismo no

---

16. A expressão entrou em moda, desde Almeida Garrett, que, com Alexandre Herculano, trouxera do exílio os ideais românticos, entrando seguidamente em conflito com as tendências cada vez mais conservadoras do regime liberal, após a sua implantação definitiva.

17. Título de um livro-chave de Guerra Junqueiro, panfletário do republicanismo, que, juntamente com *Pátria*, Pessoa considerou expressão da "hora do *Ultimatum*". *Páginas de Doutrina Estética*, p. 53.

romance, com Eça de Queirós, como pela poesia de Antero de Quental, desiludida de um socialismo de inspiração proudhoniana, que o historiador Oliveira Martins, noutra vertente, ajudara a teorizar, acabara por tomar consciência, com os "Vencidos da Vida", do seu fracasso: a crise metafísica e religiosa de Antero[18], que teve o desenlace no seu suicídio – um dos "símbolos da época", dirá Pessoa –, seria disso o testemunho trágico. Mas o realismo recebia já enxertos baudelairianos, que, além do Eça das *Prosas Bárbaras*, passaram a um poeta como Cesário Verde, o qual, pela sua linguagem sensorial, pode ser considerado como um precursor de Caeiro[19]. Enquanto a poesia parnasiana não deixara marcas profundas, a transição para o simbolismo anunciara-se na obra multiforme de Gomes Leal, através das suas sinestesianas visionárias, cujas conotações esotéricas seduziam Pessoa[20]. Ora, é precisamente a introdução em Portugal do simbolismo, importado sobretudo por Eugênio de Castro (o seu principal teórico, senão poeta) e proliferando muito depressa a partir de 1889, em revistas como *Boêmia Nova* e *Os Insubmissos*, que inaugurará uma autêntica metamorfose da linguagem poética, cuja corporização se encontrará, não nos "nefelibatas" de escola, mas nas obras tão diferentes de dois grandes poetas *fin-de-siècle*, Antônio Nobre e Camilo Pessanha[21]. Se a

18. Cf. sobre esta crise EDUARDO LOURENÇO, *Le Destin Antero de Quental – Poésie, Sainteté, Révolution*, Paris, 1972.
19. Foi o próprio Pessoa quem falou desta influência. Cf. *Páginas Íntimas e de Auto-Interpretação*, Lisboa, s. d., pp. 343 e segs. Escrevendo além disso: "Cesário Verde [...] foi o primeiro a *ver*, na poesia portuguesa, a visão mais clara das coisas e da sua autêntica presença que é possível encontrar na literatura moderna". *Páginas de Estética, Teoria e Crítica Literárias*, Lisboa, 1973, p. 334.
20. Ele chamar-lhe-ia um dia "o pior grande poeta que conhecemos". *Idem*, p. 330. Sobre Gomes Leal, cf. ANTÔNIO COIMBRA MARTINS, *Gomes Leal, un Poète des Couleurs*, Paris, 1972.
21. Sobre Antônio Nobre, cujo *Só* foi publicado no seu exílio parisiense, Fernando Pessoa escreveu um breve e luminoso ensaio, afirmando que ele "foi o primeiro a pôr em europeu este sentimento português das almas e das coisas". *Páginas de Doutrina Estética*,

estética simbolista, prolongada pela do decandentismo, trazia, pela sua origem, uma nota cosmopolita nova à poesia portuguesa, isso não a impediu de coexistir (e de se interpenetrar) com uma outra corrente que desembocou no "nacionalismo literário" e foi teorizada por Alberto de Oliveira, a partir da poesia de Nobre, sob o signo do "neogarrettismo"[22]. Estas duas perspectivas – uma voltada para fora e outra para dentro, uma dando para o futuro e outra para o passado – caracterizam sem dúvida a encruzilhada dessa geração, que se situa na passagem de uma literatura prestes a morrer para uma literatura prestes a nascer: a renascer[23].

À primeira vista, parecia que essa nova literatura que se anunciava deveria corresponder, *mutatis mutandis*, ao movimento das forças que se agitavam no xadrez político e cuja explosão final seria em 1910 a República. Foi possível, com efeito, por equívoco, acreditar nisso um momento – e até mesmo Pessoa se deixou por um instante convencer –, identificando-a, por exemplo, com a figura de um poeta como Guerra Junqueiro, onde se cruzam os ecos de um romantismo panfletário e retórico, à Vítor Hugo, com os de um simbolismo degenerado em alegoria. Mais importante e significativo seria contudo um movimento cultural e literário saído das fileiras republicanas, mas cujos fundamentos e cujo objetivo ultrapassavam, pelo menos em intenções, toda a dimensão política imediata: a *Renascença Portuguesa*, estruturada enquanto grupo no Porto, em

---

Lisboa, 1946, p. 53. CAMILO PESSANHA, cujo único livro, *Clepsidra*, seria publicado só em 1920, quando se encontrava "exilado" em Macau, foi por Pessoa convidado por carta a colaborar em *Orpheu*, sinal do grande apreço que testemunhava à sua obra.

22. É curioso notar que Pessoa começou a escrever versos em português por solicitação de uma leitura de Garrett.

23. Invocando Jano, o "deus bifronte", Pessoa fala de uma "dupla direção" do "olhar", escrevendo a propósito de Nobre e Guerra Junqueiro: "Junqueiro – o de *Pátria* e *Finis Patriae* – foi a face que olha para o Futuro, e se exalta. Antônio Nobre foi a face que olha para o Passado, e se entristece". *Páginas de Doutrina Estética*, p. 53.

1912, e de que a revista *A Águia*, publicada já neta cidade desde 1910, se tornou o órgão. Em torno do poeta Teixeira de Pascoaes, criador do "Saudosismo", reuniu-se então um conjunto bastante eclético de escritores e intelectuais[24], cujo ideal comum era a "ressurreição da Pátria portuguesa" através de uma "Renascença" que não significava, no entanto, como o salienta Pascoaes no primeiro número da 2ª série, um simples regresso ao passado, mas um retorno às "fontes originais da vida", para "criar uma nova vida", através de uma "nova Renascença". Tratava-se de um programa patriótico, cívico e cultural, que o "Saudosismo" tentava poeticamente encarnar: a "Saudade" era erigida por Teixeira de Pascoaes em "religião da Raça" e em "filosofia da Pátria". Mas foi sobretudo no plano propriamente poético que a genialidade do seu cantor[25] trouxe um novo sopro criativo à literatura portuguesa, através da dimensão de um "panteísmo transcendental" que ele insuflava no lirismo pós-simbolista. Não é de estranhar que Pessoa seja atraído e influenciado, devido à sua lucidez crítica e poética sempre alerta, pela *Renascença Portuguesa*, no momento em que se estreia publicamente nas páginas de *A Águia*, em 1912 – como ensaísta, é verdade, e não ainda como poeta, apesar de já então ser.

Depois da sua infância e adolescência na África do Sul, onde recebera uma educação e uma cultura literária de língua inglesa, indo de Milton a Byron até Keats e Poe, Fernando Pessoa regressara definitivamente a Portugal, seis anos antes, aos dezoito anos de idade. Já por ocasião de uma estadia precedente em Lisboa fora iniciado na literatura portuguesa, e sobretudo na poesia de Cesário Verde, ao mesmo tempo em que tomava conhecimento de Baude-

---

24. *Vide supra*, "Da *Renascença Portuguesa* ao *Orpheu* (um Vôo de Águia"). Cf. também o nosso texto "Uma Renascença Cultural no Porto", in *O Porto e a Renascença Portuguesa*, Porto, 1980.

25. Pessoa fala de Pascoaes como "um dos maiores poetas vivos e o maior lírico da Europa actual, se, ao menos, se lhe pudesse fazer justiça". *Páginas de Estética, Teoria e Crítica Literárias*, p. 334.

laire e dos simbolistas franceses. Continuando entretanto a escrever poemas, além de prosa, em inglês, lança-se então na escrita em português – bilingüismo de expressão literária que manterá ao longo de toda a sua vida, até à morte: as suas últimas palavras serão na língua de Shakespeare. É ainda na esteira pós-simbolista que, pelo menos aparentemente, ele se move. Isso até à leitura reveladora de *La Dégéneréscence*, de Max Nordau, que o convencerá, ao que parece, da morbidez subjetivista das tendências *fin-de-siècle*. Na realidade, desde o seu regresso, dir-se-ia que os poetas proto e para-simbolistas portugueses (um Gomes Leal, um Antônio Nobre, um Camilo Pessanha, mas não um Eugênio de Castro) nele deixaram um rasto mais profundo do que os simbolistas-decandentistas de além-fronteiras[26]. O que mostra que, nessa época – fora do pano de fundo anglicista sempre subjacente –, há em Pessoa um refluxo em direção a posições mais próximas da face nacional da geração precedente. Os ecos das novidades vanguardistas, que Sá-Carneiro iria procurar em Paris, em 1912, não tinham ainda conseguido dar o tom ao grupo literário que freqüentava em Lisboa, mesmo que este pudesse já estar predisposto a acolhê-las.

Entretanto, uma solicitação mais forte se exercia sobre o jovem escritor, em consonância com o seu desejo de uma literatura à altura do nome da pátria, que coexiste sempre nele com um apelo permanente à universalidade, mesmo nos melhores tempos de *Orpheu*[27]: precisamente a da "Re-

---

26. É o "simbolismo francês" que Pessoa mais procura minimizar, afirmando, em *A Águia*, que ele *"não caracteriza um grande período criador"*. Dir-se-ia que o poeta não conheceu nem sentiu suficientemente a mutação introduzida na linguagem poética pelos simbolistas, que ele parece reduzir à norma verlainiana: "de la musique avant toute chose", como o prova a nota seguinte: "Pergunto ao maior entusiasta dos simbolistas franceses se Mallarmé os comoveu tanto com uma melodia vulgar, se a inexpressão de Verlaine chegou alguma vez à inexpressão legítima de uma valsa simples". *Páginas de Estética, Teoria e Crítica Literárias*, p. 20.

27. Cf. carta a Cortes-Rodrigues de 19-1-15: "...A idéia patriótica, sempre mais ou menos presente nos meus propósitos, avulta

nascença Portuguesa", erigida em "Nova Renascença" e profetizada por Teixeira de Pascoaes nas páginas de *A Águia*. E ei-lo a escrever, em 1912, uma série de artigos, publicados na 2ª série da revista, de que o primeiro se intitula "A Nova Poesia Portuguesa Sociologicamente Considerada". Apoderando-se do messianismo de Pascoaes acerca d' "a futura civilização lusitana", Pessoa tenta ele próprio dar-lhe os fundamentos "racionais" e "lógicos", buscando introduzir no que chama "os misticismos de pensamento e de expressão" do movimento "saudosista" (sem jamais o nomear enquanto tal...) os seus "raciocínios e cingentes análises", para demonstrar a inevitável aparição de um "Grande Poeta" – um "Supra-Camões" – que seria a encarnação do "Supra-Portugal de amanhã". O que importa salientar, para bem apreender a estrutura desse texto, é a sobreposição dos dois tipos de "lógica"; uma *sócio-lógica* (que é aliás antes de mais *ana-lógica*, oscilando constantemente entre a indução e a dedução), e uma *mito-lógica*[28] (esta ao serviço de uma profecia que, apresentando-se como ponto de chegada, é, na realidade, o ponto de partida). Poder-se-ia igualmente falar, noutros termos, de uma lógica trans-racional, que se desenvolve "matematicamente" (como dis Pessoa) a partir de uma lógica propriamente poética. Pois é efetivamente de uma análise da poesia da época (dos seus caracteres de "completa nacionalidade e novidade") que pretende fazer decorrer a previsão de uma "renascença extraordinária" para Portugal, à imagem de certas épocas das literaturas e das civilizações francesa e inglesa.

Esse artigo de sensação não podia deixar de provocar reações apaixonadas, ao mesmo tempo no exterior e no in-

agora em mim; e não penso em fazer arte que não medite fazê-lo para erguer alto o nome português através do que eu consiga realizar". *Op. cit.*, p. 74. O que nada tem a ver, mostrá-lo-emos mais adiante, com um suposto "nacionalismo" de Pessoa.

28. Num escrito de 1930, Pessoa afirma: "Desejo ser um criador de mitos, que é o mistério mais alto que pode obrar alguém da humanidade". *Páginas Íntimas e de Auto-Interpretação*, p. 100.

terior do movimento da *Renascença Portuguesa*, onde o próprio excesso a que Pessoa levava as teses de Pascoaes se tornou suspeito. Mas ele insistiu com um outro artigo, intitulado "Reincidindo...", em que retomava no essencial os mesmos postulados "sociológicos", mas tentando agora consolidar a sua tese através de referências hauridas nos poetas precursores e contemporâneos do "Saudosismo", desde Antero de Quental, passando por Nobre e Junqueiro, até Jaime Cortesão e Teixeira de Pascoaes. E a sua audácia profética deu mais um passo, já para além do "Supra-Camões": "Supra-Camões? A frase é humilde e acanhada. A analogia impõe mais. Diga-se 'de um Shakespeare' e dê-se por testemunha o raciocínio, já que não é citável o futuro"[29].

Eis portanto Pessoa, de extrapolação em extrapolação, levado a comprometer-se numa polêmica, não somente na revista *A Águia* mas também no jornal *República*, onde responde nomeadamente ao Prof. Adolfo Coelho, que o acusara de "messianismo". Do que se defende sem grande convicção, já empurrado para entrincheiramentos mais especificamente poéticos.

Com efeito, procurando emergir das puras especulações mitológicas e abstratas, Pessoa escreve, enfim, um artigo sobre "A Nova Poesia Portuguesa no seu Aspecto Psicológico", onde o acento recai agora sobretudo sobre a "metafísica" e a "estética" imanentes às obras dos poetas próximos da *Renascença*, não vindo então a "sociologia" senão fora de tempo. Nesse artigo ele detecta em tais poetas um "transcendentalismo panteísta", inerente à "espiritualização da matéria" e à "materialização do espírito", de que encontra exemplos em certos versos de Pascoaes ou de Jaime Cortesão, que por essa altura era mais conhecido

---

29. Esta referência a Shakespeare, à qual Pessoa faz também menção num outro escrito, a propósito do lirismo dramático dos heterônimos, parece indicar que o modelo do grande dramaturgo inglês convinha perfeitamente às suas antevisões (autoprofecias?) do que o de um poeta lírico, épico e só secundariamente dramático, como Camões.

como poeta e que em *A Águia* e na "Renascença Portuguesa" desempenhou papel de vulto, antes de vir, mais tarde, a juntar-se ao grupo de Lisboa que fundaria a *Seara Nova*.

Essa nova linguagem poética implica, segundo Pessoa, o ultrapassar do "subjetivismo" simbolista, sem que contudo o objetivismo tendencial seja ainda alcançado. A consecução do "máximo equilíbrio da subjetividade e da objetividade" será precisamente a obra do "grande Poeta proximamente vindouro". É, no entanto, do ponto de vista "estético" que a tentativa de Pessoa apresenta um interesse particular: a sua caracterização da poesia da época pelo "vago", o "sutil" e o "complexo", se se aplica a certos traços do "Saudosismo" – apesar do que escreve, de um modo demasiadamente rígido, um crítico como J. G. Simões[30] –, antecipa já, como o salienta com pertinência esse mesmo crítico, algumas experiências da linguagem poética pré-órfica, e sobretudo, como iremos ver, as batizadas de "paúlicas".

Tudo indica que Fernando Pessoa, mantendo por ora os seus laços com a *Renascença Portuguesa*, que ele se impôs como um dever defender[31], se sentia já para além dos pressupostos teóricos, e sobretudo poéticos, "saudosistas", ao mesmo tempo em que novos caminhos começavam a abrir-se para ele e para os seus amigos: seja Mário de Sá-Carneiro, já em Paris, com quem mantém uma correspondência seguida, seja Almada Negreiros, que conhece há pouco tempo. De resto, a partir de 1913, um conflito latente opõe-no à revista *A Águia*, onde tenta inserir textos de Sá-Carneiro, A. Cortes-Rodrigues etc. Quanto à sua colaboração, ela torna-se rara, indo cada vez mais contra os preconceitos literários "saudosistas", agora aliados aos "lusitanistas". E a ruptura iminente chega, sob o pretexto

---

30. Cf. *Vida e Obra de Fernando Pessoa*, vol. I, p. 185.
31. Ele projetava, com efeito, escrever, ainda nos princípios de 1913, um panfleto em defesa do movimento da *Renascença Portuguesa*, projeto que jamais concretizaria.

da não edição, pela *Renascença Portuguesa*, do "drama estático" *O Marinheiro*, mais tarde incluído no primeiro número do *Orpheu*. Numa carta a Álvaro Pinto, secretário de *A Águia*, Pessoa faz nestes termos a constatação da irremediável separação: "A mera análise comparada dos estados psíquicos que produzem, uns o "saudosimo" e o "lusitanismo", outros obra literária do gênero da minha e da (por exemplo) do Mário de Sá-Carneiro, me dá como radical e inevitável a incompatibilidade de aqueles para com estes"[32].

Os laços com toda uma época estavam assim cortados. Uma nova aventura se abria para Pessoa e para os seus companheiros, que já a desejavam: *Orpheu* podia começar a nascer, a renascer, auroralmente. Já assistimos ao seu parto.

3. *Tempo e Espaço Órficos*

Esta travessia, mesmo rápida, da pré-história de *Orpheu* permite-nos avançar agora uma resposta às questões levantadas: resposta ambígua, que se recusa a toda a disjunção cômoda. Resultante de uma divergência e de uma convergência de vias abertas à literatura *fin-de-siècle*, num país que suportava a ressaca de uma crise durante muito tempo incubada, a geração modernista é tanto o resultado inesperado de uma lenta e sinuosa mutação, de que pudemos seguir algumas pistas, como a irrupção violenta de uma ruptura, de que essa mesma mutação era o presságio. Momento raro e único, onde parece que uma meada de fios entrosados vai enfim destrançar-se, mas que ficará como que em suspensão, numa história sem continuidade visível. Parêntesis quase miraculoso, incursão súbita fora do tempo e do espaço portugueses, mesmo se tributária das suas margens e limites. É preciso, sem dúvida, tentarmos liber-

---

32. "Cartas a Álvaro Pinto" *Ocidente*, vol. XXIV, 80, 1944.

tar-nos, de uma vez por todas, das fronteiras geográficas e das barreiras diacrônicas que até agora nos têm balizado, para surpreendermos, na sincronia dos textos, esse outro espaço e esse outro tempo que, por si sós, vão ontologicamente multiplicar-se.

"Criar uma arte cosmopolita no tempo e no espaço" – tal é, definido numa só frase de Pessoa, o programa inteiro de *Orpheu*. Ele assume, à primeira vista, o reverso dessa literatura "absolutamente nacional" que o articulista de *A Águia* considerava como o signo dos "períodos criadores" de civilização, nela detectando a "Nova Renascença". Mas este "cosmopolitismo" não implica a dissolução da arte numa universalidade difusa: chegou o tempo em que os países "existem todos dentro de cada um"[33]. De tal modo que Portugal pode englobar em si toda a Europa, e através desta todos os outros continentes[34]. Se é então verdade, como se tem freqüentemente acentuado, que a geração modernista representa uma europeização da literatura portuguesa, é preciso notar que não é, de modo algum, no sentido atualmente limitado do termo: o "cais europeu", donde partiu a aventura de *Orpheu*, pode perfeitamente ser esse "cais de Alcântara", donde Álvaro de Campos gritava o seu *Ultimatum*, com "as costas voltadas para a Europa" e "saudando abstratamente o *Infinito*". Esse infinito que é talvez o ponto onde, circularmente, o futuro volve a essa "fons et origo", a essa fonte e origem da civilização de que Portugal e a Europa são herdeiros, e de que serão o núcleo de irradiação presente: a Grécia do neopaganismo[35]. Revolução, sim: mas, antes de mais, no

---

33. *Páginas Íntimas e de Auto-Interpretação*, p. 113.
34. O heterônimo Álvaro de Campos exprime muito bem esta coincidência entre a universalidade e a identidade nacional, típica dos portugueses, no seu prefácio a uma antologia dos sensacionistas, supra citado: "Uma literatura original, tipicamente portuguesa, não o pode ser, porque os portugueses típicos nunca são portugueses". *Páginas Íntimas e de Auto-Interpretação*, p. 151.
35. No primeiro poema de *Mensagem* Pessoa visualiza Portugal como o "rosto" através do qual a Europa olha, com "olhos gregos", "o Ocidente", futuro do passado". *Obra Poética*, p. 71.

sentido de rotação astral, de eterno recomeço de uma viagem sem fim através do espaço e do tempo[36].

Que o impacto provocado em toda a Europa pelas sucessivas vagas das vanguardas futurista e cubista (em breve, aliás, em oposição declarada) no fim da primeira década deste século[37] tenha desempenhado um papel de revelador e de catalisador para a geração de *Orpheu*, não há qualquer dúvida. Basta contudo ler as cartas de Mário de Sá-Carneiro a Fernando Pessoa, escritas a partir de 1912, para nos apercebermos de que o interesse manifestado por ambos face a estas novas experiências estéticas nada tem de um entusiasmo ou de uma admiração beata. Trata-se, antes, de uma espécie de atração e de fé lúcida, misturada com um ceticismo em relação às suas manifestações epigonais (de que as *fumisteries* de Santa-Rita Pintor eram um espetáculo quotidiano). Veja-se o que escreve Mário de Sá-Carneiro a propósito, por exemplo, do cubismo: "Acredito no cubismo, mas não nos quadros cubistas até hoje realizados" (carta de 10 de março de 1913 a Fernando Pessoa)[38]. E o futurismo não ganha verdadeiramente a sua adesão senão após a leitura da *Ode Triunfal* de Álvaro de Campos, que Pessoa lhe envia de Lisboa:

> Não tenho dúvida em assegurá-lo, meu Amigo, você acaba de escrever a obra-prima do Futurismo. Porque, apesar talvez de não pura, escolarmente futurista – o conjunto da ode é absolutamente

---

36. "Não evoluo. VIAJO", escreve Pessoa numa carta a Casais Monteiro. *Páginas de Doutrina Estética*, p. 275.

37. As primeiras manifestações públicas do cubismo (Braque, Picasso) datam de 1908, enquanto o "Manifesto Futurista" de Marinetti aparece em 1909, no *Figaro*. Mas já em 1910 a polêmica entre o cubismo e o futurismo ganha acuidade. Assim, o "Manifesto dos Pintores Futuristas", de Milão, ataca Picasso, Braque, Lothe e Léger.

38. *Cartas a Fernando Pessoa*, vol. I, p. 82. Pessoa confirma este juízo de Sá-Carneiro num texto de 1916: "Quanto às influências por nós recebidas do movimento moderno que compreende o cubismo e o futurismo, devem-se mais às sugestões que deles recebemos do que à substância das obras propriamente ditas". *Páginas Íntimas e de Auto-Interpretação*, p. 136.

futurista. Meu amigo, pelo menos a partir de agora o Marinetti é um grande homem" (carta de 20 de junho de 1914).

Estas perplexidades ante aquilo a que Pessoa chamará "a baralhada de coisas sem sentido e contraditórias de que o futurismo, o cubismo e outros quejandos são expressões ocasionais" levarão tempo a decantar, até ao acontecimento de *Portugal Futurista*, enquanto os ismos criados pelo poeta dos heterônimos proliferam, à semelhança dos ismos europeus[39].

Quais são então as afinidades e as diferenças que é possível detectar entre uns e outros? Parece que Fernando Pessoa e Mário de Sá-Carneiro (mais claramente do que Almada Negreiros, que se comprometerá sem reservas nas fileiras futuristas) procuraram, desde o início, distinguir o essencial do acessório nas correntes de vanguarda que os solicitavam. Se a reação de Sá-Carneiro é sobretudo da ordem da idiossincracia, a de Pessoa insere-se numa reflexão sobre a natureza da arte em geral, de que o "sensacionismo" e suas derivações, como o "interseccionismo", são o resultado. Eles transcendem, aliás sempre, para o poeta, o simples plano estético, para abraçar uma pluralidade de concepções do mundo e da civilização, de que o Neopaganismo será a coroação. Não é possível, por outro lado, compreender todo o alcance das sucessivas e contraditórias opções literárias de Pessoa senão relacionando-as com o jogo sistemático de oposições da heteronímia, onde, antes de tudo, elas se cruzam, no espaço dialógico do poemodrama e do poetodrama.

---

39. Cf. *Páginas Íntimas e de Auto-Interpretação*, p. 134. A contribuição portuguesa para a nomenclatura das teorias estéticas vanguardistas, nomeadamente com o "sensacionismo" e o "interseccionismo", passou desapercebida ao resto da Europa, apesar da sua originalidade. Cf. o inventário fornecido pelos "Documents Internationaux de l'Esprit Nouveau" (1929), onde a enumeração dos ismos é a seguinte: futurismo, expressionismo, cubismo, ultraísmo, dadaísmo, surrealismo, purismo, constructivismo, neoplasticismo, abstractivismo, babelismo, simultaneísmo, suprematismo, primitivismo, panlirismo...

Reconhecendo sem complexos que o "sensacionismo" tem como ponto de partida o "futurismo" – do mesmo modo que o "paulismo"[40] se liga ao pós-simbolismo e o "interseccionismo" decorre do cubismo –, Álvaro de Campos põe, contudo, o acento tônico no fato de que ele "é um grande progresso sobre tudo quanto lá fora na mesma orientação se faz" (como, aliás, também o "paulismo")[41]. Pessoa escreve, por sua vez, que tanto o cubismo como o futurismo e escolas afins "constituem aplicações errôneas de intuições fundamentalmente certas". E, assim, um dos seus erros capitais consiste "em atribuírem às sensações uma realidade externa que, de fato, possuem, mas não no sentido que os futuristas e outros julgam"[42]. Quanto ao sensacionismo, ele busca a decomposição e a análise das sensações nos seus "elementos psíquicos", e não em termos de tridimensionalidade. Nesta ótica, as idéias são também sensações, "mas de coisas não situadas no espaço e, por vezes, nem mesmo situadas no tempo" exteriores[43]. Elas supõem, em suma, um outro tempo e um outro espaço. Tal é um dos contributos essenciais do sensacionismo, que encontrará uma aplicação particularmente surpreendente no interseccionismo: a interpenetração dos diferentes planos (objetivos e subjetivos, exteriores e interiores) das sensações, segundo um modelo "geométrico" emprestado metaforicamente pelo cubismo, mas cujo alcance é infinitamente mais largo.

40. O nome desta corrente, que precede o Sensacionismo e o Interseccionismo, foi tirado do poema "Pauis". Representa, segundo Pessoa, uma última transformação da "corrente cuja primeira manifestação clara foi o simbolismo". *Páginas Íntimas e de Auto-Interpretação*, p. 126. Podemos aproximá-lo do decadentismo, devido à sua exacerbação das sensações mórbidas, através de uma decomposição espectral das imagens, metáforas e símbolos. A sua influência exerceu-se sobretudo sobre os poetas menores de *Orpheu*, como A. Cortes-Rodrigues e Alfredo Guisado, além de Mário de Sá-Carneiro.
41. *Páginas Íntimas e de Auto-Interpretação*, p. 126.
42. *Idem*, p. 187.
43. *Idem*, p. 186.

A ambição de Pessoa é, de fato, a de elaborar, a partir do sensacionismo, uma teoria da arte que lhe possa permitir distingui-la da ciência e da filosofia: "Perguntando qual o fim da arte, o sensacionismo constata que ele não pode ser a organização das sensações do exterior, porque esse é o fim da ciência; nem a organização das sensações vindas do interior, porque esse é o fim da filosofia"[44]. Numa palavra: a arte é nada menos nada mais do que "uma tentativa de criar uma realidade inteiramente diferente daquela que as sensações aparentemente do exterior e as sensações aparentemente do interior nos sugerem"[45]. Isto é: um objeto e um sujeito ontologicamente outros.

O sensacionismo só encontra, portanto, toda a sua fecundidade nas obras múltiplas dos heterônimos. Cada um ilustra, na sua poesia plural (e nos textos teóricos e críticos que constituem a sua metalinguagem), um dos diferentes aspectos dessa corrente. Pessoa quer inventar, por si só, o que chama ambiciosamente uma "época literária", com inúmeras tendências. E assim se estabelece uma ramificação de veios de sensacionismo, a partir de um tronco comum. Se Caeiro é o "sensacionista puro e absoluto", à procura da "sensação das coisas tais como são", Álvaro de Campos, "filho indisciplinado da sensação" que é, persegue antes as "coisas tais como são sentidas". Ricardo Reis, esse, encontra na disciplina do classicismo um equilíbrio das duas atitudes, que o seu neopaganismo – teorizado por Antônio Mora – lhe permitirá reencontrar. E assim por diante.

Com efeito, o paganismo, devido à pluralidade do ser que afirma, através do politeísmo, não podia deixar de convir à diversidade do sensacionismo dos heterônimos: é perfeitamente natural que se torne a "religião sensacionista"[46]. E é portanto com razão que Álvaro de Campos o alarga ao conjunto dos membros do movimento. A explica-

---

44. *Idem*, p. 190.
45. *Idem*, p. 191.
46. Comparando o sensacionismo a uma religião, Pessoa afirma

ção de o "Regresso dos Deuses" se ter dado numa "província de Portugal" (e não alhures) dever-se-ia ao pluralismo religioso que caracteriza a civilização portuguesa, antes da decadência que lhe teria reservado o "cristismo": daí o cruzamento cristão-muçulmano (seria necessário acrescentar aqui o elemento judeu) dos primeiros tempos da nacionalidade.

A alergia ao catolicismo, senão ao cristianismo, sempre presente em Pessoa – ele define-se no fim da sua vida como um "cristão gnóstico" e portanto inteiramente "contra todas as Igrejas organizadas, e sobretudo contra a Igreja de Roma"[47]– não faz mais do que libertar a sua religiosidade latente, a fim de que o esoterismo venha preencher o espaço aberto à multiplicidade dos deuses. A distância progressivamente tomada relativamente aos *ismos* de *Orpheu* é, em todo o caso, justificada por Pessoa, numa carta a A. Cortes-Rodrigues, pela falta de dimensão religiosa e metafísica desses movimentos, ao contrário do que se passava nele próprio, no momento da criação heteronímica: "Por isso é sério tudo o que escrevi sob os nomes de Caeiro, Reis, Álvaro de Campos. Em qualquer deles pus um profundo conceito da vida, diverso em todos três, mas em todos gravemente atento à importância misteriosa de existir. E por isso não são sérios os *Paúis*, nem o seria o *Manifesto* interseccionista de que uma vez lhe li trechos desconexos"[48].

Este texto de janeiro de 1915 mostra claramente como se abre uma brecha entre Pessoa e os seus companheiros de geração, precisamente no momento em que acabara de se deixar arrastar para manifestações provocatórias de vanguarda, visando "chocar" esses "lepidópteros burgueses"

---

ainda que "Ricardo Reis é o espírito religioso normal dessa fé, Caeiro o místico puro, Álvaro de Campos o excessivamente ritualista". *Páginas Íntimas e de Auto-Interpretação*, p. 351.

47. Cf. JOÃO GASPAR SIMÕES, *Vida e Obra de Fernando Pessoas*, vol. II, p. 362. Trata-se de uma nota bibliográfica escrita por Pessoa em 30 de março de 1935, no ano portanto da sua morte.

48. *Cartas a Armando Cortes-Rodrigues*, p. 76.

que tanto obcecam a sensibilidade de Sá-Carneiro[49]. Esses mesmos burgueses de Portugal, sobre os quais Almada Negreiro escreverá que eles têm qualquer coisa pior do que os outros: "o serem portugueses"[50]. Será já de longe, e com desprendimento, que o poeta dos heterônimos seguirá, mais tarde, as metamorfoses do futurismo. Deixará a Álvaro de Campos (Caeiro morrera em 1915 e Ricardo Reis dedicava-se inteiramente ao seu neoclassicismo horaciano) o cuidado de o representar nas páginas de *Portugal Futurista*, com o seu *Ultimatun*. Mas, se virmos bem, a proclamação mais importante deste manifesto é a da abolição dos dogmas da "personalidade", da "individualidade" e do "objetivismo pessoal", com o resultado sintético final, em arte, da "substituição da expressão de uma época por trinta ou quarenta poetas, por a sua expressão por (por ex.) dois poetas cada um com quinze ou vinte personalidades, cada uma dos quais seja uma média entre correntes sociais do momento"[51]. Ainda uma justificação dos heterônimos, sob a aparência de uma diatribe futurista, com ressaibos nietzschianos. É que o futurismo estava para ele datado: a *Ode Triunfal* ("a única coisa que se aproxima do futurismo", segundo o próprio Campos) fora escrita em 1914 e publicada no 1º número de *Orpheu*. Mais do que "marinettismo" de escola[52], a poética de Álvaro de Campos parece, de resto, relevar diretamente do sensacionismo e da estética não-aristotélica, que teorizará na revista *Athena*. E depois dessa última sobrevivência de *Orpheu*, que em breve *Presença* tentará substituir, Pessoa retira-se da peleja, para

---

49. Pessoa, por outro lado, confessa a Cortes-Rodrigues que já não tem "a ambição grosseira de brilhar por brilhar, e essa outra, grosseiríssima, e de plebeísmo artístico insuportável, de querer *épater*". *Idem*, p. 73.
50. "A Cena do Ódio", *Orpheu 3*.
51. In *Portugal Futurista*.
52. Não se deve esquecer o soneto de Campos, "Marinetti, acadêmico, onde ironiza sobre o arrivismo dos chefes-de-fila dos movimentos vanguardistas: "Lá chegam todos". *Obra Poética*, p.415.

empreender os planos sucessivos e inacabados de publicação dos textos dos heterônimos, projeto após projeto, embora não chegasse a dar à luz senão um livro, *Mensagem*, onde as tendências nele dominantes encontrarão expressão, através do simbolismo profético do sebastianismo e do Quinto Império.

Ao lado desta viagem transcendental no simbólico, empreendida poeticamente por Fernando Pessoa, quais haveriam de ser as órbitas percorridas por aqueles que ele submeteu às suas leis de atração múltiplas, para sempre se afastar delas cada vez mais? Pode dizer-se que a amizade com Sá-Carneiro, seu verdadeiro *alter ego*, foi um dos segredos da conjunção astral de *Orpheu*:

> Como nós éramos só um, falando! Nós
> Éramos como um diálogo numa alma[53],

escreverá Pessoa em 1934, muito tempo depois da sua morte. A complementaridade da oposição que se estabelece entre os dois poetas, o primeiro sempre em vias de ser um outro ele-mesmo, o segundo incapaz ao mesmo tempo de identidade e de alteridade[54], parece ter permitido este duplo processo de aproximação e de distanciação, propício a uma relação criadora, tanto no plano de uma escrita como no de uma leitura reciprocamente implicadas, que a sua correspondência testemunha. Se Mário e Sá-Carneiro transmite a Pessoa as suas primeiras impressões parisienses, oriundas de uma sensibilidade hipervibrátil, elas são-lhe devolvidas em seguida já mediatizadas pelas reflexões daquele que escreveu um dia: "O que em mim sente 'stá pensando". Do ponto de vista que aqui nos interessa, pudemos observar como a atração do poeta expatriado pelas vanguardas européias, devido a um resto de provincianis-

---

53. *Obra Poética*, p. 583.
54. Cf. os célebres versos de Sá-Carneiro: "Eu não sou eu nem sou o outro, / Sou qualquer coisa de intermédio", in *Poesias*, Lisboa, s. d., p. 94.

mo mal dissolvido[55], era filtrada e até contrariada pelas sugestões recebidas das experiências e das proposições estéticas de Pessoa: o "paulismo", por exemplo, suscita nele mais entusiasmo do que o futurismo.

É verdade que a poesia de Sá-Carneiro, como a sua obra de ficção em prosa, está, em certos aspectos, mais próxima do pós-simbolismo e do decadentismo *fin-de-siècle* do que as novas correntes a que adere. É com razão que Pessoa designa, por exemplo, o poema *Manucure*, incluído em *Orpheu 2*, de "semifuturista": trata-se mais de um ensaio poético de mimetismo formal do que de uma verdadeira incorporação do verso livre e das outras audácias prosódicas (e tipográficas) a que recorre. O que não impede que, por outras razões, nos poemas aparentemente menos inovadores, o seu modernismo possa explodir através da metamorfose alquímica da linguagem que realiza, tanto no plano metafórico como no plano metonímico do discurso. Mário de Sá-Carneiro é, por isso mesmo, na sua trajetória meteórica de poeta maldito, uma figura predestinada de *Orpheu*, que só a morte surpreende no levantar do seu vôo, a que faltou sempre um "golpe de asa".

Mas a aventura órfica não seria de modo algum esse arco estendido entre o passado e o futuro, de que Pessoa soube segurar as duas pontas, e de que Sá-Carneiro foi a vítima esquartejada, se não estivesse apontada para o futuro: é Almada Negreiros quem o encarna. Dir-se-ia que, no meio das contradições diceradas das gerações *fin-de-siècle*, repercutidas ainda na geração de *Orpheu*, uma voz se eleva de súbito para afirmar sem rodeios o advento do novo: fazendo tábua rasa de quaisquer heranças, essa voz

---

55. Fernando Pessoa, quanto a ele, não tendo jamais deixado Portugal, depois do seu regresso de África, não se coibiria de observar a Sá-Carneiro: "V. é europeu e civilizado, salvo em uma coisa, e nessa V. é vítima da educação portuguesa. V. admira Paris e as grandes cidades. Se V. tivesse sido educado no estrangeiro, e sob o influxo de uma grande cultura européia, como eu, não daria pelas grandes cidades. Estavam todas dentro de si". *Páginas de Doutrina Estética*, p. 182.

anuncia a "geração portuguesa do século XX", que quer "criar uma nova pátria inteiramente portuguesa e inteiramente atual, prescindindo em absoluto de todas as épocas precedentes". Já não é entre as "gerações revolucionárias" que Almada se situa: ele apresenta-se, desde o começo, como porta-voz de uma "geração construtiva". É bem o futurismo que, sem hesitações, lhe convém, indo além das reticências de Pessoa ou Sá-Carneiro. O significado do seu *Ultimatum Futurista*, apesar das semelhanças de tom, não é, a este respeito, exatamente o mesmo que o de Álvaro de Campos. Os seus destinatários também não: um dirige-se aos portugueses concebidos, como ele, "no ventre da sensibilidade européia" prestes a nascer, o outro aos "mandarins" de uma Europa prestes a morrer. A decadência não interessa mais a Almada: constata-a para logo não ver nela senão aquilo que a nega, emergindo positivamente e com violência das suas entranhas. Tomando como metáfora de choque a "guerra" (então bem atual nos seus efeitos, mesmo para Portugal), ele apresenta-a como "a grande experiência" a fazer: "No *front* está concentrada toda a Europa e portanto a Civilização atual". Não é, contudo, apenas a destruição que, para ele, a guerra simboliza[56]. Mas antes de tudo o acordar de "todo o espírito de criação e de construção". Contrariamente, para Álvaro de Campos, a guerra era apenas uma referência desprezível para a sua geração: "Há mais imprevisto e interesse em *Orpheu* do que na presente guerra". Esta atitude simetricamente oposta face a uma mesma metáfora-símbolo pode servir de paradigma das diferenças que separam o heterônimo mais "futurista" de Pessoa do futurismo propriamente dito de Almada Negreiros.

Ao nível da agitação e do terrorismo de vanguarda, Almada foi todavia, e apesar do seu projeto "construtivo", o

---

56. In *Portugal Futurista*. Trata-se de um *leitmotiv* marinettiano. Mas não se deve tomar o termo "guerra" no seu sentido denotativo e referencial, sob pena de cometer um contra-senso. É de uma metáfora que se trata.

maior destruidor dos símbolos do academismo oficial (Cf. *Manifesto anti-Dantas*[57]), bem como da mentalidade burguesa e pequeno-burguesa dominantes: "E vivo hoje no século XX / vendo desfilar os burgueses / trezentos e sessenta e cinco vezes por ano" – escreve ele em *A Cena do Ódio*, um dos seus melhores poemas, que é uma diatribe contra todos os estigmas do português médio, onde parodia, misturando o humor à irrisão, os estereótipos e as alienações da linguagem nacional, para liberar a língua.

Na verdade, é sobretudo no plano da língua que Almada se nos apresenta como um dos primeiros a inaugurar a literatura portuguesa do século XX (seja na "prosa" seja na "poesia"[58], desvinculando-a de todos os códigos, censuras e mitologias sociais e históricas, e abrindo-a a uma polissemia do significante através da escrita: "Nenhum português realizou ainda o verdadeiro valor da língua portuguesa... Porque Portugal, a dormir desde Camões, ainda não sabe o novo significado das palavras"[59].

Eis, enfim, o desejo sempre latente da geração de *Orpheu*: "dar – como o desejava Mallarmé – um sentido mais puro às palavras da tribo"[60]. Só uma revolução, entretanto, podia saciá-la: insaciá-la. Essa revolução, esse retorno eterno, foi simultaneamente um salto para a frente e para trás, nessa longa marcha em direção ao "futuro do passado", de que falava Pessoa. Todo ele votado aos cantos da sua lira, do fundo da sua voz, *Orpheu* sabe bem que "não pode salvar quem ama senão pela renúncia" – mas "vol-

---

57. Cf. *O Movimento Futurista em Portugal*, p. 75.

58. Uma das subversões levadas a cabo pela geração de *Orpheu* foi a de pôr em questão as fronteiras entre a poesia e a prosa, tanto por Almada Negreiros como por Sá-Carneiro e Pessoa, cuja poética é arquitextualmente pangenérica.

59. *Ultimatum Futurista às Gerações Portuguesas do Século XX*, p. 75.

60. "Le Tombeau d'Edgar Poe" in *Oeuvres Complètes*, Paris, 1945, p. 70.

ta-se mesmo assim um pouco"[61]. Ressuscitando, passo a passo, o objeto e o sujeito do seu desejo: a língua originária, a multiplicar-se em línguas, heteronimicamente geradas.

---

61. ROLAND BARTHES, *Le Degré Zéro de l'Ecriture*, Paris, 1954, p. 108.

4. *ORPHEU 3*

Que destino trágico, de que a liberdade é face (a outra, a máscara), marcou com um número iniciático e fatal a história deste *Orpheu* mítico? Dir-se-ia que, adiando um olhar derradeiro sobre Eurídice, ele se interditou e ao mesmo tempo assumiu, diferindo-a, a própria morte, inscrevendo o infinito no finito. Por isso, no momento de cumprirmos enfim (em fim?), de reincidência em reincidência, esse destino irrevogável, não podemos deixar de lhe correr o risco e a pena, indefinidamente suspensa.

Ao anunciar o aparecimento de *Orpheu*, numa carta a Armando Cortes-Rodrigues, de 4 de março de 1915, escrevia Fernando Pessoa: "Temos que *firmar* esta revista, porque ela é a ponte por onde a nossa Alma passa para o futuro". E formulava, então, um desejo inseguro: "Vamos a ver se conseguimos agüentar a revista até, pelo menos, ao 4º número, para que ao menos um volume fique formado".

Não chegou *Orpheu*, em vida sua, até ao 3º número, e, mesmo que tivesse chegado – qual agora se consuma –, ao 4.º não arribaria, por certo. Disso teve Mário de Sá-Carneiro o pressentimento, ao anunciar a Pessoa, em carta de 13 de setembro de 1915, a sua desistência da revista, quando já caminhava para o suicídio inexorável: "Sirva-lhe de consolo, meu querido amigo, o seguinte: que quando saiu o nº 2 eu lhe disse logo para não contarmos com o 3 – que se este saísse o 4 era impossível sem dúvida – fosse como fosse". Isso nos autoriza, publicando agora o *Orpheu 3*, a deixar ainda sem fim o projeto, esquivando-nos porventura ao seu *fatum*...

Sabe-se como, publicado em junho de 1915 o 2º número da revista que com Pessoa fundara e de que passara com ele a ser diretor – só simbolicamente tendo Luís de Montalvor e Ronald de Carvalho dirigido o 1º –, Mário de Sá-Carneiro partira precipitadamente (e quase clandestinamente) para Paris, aperreado pela dívida na tipografia, que o pai teria que pagar, com toda a carga de culpabilidade do filho... Durante a viagem, e depois de ter chegado, vemo-lo multiplicar-se em missivas a Pessoa, sempre com cuidados e projetos sobre o *Orpheu 3*. Assim, em 10 de agosto de 1915, eufórico, escrevia ele: "Agora o que precisa começar a preocupar-nos é o nº 3 – materialmente e *sumariamente*". E lá vem o sumário desse número, que aliás corresponde em parte ao que viria a ser a sua estrutura, pelo menos no que respeita à colaboração do trio central da revista: de Pessoa refere Sá-Carneiro, entre outros textos, o "Além-Deus", e de Almada Negreiros "A Cena do Ódio", sem falar dos seus próprios poemas, sobre que hesitava, mas que seriam as "Sete Canções do Declínio". E em 23 do mesmo mês ele insistia, voltando à carga em 31, com novos pormenores, que ajudam a reconstituir os projetos sucessivos de *Orpheu 3*, alguns prevendo colaboradores desconhecidos e depois abandonados: por exemplo, um tal Numa de Figueiredo (*"preto português* escrevendo em *francês"*, "recorde do cosmopolitismo") e um tal Antônio Bossa (autor de uma perversa "Pederastias"). Até o cálculo das páginas aí é feito, com um detalhe compulsivo.

Mas, sobretudo, a nostalgia incurável da revista perseguia Sá-Carneiro: "Que lindo *Orpheu 3* podíamos fazer! Que desgraça tudo isto!", desabafava ele em 18 de setembro, consumado já o seu abandono. *Orpheu* era, com efeito, ciosamente seu e de Pessoa: "O Orfeu é propriedade espiritual tanto minha como sua. Eu desisti da minha parte: *logo hoje* o Orfeu é propriedade exclusiva de você, Fernando Pessoa – que se encontra ser assim atualmente o seu único árbitro", precisava, em linguagem obsessivamente jurídica, Sá-Carneiro, em 2 de outubro. Tratava-se, sobretudo, de se opor a uma "malandrice genial" de Santa-Rita Pintor, que antes de publicar com Almada Negreiros o *Portugal Futurista*, em 1917, terá tentado apropriar-se do *Orpheu*, logo em 1915, servindo-se do subterfúgio do título de "3" para fazê-lo passar pelo nº 3 da revista, segundo se depreende das suspeitas de Sá-Carneiro: "Se porventura o 3 se fizer – o que apesar de tudo não creio – você ponha olho em que a numeração das páginas comece em 1 e em que os nossos nomes sejam seguidos das qualidades que indicamos" (diretores de *Orpheu*) – escrevia, previdentemente, em 16 de outubro, o poeta de *Dispersão* a Pessoa. Um seu comentário bastaria, para ver tudo o que o separava do agitador futurista: "Santa-Rita *maître* do Orfeu acho pior que a morte".

E a morte, essa sim, veio, foi vindo, até se consumar, em 26 de abril de 1916, com o seu suicídio, várias vezes anunciado e prenunciado, até nos seus poemas. Não sem que, nas peripécias trágico-cômicas antecedentes, o nome do *Orpheu* deixasse de aparecer ainda, como no célebre episódio que levou a amante de Sá-Carneiro, desesperada, ao Consulado de Portugal em Paris, onde foi apodado oficialmente de "détraqué"... Derradeira homenagem dos "lepidópteros"!

Orpheu estava, entretanto, como escreveria Fernando Pessoa em carta a João Gaspar Simões, de 26 de outubro de 1930, "frustrado de cima". O que não impediu que a sua publicação tivesse sido por várias vezes tentada, como na mesma carta reconhece, ao falar dos poemas de "Além-Deus" como tendo chegado a ser "impressos" para um 3º número. Já em carta de 4 de setembro de 1916, a Armando Cortes-Rodrigues, Pessoa anunciara a saída desse número, em que pensara, entre outros, incluir poemas de Camilo Pessanha, como aí se refere e o confirma uma carta endereçada ao poeta exilado em Macau. De resto, Pessoa, num prefácio escrito para uma antologia de poetas sensacionistas, pela mesma altura, cita *Orpheu* como tendo tido já 3 números publicados...

A última, e falhada, tentativa de o dar à luz data, porém, de 1935, ano da morte de Pessoa, vindo anunciada nos "cadernos de Almada Negreiros", intitulados *SW (Sudoeste)*: "Brevemente *Orpheu 3*", lê-se ao fundo duma página, numa espécie de tarjeta publicitária. Exatamente no nº 3 desses cadernos, em que Fernando Pessoa insere uma nota sobre "Nós os de *Orpheu*", que termina sibilinamente: "*Orpheu* acabou. *Orpheu* continua". O que não é mais do que uma réplica dialógica ao que Sá-Carneiro escrevera, em carta de 25 de setembro de 1915: "O Orfeu *não acabou*. De qualquer maneira, em qualquer 'tempo' há-de continuar". Pelo menos, como diria Fernando Pessoa num poema à sua memória, de 1934, "nesse número de *Orpheu* que há de ser feito com rosas e estrelas em um mundo novo".

Em qualquer tempo... Em um mundo novo... Esse número sem número, que o número 3 simboliza, ucrônico, utópico, não tem lugar nem tempo, senão infinitos. Mas, mesmo assim, o destino exigia que dele ficasse um rasto finito, nas provas tipográficas (ou "folhas impressas") que, por caminhos ínvios, foram parar às mãos de dois poetas da *Presença*, Adolfo Casais Monteiro e Alberto de Serpa. Do jogo incompleto de umas, descobertas entre os papéis de Pessoa, publicou o autor de Vôo sem *Pássaro Dentro*, em

1953, uma pequena parte, constituída pelos poemas do ortônimo e de um heterônimo mal conhecido, C. Pacheco, que à pluralidade da escrita pessoana acrescentava uma nova linguagem (um entrelaçamento de linguagens) onde uma diferente estranheza se lê. Quanto ao conjunto das outras, esse sim pelo menos aparentemente completo, encontrou-se finalmente nas mãos de Serpa, que as conseguiu desencantar, com a sua arguta intuição de colecionador de raridades poéticas. "Malhas que o Império tece", escreveu ele, parafraseando Pessoa... É à sua generosidade que agora se deve esta edição fac-similada, sob os auspícios da *Nova Renascença*, a cujos cuidados a quis confiar, depois de ter depositado na Biblioteca Pública Municipal do Porto a fotocópia do exemplar em sua posse, para consulta dos estudiosos.

Numeradas de 165 a 228 – dado que o nº 3 se inseria dentro do "Vol. I" da revista, concebida por Pessoa como uma espécie de livro geracionalmente emblemático –, estas páginas aí ficam, tais quais, na sua literalidade heterográfica. Ligeiras discrepâncias de pontuação e de ortografia, relativamente ao texto editado por Casais Monteiro, que diz ter respeitado a grafia do que chama "folhas impressas", poderão resultar eventualmente de duas fases diferentes de composição ou revisão. Também variam as versões de textos publicados alhures (como por exemplo *Gládio*, de Fernando Pessoa, saído em *Athena 3*, ou *Serradura*, de Mário de Sá-Carneiro, inserido em *SW 3* – sempre o número fatídico!). Há, desses avatares, todo um recenseamento a fazer, numa perspectiva poiética.

A máscara "definitiva" de *Orpheu 3*, relativamente aos seus sucessivos projetos, foi-se assim modelando, de diferimento em diferença. Embora algumas das antevisões com que "sumariamente" sonhara Mário de Sá-Carneiro se mantenham, sobretudo, como vimos, no que respeita às três figuras nucleares, o que é certo é que algumas outras foram ficando pelo caminho, como se *Orpheu* estivesse condenado a progressivamente "se outrar", como diria Pessoa. Condição dramática e poética entre todas...

Faltam, desde logo, os *hors-textes* de Amadeo de Souza Cardoso, que Pessoa anunciou em setembro de 1916 a Armando Cortes-Rodrigues, e que, tanto ou mais que os de Santa-Rita Pintor, no *Orpheu 2*, dariam um tom plasticamente moderno à folha poética. Também não aparece o "velho e infeliz amigo" Álvaro de Campos, substituído por um C. Pacheco onde vêm confluir, intertextualmente, os vários heterônimos pessoanos. Se Albino de Menezes está presente, com os seus arabescos estilísticos preciosistas e estetizantes, de um requinte rebuscado, não há vestígios de Numa de Figueiredo e de Antônio Bossa, aventados por Mário de Sá-Carneiro, nem de Carlos Parreira, anunciado por Fernando Pessoa a Cortes-Rodrigues. Em vez desses ausentes surgem Augusto Ferreira Gomes, com um texto matizado de sutilezas místico-eróticas, D. Thomas de Almeida, com um para-poema de fatura versilivrista, e Castello de Moraes, com as suas variações emblemático-heráldicas, a prolongar ecos do decadentismo-simbolismo, que *Orpheu* sempre quis repercutir, numa continuidade subjacente às rupturas modernistas. A *traditio* e a *revolutio*.

Mas o texto de resistência de *Orpheu 3*, que ficará a assinalá-lo como precursor de *Portugal Futurista*, é sem dúvida a célebre *Scena do Odio*, de Almada Negreiros, autêntica pedrada no charco da mediocridade nacional (e nacionalista) pelo seu inconformismo libérrimo, vazado em versos acerados, com uma gama de registros que a tornam uma *performance* de linguagens, onde o dialogismo paródico atinge momentos de grande criatividade lingüística e poética. A arte como "estratagema" para a poesia.

Do Pessoa esotérico, brandindo o *Gládio*, "cheio de Deus", mas sempre "Além-Deus", dá-nos *Orpheu 3* um políptico, onde o mistério roça ao mesmo tempo o inefável e o dizível, num abismo infinito: "Deus é um grande Intervallo,/Mas entre quê e quê?.../Entre o que digo e o que calo/Existo? Quem é que me vê?". Raramente essa margem abissal foi pelo poeta mais de perto (ou de longe) aflorada. E é C. Pacheco, para além, já não de Deus, mas "doutro oceano", quem busca, na esteira de Alberto Caeiro, na nitidez que marca, na linguagem, a "indecisão das palavras" e do "ser", poetodramaticamente encenada.

De Mário de Sá-Carneiro ficar-nos-iam, num *requiem* elegíaco, o "Poemas de Paris", onde o vemos descer, aos "pinotes", a "Escada de Oiro" de que não restam senão os "indícios" finais. Longo espasmo para a morte, esses e os outros poemas de *Orpheu 3* traçam-nos, na sua referencialidade rarefeita, a evanescer, o percurso terminal do poeta, nesse Paris da sua "ternura", onde deixou o "rastro" da sua "Obra". Eles são pontuados pelas datas que nas cartas correspondem ao abandono do projeto órfico, como se, cansado de avançar, volvesse sobre Eurídice um último olhar mortal. "E a Cor na minha Obra o que restou do encanto...".

"*Orpheu* acabou"... "Orfeu não acabou"... "*Orpheu* continua"... Deste diálogo entre a morte e a vida, entre Eros e Tânatos, que Sá-Carneiro e Pessoa travaram, poeticamente, testemunha o texto de *Orpheu 3*, numa eterna "Nova Renascença", *ad infinitum*.

5. DE *ORPHEU* A *PORTUGAL FUTURISTA* OU OS AVATARES DO FUTURISMO EM PORTUGAL

Se quiséssemos datar pela simples cronologia a penetração do futurismo em Portugal, sem ter em conta a falsa linearidade de que por vezes se recobrem as sinuosidades complexas da temporalidade literária, diríamos que o nosso país foi dos mais precoces em repercutir os ecos do retumbante *Manifesto* com que, em 20 de fevereiro de 1909, no *Fígaro* de Paris, Filippo Tommaso Marinetti lançou *urbi et orbi* o movimento que o tornaria uma figura carismática das vanguardas deste século – e, isso, mesmo se hoje sabemos ter já então menos futuro do que, por excesso de nominalismo, futurava. O certo é que menos de seis meses após a sua consagração batismal parisiense aquele texto fundador era transcrito, imagine-se, não na nossa provinciana capital, mas nas ilhas atlânticas, aparentemente precipitado numa nova aventura marítima: o *Diário dos Açores* de 5 de agosto de 1909, ao publicá-lo juntamente com uma entrevista do autor, na tradução de um curioso poeta de nome Bicudo, tornava-se a ponta avançada – geográfica, entenda-se de uma Europa de que só com Pessoa Portugal haveria de ser o "rosto" mítico, fitando o "futuro", sim, mas "do passado". Sintomaticamente, essa celeridade fruste era bem própria não apenas da "dinâmica" futurista, "sempre um bocado italiana", como acerca de Marinetti ironizaria Álvaro de Campos, mas de um povo como o português, assim caricaturado pelo poeta num dos seus paradoxos: "move-se tão rapidamente que deixa tudo por fazer, incluindo ir depressa"[1].

O acontecimento, entretanto, não fez tremer as ilhas, que estavam longe de ser o epicentro de qualquer terremoto que abalasse literária ou culturalmente uma Lisboa toda ocupada a preparar uma revolução política, para o ano seguinte. Só por 1912, quando já o futurismo, numa fulgurante propagação, assumindo como movimento estético aquela "beleza da velocidade" que Marinetti glorificara no seu primeiro manifesto, ganhava uma dimensão internacional, após ter-se firmado como base de apoio no seu santuário italiano, é que de novo as suas ondas magnéticas chegariam até nós, emitidas de Paris por um núcleo de artistas, escritores e aventureiros que uma conjunção propícia aí reunira. Os manifestos e as manifestações tinham-se sucedido, numa guerra permanente e ofensiva, em que os futuristas disputavam aos cubistas, que os tinham precedido de pouco, a ousadia das experiências de vanguarda: assim, o *Manifesto dos Pintores Futuristas*, de Milão a Turim, marcara o ano de 1910, com a adesão de Boccioni, Carrà, Balla, Severini e outros aos pressupostos de uma ruptura radical com a arte passadista, que põe em causa todas as

---

1. *Páginas Íntimas e de Auto-Interpretação*, Lisboa, s. d., p. 152.

formas acadêmicas da representação e da mímesis, desde o retrato ao nu, consagrando a desintegração do espaço através do movimento e da luz, segundo o princípio de um "dinamismo universal". À pintura seguira-se a música, em 1911, libertando-se dos modelos e gostos canônicos, na ópera, por exemplo. E no ano seguinte era a vez da escultura, que se propunha "modelar a atmosfera que circunda as coisas", descobrindo "novas idéias plásticas". Cada vez mais imbuída pela atração da civilização industrial, a estética futurista valoriza paradigmaticamente a técnica: daí o *Manifesto Técnico da Literatura Futurista*, de 1912, em que Marinetti se visualiza "sentado em cima do cilindro da gasolina de um aeroplano".

No plano da linguagem, os futuristas são levados a descobrir "a inanidade ridícula da velha sintaxe herdada de Homero". Com a sintaxe é também a morfologia que deve ser destruída, abolindo-se o adjetivo, o advérbio, as próprias desinências do verbo, para não restar senão este no infinito, ao lado do substantivo, de modo a chegar-se às "palavras em liberdade", sem ordem nem pontuação, o que implica até a "morte do verso livre", suspeito ele próprio de canalizar artificialmente "a corrente da emoção lírica entre a muralha da sintaxe e os tapumes gramaticais": em suma, à época da telegrafia sem fios devia corresponder o que Marinetti chama a "imaginação sem fios", isto é, "a liberdade absoluta das imagens ou analogias, expressas com palavras soltas". Assim se consuma a destruição da velha literatura: a guerra que os Românticos tinham feito à Retórica, salvando porém a sintaxe, que os simbolistas ainda exaltam – veja-se um Mallarmé –, é agora alargada a toda a linguagem, num niilismo cujos acentos nietzchianos se podem ler. "Única higiene do mundo", na frase de Marinetti, a guerra fora aliás exaltada a todos os níveis pelo manifesto inicial do movimento. E de fato a guerra aproxima-se, não apenas na literatura e na arte mas nos campos de batalha, que iriam atrair os futuristas. Que admira também que a política, sob as suas formas extremistas, fossem elas as do fascismo na Itália ou as do comunismo na Rússia, as solicitasse como contraponto do vanguardismo estético?

Paralelamente ao futurismo, o cubismo ia também, desde 1907, mas sobretudo com o seu triunfo no Salão dos Independentes de 1911, revolucionando as artes plásticas, e a partir destas a poesia. Com pressupostos e incidências diversas, que os autonomizam e separam, um pondo o acento tônico na exacerbação do movimento, o outro na multidimensionalidade do espaço, ambos se entrecruzam, entretanto, em certos escritores, como por exemplo Apollinaire, pela exploração comum da desconstrução e da reconstrução das formas. Dinamismo e estatismo, eis os dois pólos complementares de uma crise que se exprime na ruptura com as concepções do mundo dominantes, em termos de temporalidade e de espacialidade.

É nessa atmosfera algo ambígua e confusa para os não advertidos que vêm a encontrar-se, no Paris de 1912, um artista e um pintor portugueses de idiossincrasias estranhas, em que se misturam a atração e a repulsão mútuas: Santa-Rita Pintor e Mário de Sá-Carneiro. Eles irão tornar-se, consciente ou inconscientemente, os catalisadores de uma aventura que levará a dois momentos decisivos do nosso modernismo: *Orpheu* e *Portugal Futurista*. Bolseiro *raté* de Belas-Artes, Santa-Rita era já freqüentador dos meios literários de vanguarda, além dos ambientes boêmios e dissolutos adjacentes. Meio sério meio *blagueur*, insinuava-se como iniciado no futurismo e nele queria iniciar por sua vez o Amigo, estudante de Direito e escritor já publicado, que Paris seduzia pelos requintes estéticos, mas que ficara ligado umbilicalmente aos meios literários de Lisboa, entre pós-simbolistas e proto-modernistas, mantendo uma correspondência íntima com um seu *alter ego* de geração: nada mais nada menos que Fernando Pessoa[2]. É através dessa correspondência que temos o testemunho das ligações de Santa-Rita Pintor com os meios futuristas, senão com o próprio Marinetti, a cuja primeira conferência em Paris diz ter assistido.

---

2. Cf. *Cartas a Fernando Pessoa*, 2 vols., Lisboa, 1958.

Assim, numa carta datada de 16 de novembro de 1912, Sá-Carneiro refere este episódio passado com Santa-Rita: "...Tem coisas como esta: num café apresenta-me a um conhecido como *operário futurista*. Ele diz-se pintor futurista e conta ao seu interlocutor que os futuristas não pintam, que quem faz os quadros são operários como eu!!!". Para lá do anedótico, há aqui algo do ambiente que circundava os artistas futuristas. Não terá Santa-Rita querido glosar, à sua maneira, traduzindo-a em linguagem de café, uma passagem do *Manifesto da Pintura Futurista*, em que se diz que "para pintar uma figura não é preciso *fazê-la*: é preciso fazer-lhe a atmosfera"? Como quer que seja, com *blague* ou sem *blague*, Santa-Rita parece ter sido de certo modo coerente com a sua *boutade*, pois não deixou obra que se visse, dizendo-se que mandou destruir quase todos os poucos quadros que pintou antes de morrer. A sua obra terá sido, acaso, a sua vida.

Mas se Santa-Rita se apresenta como futurista umas vezes, outras faz-se passar por simpatizante do cubismo, como Sá-Carneiro releva em carta de 3 de dezembro do mesmo ano:

> Dos artistas de hoje [...] apenas tem culto por um literato cubista, Max Jacob, que ninguém conhece, e publicou dois livros em tiragens de cem exemplares. A primeira pessoa que não leu esses livros é ele [...]. Mas é genial!... porque é cubista... Picturalmente a sua grande admiração vai para o chefe da escola, Picasso.

Repare-se: apesar de se mostrar desconhecedor de um poeta, que de fato, ao lado de Apollinaire, foi um dos que melhor assumiram as relações com a pintura cubista, Mário de Sá-Carneiro intui perfeitamente a incongruência de Santa-Rita, ou mesmo o que suspeita ser uma *fumisterie*. E lá volta ele com a observação acerca da mania do amigo:

> Em resumo: no artista o que menos lhe parece importar é a obra. O que acima de tudo lhe importa são os seus gestos, os seus fatos, as suas atitudes. Assim, não usa *relógio* porque os artistas não usam relógio... .

Afastando-se pouco a pouco de Santa-Rita, que continua a alardear a sua qualidade de mandatário de Marinetti, por quem diz ter sido encarregado de traduzir os manifestos, Mário de Sá-Caneiro vai-se pouco a pouco familiarizando com as estéticas de vanguarda, mesmo se lhes não compreende as obras. É o que revela numa das suas cartas: "...Confesso-lhe, meu caro Pessoa, que, *sem estar doido*, eu acredito no cubismo. Quero dizer: acredito no cubismo, mas não nos quadros dos cubistas até hoje executados". Dessa crença são penhor, segundo ele, os trabalhos "ante-cubistas" de Picasso, por exemplo: "Eu não posso crer – diz ele – que este grande artista hoje se transformasse num simples *blagueur* que borra curvas picarescas e por baixo escreve: O *violinista*". Se, enquanto poeta, Sá-Carneiro permanece um pós-simbolista, como o não haveriam de atrair os quadros pós-impressionistas do pintor espanhol? Mas atrás da crença reafirmada no cubismo não estará ele a dar a Pessoa uma pista que levará o poeta dos heterônimos ao interseccionismo, como veremos que o futurismo o conduz ao sensacionismo?

Mais atento, poeticamente, às experiências originais que Pessoa vai prosseguindo, a partir dos ecos das novas estéticas que de Paris lhe faz chegar, Mário de Sá-Carneiro só se dá por rendido ao futurismo quando, um dia, recebe um poema de Álvaro de Campos – a *Ode Triunfal* – que o reconcilia com Marinetti, até aí minimizado:

> Não tenho dúvida em assegurá-lo, meu Amigo – escreve ele com entusiasmo –, você acaba de escrever a obra-prima do futurismo. Porque apesar talvez de não pura, de não escolarmente futurista – o conjunto da ode é absolutamente futurista. Meu amigo, pelo menos a partir de agora Marinetti é um grande homem... porque todos o conhecem como o fundador do futurismo, e essa escola produziu a sua maravilha.

Se não é demasiado lisonjeiro para o chefe-de-fila de um movimento a que nunca aderirá totalmente, Mário de Sá-Carneiro, de que Pessoa um dia batizará um poema como "semifuturista", é-o já entretanto para um seu êmulo português, ainda por cima heterônimo. E Álvaro de Campos não deixará, numa carta a um jornal de Lisboa, em que repudia a acusação de futurista, a propósito do *Orpheu*, de abrir uma exceção justamente para a *Ode Triunfal*, que é segundo ele "a única coisa que se aproxima do futurismo", dentre as que escreveu. Mas para logo acentuar que ela se aproxima dele pelo "assunto" e não pela "forma", sendo que "em arte a forma de realizar é que caracteriza e distingue as correntes e as escolas". Pessoa retira assim ao futurismo, com uma mão, o que com a outra lhe quisera dar, até porque considera o sensacionismo, de que a *Ode Triunfal* é um espécimen, "muito mais original" do que quaisquer outros ismos, maiores ou menores. De fato, sob o pretexto de um canto à máquina, a ode não é mais do que um canto às sensações, no seu excesso de expressão poética. Já então as estéticas sensacionista e interseccionista se tinham sobreposto concomitantemente à gestação heteronímica, respectivamente ao futurismo e ao cubismo, de que Santa-Rita Pintor, num ecletismo indeciso, se fazia arauto.

Estava-se no ano de 1914, passado portanto esse ano charneira que, como feixe de intersecções, fora 1913[3]. A guerra aproximava-se e com ela o regresso de Sá-Carneiro a Lisboa. Santa-Rita, descendo também até Portugal, preparava-se para lançar, dizia ele, com procuração e tudo, os manifestos de Marinetti. Mas seria *Orpheu* que, na seqüência de vários projetos do grupo aglutinado à volta de Pessoa, iria acontecer, com a vinda do Brasil de Luís de Montalvor e a participação de outros abencerragens, desde Almada Negreiros, que o futurismo santarritano depois seduziria, até alguns poetas que prolongavam um pós-decadentismo e um simbolismo exacerbados, sob a influência do paulismo pessoano, poética intermediária entre o *fin-de-siècle* e os vanguardismos órficos. Nesse círculo de poetas, um havia que nas ilhas atlânticas, onde o futurismo um dia fora desaguar, se fixara: Armando Cortes-Rodrigues. Mas não era o mais seduzido pelos ismos retumbantes, tendo-o

---

3. Sobre a importância do ano de 1913 nas vanguardas européias, cf. *L'Année 1913 – Les Formes Esthétiques de l'Oeuvre d'Art à la Veille de la Première Guerre Mondiale*, sous la direction de L. BRION-GUERRY, 2 vols., Paris, 1971.

mesmo Pessoa escolhido para confidente da "insinceridade" que atribuía a essas manifestações estéticas circunstanciais, feitas para *épater* o "lepidóptero burguês", a que Sá-Carneiro tanto gostava de nas suas cartas aludir. O que mostra que o manifesto de Marinetti não terá deixado um rasto insular muito visível, desde esse já longínquo ano de 1909...

Orpheu, publicado em 1915, não seria, no seu primeiro número, de tonalidade futurista, apesar da *Ode Triunfal* nele figurar, mas equilibrada simetricamente pelos vestígios do decadentismo, que o paulismo mediatizara, sendo o sensacionismo/interseccionismo a marca futurante. Mas falar em futurismo a propósito de *Orpheu*, como escreve Campos numa carta já citada, seria "a coisa mais disparatada que se pode imaginar". Mais ainda, emenda o poeta: "englobar os colaboradores do *Orpheu* no futurismo é nem sequer saber dizer disparates, o que é lamentabilíssimo". Na verdade, explicita ele, se "a atitude principal do futurismo é a Objetividade Absoluta", sendo dinâmico e analítico por excelência, já no interseccionismo, que por sinédoque designa como o "nome do movimento português", o mais típico é "a subjetividade excessiva, a síntese levada ao máximo, o exagero da atitude estática". Prova disso: o "drama estático" *O Marinheiro*, simbiose aliás do teatro simbolista e da textualidade dramática interseccionista. De salientar que mesmo o colaborador que entre todos mais se iria aproximar do futurismo, Almada assinava apenas alguns "frizos" de prosa ingênua, em que ainda se não detectavam, nem de longe, as apóstrofes dos seus manifestos a vir. Manifestos cuja ausência no texto órfico é sintomática. Álvaro de Campos indicava, é certo, que no 2º número do Orpheu viria "colaboração realmente futurista". Mas acentuava que, se então se poderia "ver a diferença", esta seria "não literária, mas pictural", emanando de resto do corifeu do futurismo de escola, hetorodoxo embora: Santa-Rita Pintor.

Essa será, de fato, no grafismo de *Orpheu 2*, que contrasta pela sua modernidade com o de *Orpheu 1*, a inscrição mais visível, sem que no entanto deixemos de assinalar que os "quatro *hors-textes* duplos" – assim os apelida significativamente o artista – se aproximam mais aparentemente das colagens cubistas do que da pintura futurista. Santa-Rita não deixa, por mimetismo com a revista, certamente, de subintitular um deles "compenetração estática", enquanto outro é designado por "decomposição dinâmica", não faltando uma sintomática "síntese geometral" e uma referência ao "interseccionismo plástico". Um futurismo muito especial, na verdade... Quanto à colaboração literária, Almada está silenciosamente presente. E se é certo que Mário de Sá-Carneiro, por contraposição à predominância da tônica pós-simbolista dos *Indícios de Oiro* do primeiro número, apresenta agora um exercício "semifuturista", com *Manucure*, fá-lo, de determinada maneira, "com intenção de blague", como ironiza Pessoa, que, ortonimicamente, apura o seu interseccionismo, em *Chuva Oblíqua*, e heteronimicamente, enquanto Campos, se afasta ainda mais do futurismo, com uma *Ode Marítima* em que o excesso de expressão sensacionista é exacerbado até ao espasmo. Dir-se-ia que a ponte de ligação com a posteridade futurista, que receberá a herança testamentária de *Orpheu*, está emblematicamente impressa na publicidade da revista – como convinha à paródia da linguagem dos *mass media* então praticada –, sob a forma de anúncios de várias conferências com os títulos significativos de "A Torre Eiffel e o Gênio do Futurismo", por Santa-Rita Pintor, e o "Teatro Futurista no Espaço", por Raul Leal, um paracletiano que se correspondia com Marinetti e que se celebrizaria pelo seu misticismo erótico, em que a sodomia era divinizada. Até Mário de Sá-Carneiro sacrificava à voga futurista, propondo-se fazer uma palestra sobre "As Esfinges e os Guindastes: estudo do bimetalismo psicológico". O 3º número de *Orpheu* traria enfim, segundo se assinalava, o *Manifesto da Nova Literatura* que o 2º adiara, não se sabendo bem quais os "princípios de ordem altamente científica e abstrata" que desenvolveria (os do sensacionismo-interseccionismo, os do futurismo?), mas sendo duvidoso que, pelo menos nos projetos de Pessoa, fossem os deste último. Esse número ficaria, de resto, "frustrado de cima", sendo premonitório o seu diferimento, como se dizia por ironia do destino na revista, devido à "época morta". Época de morte, sim, pois ele não mais veria a luz, apesar dos esforços do poeta, fugido para Paris a fim de escapar às seqüelas financeiras da empresa...

É curioso observar a insistência voluntarista, mas falha de convicção profunda, com que Sá-Carneiro fala a Pessoa, na correspondência que com ele reata, da ligação de *Orpheu* ao futurismo internacional, já então em declínio, após o seu momento heróico, que os especialistas italianos situam aquém de 1915-1916[4]. "Não se esqueça – recomenda o poeta – por princípio nenhum de mandar dois exemplares de Orfeu (ou 3) para o movimento futurista". E interessa-se por saber, junto do Amigo, quando seria mais natural o contrário, se "não haveria meio de saber se ainda existe – ou apenas está interrompida pela guerra – a revista internacional de *Poesia*, dirigida por Marinetti", em que aliás segundo ele colaboravam "passeiístas e futuristas" de vários países... A preocupação de justificar uma possível inserção de textos dos poetas de *Orpheu* é nítida. O seu entusiasmo, algo forçado e excitado, é um sintoma de que se trata de algo delirante: dir-se-ia que Sá-Carneiro regredira, à imagem do Santa-Rita Pintor de 1912, quando declara por exemplo infantilmente a Pessoa, numa carta de agosto de 1915, que numa antologia dos Poetas Futuristas, abrangendo Marinetti, descobrira "uns Fu-fu... cri-cri... corcurucu... Is-holá... etc., muito recomendáveis". Epílogo irrisório de uma aventura moral, que o poeta já sabia condenada a não ter futuro, senão a curto prazo?

Com efeito, 1917 será o ano privilegiado do futurismo português, que, tendo no extremo-sul do País, em Faro, numa seção do jornal *O Heraldo*, uma afloração breve[5],

---

4. Cf. *Marinetti e il Futurismo*, antologia a cura di LUCIANO DE MARIA, Verona, 1973, p. XVIII.
5. Cf. *Poesia Futurista Portuguesa* (Faro – 1916-1917), seleção e prefácio de Nuno Júdice, Lisboa, 1981. Essa seção do jornal dirigido por Lyster Franco durou apenas de 4 de fevereiro a 26 de

em mais duas manifestações se esgota, como um relâmpago ofuscante: uma conferência no Teatro República, de Lisboa, a 14 de abril, e um número único de *Portugal Futurista*, saído em novembro do mesmo ano, que Santa-Rita Pintor e Almada Negreiros patrocinam, acompanhados de uma pequena corte, em que os sobreviventes de *Orpheu* são, além deles, Raul Leal e o heterônimo Álvaro de Campos. Ainda há um último sobressalto do malfadado número 3, nele se inserindo *A Cena do Ódio*, de Almada Negreiros. Mas *Orpheu* ficaria no limbo, não descendo de novo aos infernos, condenado que estava a avançar, para salvar Eurídice. E avançar era, então, dar um passo futurista em frente – mesmo se, no caso de Pessoa, fosse para o "futuro do passado", enquanto Almada dele queria fazer tábua rasa: a comparação entre cada *Ultimatum*, um, o de Almada, dirigido às "gerações portuguesas do séc. XX", o outro, o de Campos, fora do tempo, ou num tempo mítico e circular, mostra bem a diferença entre ambos.

Almada tinha vindo a animar, com Santa-Rita, um movimento iconoclasta contra a literatura academicamente dominante, à guisa dos futuristas italianos. O bode expiatório fora Júlio Dantas, mimoseado em 1916 com um manifesto agressivo e saudável, em que o futuro presidente da Academia das Ciências era votado a um "morra" que o alvejava, desde a literatura deliqüescente pseudo-romântica até à falta de higiene, tornando-o o simbolo de um Portugal que "conseguiu a classificação do país mais atrasado da Europa e de todo o Mundo". A esse Portugal contrapunha Almada, num outro Manifesto, a propósito de uma Exposição do Pintor Amadeo de Sousa-Cardoso, a "Raça Portuguesa do século XX", considerando essa exposição mais importante do que a "Descoberta do Caminho Marítimo

agosto de 1917, tendo publicado textos de Almada Negreiros, Mário de Sá-Carneiro e Fernando Pessoa, além de colaboradores locais, e tendo merecido o apoio do "Comitê Futurista", composto por José de Almada Negreiros e Santa-Rita Pintor. Ao grupo de Faro esteve ligado Carlos Porfírio, que aparece depois como diretor de *Portugal Futurista*.

Prá Índia". É o *leitmotiv* que no *Ultimatum*, lido na conferência do Teatro República, ele desenvolverá, propondo à nova "geração construtiva", de que se reclama, por contraposição às chamadas "gerações revolucionárias", *"uma nova pátria inteiramente portuguesa e inteiramente atual,* prescindindo em absoluto de todas as épocas precedentes" – profissão de fé futurista por excelência. Glosando metaforicamente, e não num sentido referencial, o tema marinettista da "guerra", provindo do Manifesto futurista de 1909, Almada considera-a como a "grande experiência", nela estando concentrada "toda a Europa, portanto a Civilização atual". Opondo-se ao "sentimentalismo saudosista e regressivo", ele interpela os seus contemporâneos nestes termos: "O povo completo será aquele que tiver reunido no seu máximo todas as qualidades e todos os defeitos. Coragem, portugueses, só vos faltam as qualidades"...

Imagine-se qual seria a reação de um público constituído por "algumas dúzias de jovens intelectuais, de vários artistas, escritores e conhecidos jornalistas"[6], quase todos do meio cultural bem-pensante, à mistura com um ou outro político desgarrado. Almada descreve assim o espetáculo:

> Tendo sido concedido à platéia, segundo a orientação futurista, interromper o conferente, todas as contradições foram visivelmente ineficazes, a não ser no que dizia respeito à incompetência dos contraditores. Os chefes políticos presentes, quando as nossas afirmações futuristas pareciam estar de acordo com as suas restrições monárquicas ou republicanas, apoiavam sumidamente com um muito bem parlamentar, mas se a nossa idéia lhes era evidentemente rival o seu único recurso resumia-se na gargalhada, símbolo sonoro da imbecilidade[7].

À leitura por Almada Negreiros do seu *Ultimatum*, e para marcar bem a ligação com o futurismo internacional, seguiu-se a de manifestos de Marinetti ("Music Hall" et

---

6. Cf. JOSE ALVES DAS NEVES, *O Movimento Futurista em Portugal*, Porto, 1966, p. 32.
7. *Idem*, p. 34.

"Tuons le Clair de Lune") bem como de Mme. de Saint-Point ("Manifesto Futurista da Luxúria"). A presença de Santa-Rita, com a sua figura e seu trajo bizarro, era a do próprio futurismo vivo, enquanto, se Pessoa esteve presente, foi apenas enquanto Álvaro de Campos, já que o ortônimo futurista não era. O mesmo Álvaro de Campos que colaborará no *Portugal Futurista*, revista que constituiu, intertextualmente, uma espécie do desdobramento escrito deste *happening* público.

Esta revista, que não chegou a ser distribuída, apreendida que foi pela polícia da época, publicava um *Ultimatum* de tom nietzschiano, assinado por esse heterônimo, o qual, diferentemente do de Almada, se dirigia não aos Portugueses mas aos "Mandarins da Europa", a que opunha a proclamação duma Super-Humanidade constituída por uma multiplicidade de sujeitos (de poetas) escolhidos a partir da abolição dos dogmas da "personalidade", da "individualidade" e da "objetividade" – versão da heteronímia que termina com a visão de Álvaro de Campos "na barra do Tejo, de costas para a Europa, de braços erguidos, fitando o Atlântico e saudando abstratamente o Infinito": visão que há que pôr em relação com a do primeiro poema de *Mensagem*, dando-lhe um sentido esotérico, ligado à versão pessoana do Quinto Império. Não só estamos a uma distância incomensurável do futurismo, como até nos seus antípodas, em certos passos. Mas, analogicamente, há graus de significação que com o futurismo se cruzam, num espaço dialógico.

Diferentemente de *Orpheu*, *Portugal Futurista* publica textos de autores estrangeiros, alguns dos quais ambiguamente futuristas e cubistas, como Apollinaire ou Blaise Cendrars, ao lado de outros do futurismo ortodoxo, como Marinetti, Boccioni e Carrà. Há ainda um texto delirante do paracletiano Raul Leal, em francês, língua em que escreveu a sua obra poética intitulada bizarramente "L'Abstractionnisme futuriste – Divagation outrephilosophique – Vertige à propos de l'oeuvre géniale de Santa-Rita Pintor – 'Abstraction Congénitale Intuitive (Matière Force)', la suprême réalisation du Futurisme". Santa-Rita é assim glorificado, quase religiosamente, por este místico que associava Deus e Satã, num Espírito Santo de que se dizia o profeta. A colaboração plástica do pintor, ao lado da de Amadeo de Souza-Cardoso, dava à revista uma qualidade estética inconfundível. Almada, além de colaborar com Santa-Rita, em "contrastes simultâneos", assinava vários poemas, escrevendo ainda sobre os "Bailados Russos", de colaboração com Rui Coelho e José Pacheko. A interpenetração das artes, que *Orpheu* tentara, encontrava-se aqui realizada. Como signo de presença ausente, três poemas de Mário de Sá-Carneiro eram o rasto dos afloramentos futuristas daquele que não tinha "amanhã nem hoje", pois sobre ele sempre caía o tempo "feito ontem".

O futurismo português, se de futurismo como movimento se pode falar, estava cumprido. Parafraseando Guillermo de Torre, era um "futurismo sem futuro": ou antes, como também viu Pierre Rivas, uma série de momentos intermitentes, dos quais os culminantes se situaram em abril e novembro de 1917. Como a *Orpheu*, um destino parece ter marcado *Portugal Futurista*: à imagem de Mário de Sá-Carneiro, que, um ano depois da revista emblemática da sua geração ter sido lançada, se suicidara, Santa-Rita Pintor morreu em 1918, com ele desaparecendo a possibilidade de continuar o que, no fundo, continuação não tinha. Os dois amigos, que por 1912, em Paris, eram quase involuntariamente os dois fios condutores da teia (do texto) do primeiro Modernismo, estavam tragicamente feridos de maldição, cada um com o seu signo próprio: Sá-Carneiro o do passado, Santa-Rita Pintor o do futuro.

As tentativas de relançar outros avatares do futurismo, depois de 1918, são acima de tudo manobras de recuperação esteticista ou política, que já quase nada têm a ver com o impulso inicial. Que Antônio Ferro, trânsfuga de *Orpheu* para outras andanças, que iriam desembocar no Secretariado de Propaganda Nacional e na "Política do Espírito" salazarista, tenha insistido nos seus exercícios de *Nós* e *Jazz-Band*, banalizando a temática marinettista com o seu "Sud-

Express para o futuro" ou a apologia da "Grande Guerra na Arte", num pseudomanifesto de 1922; que, em 1932, ele tenha trazido a Portugal Marinetti, cobrindo afinal este, como diria Almada, a "vitória dos inimigos declarados do futurismo" – era o que estava na ordem das coisas. As relações do futurismo italiano, degenerado em marinettismo, com o fascismo ascendente e depois no poder, são conhecidas. Por isso o autor do *Ultimatum futurista às gerações portuguesas do Século XX*" tinha jus a escrever, dirigindo-se ao que fora seu chefe carismático: "nós os futuristas portugueses saudamos com o maior dos nossos entusiasmos o sempre novo criador do futurismo nesta paragem pela capital da nossa terra e desejamos-lhe uma feliz viagem de regresso à sua grande pátria, onde o espera o seu lugar bem merecido de acadêmico do fáscio italiano"[8]. Esse era o seu prêmio envenenado, depois de ter andado "às cavalistas" de Antônio Ferro e Júlio Dantas, para ironia do futuro, vinte e três anos depois do manifesto que fora parar aos Açores, no declinar da Monarquia, por uma espécie de "acaso objetivo", antes de ecoar pela capital de uma República em crise, longe dos canhões da Grande Guerra.

Se as frechas aceradas de Almada atingiam em cheio o alvo vulnerável, que dizer então do poema de Álvaro de Campos, *Marinetti, Acadêmico*?

> Lá chegam todos, lá chegam todos...
> ... ...
> Lá chegam todos, porque nasceram para Isso,
> E só se chega ao Isso para que se nasceu...
>
> Lá chegam todos...
> Marinetti, acadêmico...
>
> As Musas vingaram-se com focos eléctricos, meu velho,
> Puseram-te por fim na ribalta da cave velha,
> E a tua dinâmica, sempre um bocado italiana, ...[9]

---

8. *Textos de Intervenção*, in *Obras Completas*, Lisboa, 1972, vol. 6, p. 137.
9. *Obra Poética*, Rio de Janeiro, 1972, p. 415.

Neste fonema, neste grafema ambíguos, em que futurismo e fascismo coincidem, na irrisória sonoridade do desdém, da fatalidade e da futilidade fruste, está toda a tragédia, volvida farsa, de um Marinetti que de manifesto político, de violência verbal e física em cadeira acadêmica acomodatícia, assinara a sentença da condenação a um passado revolto.

Também na Rússia czarista ele fora – depois de endeusado pelos cubo-futuristas, que no comunismo totalitário se equivocariam, como Maiakovski – reduzido às suas proporções de "Tchichikov contrabandista", apodo que com similares aliterações de desprezo Khlebnikov lhe atirou à cara, juntamente com ovos fétidos, convidando-o já em 1914 a regressar a Roma.

A tragicomédia marinettiana, com os seus momentos de subversão e de agitação superficial, com as suas alternâncias de dinamismo e de inércia, atingiria o *acmê* em 1929, com o poder a que Mussolini o guindara, atirando-o definitivamente para a "cave velha", onde Campos parodicamente o sepulta.

Não era preciso que um Dutra Faria viesse fazer-lhe, antecipadamente, em 1936, oito antes da sua morte, o elogio fúnebre, num país que nem o "romantismo fascista" conhecera, pois Salazar cedo se desfez dos incômodos Rolão Preto e Homem Cristo, que não sobreviveram ao seu maurrasianismo caseiro, para que um Antônio Sardinha não chegou a ser antídoto. Avesso estruturalmente ao modernismo e ao futurismo, o salazarismo apenas podia ter os seus Ferros...

Marinetti seria, como Álvaro de Campos, um "excesso de expressão", que apenas o futuro ia merecer. Honremos pois hoje, nele, poética e não politicamente, as "palavras em liberdade".

6. FERNANDO PESSOA E O TEXTO JORNALÍSTICO

> *O jornalismo, sendo literatura, dirige-se todavia ao homem imediato e ao dia que passa. Tem a força direta das artes inferiores mas humanas, como o canto e a dança; tem a força de ambiente das artes visuais; tem a força mental da literatura, por de fato ser literatura.*

FERNANDO PESSOA

Entre a obra multifacetada de Fernando Pessoa é pouco conhecida, ou apenas evocada como um acidente, senão incidente, biobibliográfico, a sua experiência jornalística, que curiosamente coincidiu com a época agitada da publicação do primeiro número de *Orpheu* e portanto com um dos momentos culminantes da aventura modernista[1].

Três breves semanas – de 4 a 23 de abril de 1915 – foi o que durou esse breve parêntesis, em que, de certo modo, se esboçou um novo perfil heteronímico. E dizemos esboçou porque, como se sabe, Pessoa estabeleceu, na sua galeria de "figuras", uma gradação sutil, que vai das "personalidades literárias" aos "heterônimos" propriamente ditos, passando pelos "semi-heterônimos", a estes ficando reservada a prosa.

Foi o caso em que, envolvido ainda na euforia do impacto que o escândalo órfico estava em vias de provocar na imprensa "lepidóptera" – para usar um termo caro a Mário de Sá-Carneiro –, Pessoa se lançou ele mesmo, paradoxalmente, na profissão de jornalista. E fê-lo num periódico intitulado *O Jornal* e fundado por uma personagem, Boavida Portugal, a que já estivera ligado através da participação no polêmico *Inquérito Literário* do jornal *República* acerca da existência, ou não, de uma "Renascença" em Portugal, como profetizara na revista *A Águia*. Quer se tratasse de uma banal necessidade de emprego, ou apenas de uma aposta em mais uma forma de expressão entre tantas que ensaiara, o certo é que o poeta lá foi parar ("caí nesta vala, temporariamente" – escrevia ele a Armando Cortes-Rodrigues, em 19 de abril). O que, ironizava, ainda lhe roubava tempo, juntamente com o trabalho de correspondência no escritório, "para as mais simples coisas da vida intectual"[2].

Começando por uma recensão ao já referido *Inquérito* do seu agora diretor, aliás com uma liberdade crítica que era bem timbre da sua independência, logo Pessoa se assi-

---

1. Cf. JOÃO GASPAR SIMÕES, *Vida e Obra de Fernando Pessoa*, Lisboa, 1951, vol. II, pp. 10 e ss. e LUIGI PANARESE "Cronistoria della Vita e della Opera", *Poesie*, Milão, 1967, pp. CXII e segs.

2. *Cartas a Armando Cortes-Rodrigues*, introd. de JOEL SERRÃO, Lisboa, 1944, p. 106.

nalou por uma rubrica – "Crônica da Vida que Passa" – que iria manter durante esse efêmero *intermezzo* de colunista. O título da primeira crônica ("Do Contraditório como Terapêutica de Libertação") dá-nos perfeitamente a inserção destes artigos jornalísticos dentro da lógica da *coincidentia oppositorum* que, como noutros estudos mostramos, constitui a trama da linguagem poética pessoana. Partindo do pressuposto de que a "política", a "religião" e a "vida social" são apenas "graus inferiores e plebeus da estética", Pessoa defendia a idéia de que só as pessoas superficiais não mudam de opinião: "uma criatura de nervos modernos, de inteligência sem cortinas, de sensibilidade acordada, tem a obrigação cerebral de mudar de opinião e de certeza várias vezes no mesmo dia"[3]. Estranha concepção de um jornalista, a de que a "sinceridade" e a "coerência" são "preconceitos"!

Demasiado comprometido, por esses dias, nas seqüelas de *Orpheu*, Pessoa não pôde resistir a fazer de *O Jornal*, discretamente embora, uma espécie de cavalo de Tróia, consagrando, a 6 de abril, uma "crônica literária" à revista em que punha todo o seu empenhamento. Começava, subrepticiamente, por desculpar-se de ser parte suspeita:

Como se dê o caso de sermos colaborador desta revista e como caso – não a querendo por isso criticar – preferíssemos dar uma idéia da sua orientação, fatalmente consumiríamos um impossível número de colunas, limitar-nos-emos a algumas observações, que não constituirão crítica nem explicações, mas que visam apenas a orientar no assunto os espíritos curiosos e para quem meia palavra basta.

Entretanto, saltando dessa aparente reserva para um paralelismo histórico ousado, logo insinuava que a *Orpheu* estava reservada a mesma sorte das *Lyrical Ballads* de Wordsworth e de Coleridge, as quais – "como o leitor não sabe", gracejava Pessoa – constituíram o início do Romantismo inglês, depois de terem obtido "um êxito de gargalhada" (tal como *Orpheu*). Disfarce sutil, que a sua forma-

---

3. *Obra em Prosa*, Rio de Janeiro, 1976, p. 381.

ção cultural bilingüe lhe permitia, segundo método idêntico ao que tinha usado nos seus ensaios sobre a "Nova Poesia Portuguesa", publicados em *A Águia*. Como os seus heterônimos, Pessoa serve-se sempre de um modelo de referência, até para lançar, na ocorrência historicamente, a geração de que era o porta-voz.

Outras preocupações suas vinham repercutir-se, porém, nesta "Crônica" de uma "Vida" que passava demasiado depressa para deixar de solicitar, uma atrás da outra, as multímodas frechas da sua verve jornalística. Agora era a confessada vocação patriótica que o fazia alvejar aceradamente uma doença nacional, a "Doença da Disciplina", em termos que assumiam um significado político-pedagógico salutar e ainda de uma grande atualidade. Comparando-nos aos alemães, por fazermos da disciplina social "um sistema de Estado e de governo", Pessoa traçava uma radiografia da nossa mentalidade submissa e gregária:

> Tão regrada, regular e organizada, é a vida social portuguesa que mais parece que somos um exército do que uma nação com existências individuais. Nunca um português tem uma ação sua, quebrando com o meio, virando as costas aos vizinhos. Age sempre em grupo, sente sempre em grupo, pensa sempre em grupo. Está sempre à espera dos outros para tudo[4].

Daí que ele escalpelizasse a República, por não ter sabido romper com o que, noutro texto, chama o "preconceito contista da Ordem", também típico, de resto, dos "neomonárquicos". Na verdade, "incapazes de revolta e de agitação" – ironiza Pessoa –, "quando fizemos uma 'revolução' foi para implantar uma coisa igual ao que já estava"[5]...

Qual a terapêutica para esta doença? Uma só: a "indisciplina", que o poeta arvorou em tratamento salvador: "Trabalhemos ao menos – nós, os novos – por perturbar as almas, por desorientar os espíritos. Cultivemos, em nós próprios, a desintegração como uma flor de preço. Cons-

---

4. *Obra em Prosa*, p. 600.
5. *Idem, ibidem*.

truamos uma anarquia portuguesa"[6]. Repare-se no oximoro: para Pessoa a anarquia pode ser sinônimo de construção – e por que não da verdadeira ordem, como insinua alhures? Se é sedutora a hipótese de Joel Serrão, ao aproximar *Orpheu* da "maré alta do anarquismo"[7], importa porém ter em conta que a anarquia pessoana pouco tem a ver com a dos nossos anarco-sindicalistas: na sua galeria de ficções figura, não o esqueçamos, um "anarquista banqueiro"...

Como poderia o leitor comum de *O Jornal* aperceber-se desta lógica da contradição, em que Pessoa ia, de crônica para crônica, reincidindo? Seria por certo com perplexidade, senão com gáudio, que o público leria as suas considerações acerca da "Deficiência de Imaginação das Imaginações Excessivas", com que a idiossincrasia dos portugueses era caracterizada. Faltava-lhes, é claro, a exemplo de Álvaro de Campos, ser "educados pela imaginação", mas por uma imaginação que os educasse para a civilização e para a vida, como dizia Pessoa.

Já mais perturbado, devia entretanto ficar o leitor menos imaginativo com um tratamento de um tema tal "A Traição como Questão Filosófica", em que Pessoa ia ao ponto de considerar o traidor como alguém que não pode ser condenado, enquanto sujeito de uma opinião filosófica "individualista", contrária à "opinião comum" (a *Doxa*, dos gregos), que é "solidarista" por definição. Não estaria Pessoa a brincar com coisas demasiado sérias para sofrerem paradoxos? Mas ele não se ficou por aí. Na crônica subseqüente irritaria sobremodo as classes dirigentes, ao desmontar "A Ilusão Política das Grandes Manifestações Populares", as quais, segundo ele, quanto mais importantes são mais tendem a "demonstrar que a corrente de opinião contrária é muito forte"[8].

6. *Idem*, p. 601.
7. *Do Sebastianismo ao Socialismo em Portugal*, Lisboa, 1969, p. 108.
8. *Obra em Prosa*, p. 582.

Essa irritação foi crescendo, à medida que, temerariamente, Pessoa passou das questões genéricas ao terreno movediço da política, num periódico que pretendia ser moderado e "independente", para melhor agradar a gregos e troianos, isto é, a republicanos e a monárquicos. Usualmente tão pouco complacente para com aqueles – não se esqueça o *qüiproquó* com Afonso Costa, por causa de uma *boutade* futurista, que lhe ia valendo as fúrias da Carbonária –, eis o poeta a tecer "considerações à margem da indústria monárquica", em que ridicularizava uma sua chamada "associação de classe", comparando-a a uma também recém-formada "associação de *chauffeurs*". Foi o rastilho que fez deflagrar a pólvora. Suscetibilizados com tal analogia, que afinal visava sobretudo os monárquicos, ao chamar-lhes ironicamente "proletariado" – os "chauffeurs" protestam, indignados, junto de *O Jornal*. Mas o diretor deste antecipa-se, despedindo sem contemplações o incômodo cronista que anos antes abrilhantara o seu *Inquérito*, com uma nota que mereceu as honras da primeira página e que é um modelo de "deontologia" profissional: "Devido à falta de compreensão do que seja uma folha independente demonstrada nas frases grosseiras do Sr. Fernando Pessoa, ontem, por lapso, aqui publicadas, deixou este senhor de fazer parte da colaboração de *O Jornal*". Os *chauffeurs* não se esqueceram de agradecer, muito veneradores e obrigados, embora reconhecessem que "parece que o Sr. Fernando Pessoa apenas quis atacar os monárquicos, o Centro Monárquico e os Srs. Integralistas Monárquicos". Contradições do sindicalismo e da política, que muito devem ter divertido o poeta, apesar de ficar sem emprego... Mas ficou, também, ao que parece, com o gosto das intervenções públicas sibilinas, que lhe trariam outros dissabores, sempre por ele recebidos com um sorriso irônico...

Para lá do que nelas haja de curioso como anedotário, as crônicas de *O Jornal* são a prova de que para Pessoa não havia gêneros privilegiados – pois ele os punha justamente em causa – mas um texto múltiplo em expansão, de escrita em escrita, que tanto podia ancorar num poema, numa página de teoria estética, numa carta de amor ou num simples artigo jornalístico.

Na verdade, o jornalismo aparece como uma modalidade arquitextual de manifestação do heterotexto pessoano. A sua irrupção está ligada, como não podia deixar de ser, ao surto de modernidade gráfica que as vanguardas cubista e futurista exploraram como formas de expressão plástica e poética. Lembremo-nos da inserção, nas colagens de um Braque ou de um Picasso, de recortes de jornais[9], bem como da exaltação da "revolução tipográfica" por Marinetti[10]. Entre nós, Mário de Sá-Carneiro, em "Manucure", incluída em *Orpheu 2*, não hesitou em "colar" no poema títulos de jornais em várias línguas, com um "Hurrah! por vós, empresas jornalísticas!", fazendo da leitura do *Matin*, nesse mesmo poema e em "Serradura", inserto em *Orpheu 3*, um dos ingredientes da sua mitologia parisiense.

Não admira que fosse no Álvaro de Campos da "Ode Triunfal", o heterônimo mais próximo do futurismo, que Pessoa investiu o seu entusiasmo jornalístico, ao ritmo de uma pulsão erótica:

> Notícias desmentidas nos jornais,
> Artigos políticos insinceramente sinceros,
> Notícias *passez-à-la-caisse*, grandes crimes –
> Duas colunas deles passando para a segunda página!
> O cheiro fresco a tinta da tipografia!
> Os cartazes postos há pouco, molhados!
> *Vients-de-paraître* amarelos com uma cinta branca!
> Como eu vos amo a todos, a todos, a todos,
> Como eu vos amo de todas as maneiras,
> Com os olhos e com os ouvidos e com o olfato
> E com o tato (o que palpar-vos representa para mim!)
> E com a inteligência como uma antena que fazeis vibrar!
> Ah, como todos os meus sentidos têm cio de vós![11].

---

9. Cf. JEAN PAULHAN, *La Peinture Cubiste*, Paris, 1970, pp. 109 e ss.

10. Cf. *Marinetti e il Futurismo*, antologia *a cura di* Luciano de Maria, Verona, 1973, p. 108.

11. *Obra Poética*, Rio de Janeiro, 1972, pp. 307-308.

Mas é também em Álvaro de Campos que se encontra, ironicamente, uma evocação dos poderes do jornalista, de que o paradigma seria o fundista do jornal *The Times*, instituição por excelência da imprensa não apenas inglesa mas mundial:

> Sentou-se bêbado à mesa e escreveu um fundo
> Do *Times*, claro inclassificável, lido,
> Supondo (coitado!) que ia ter influência no mundo...
> ....
> Santo Deus!... E talvez a tenha tido![12]

Campos, nesses dois textos, faz ao mesmo tempo o elogio e a crítica do jornalismo, traçando-lhe as ambições e os limites. Dentro da lógica da contradição complementar, a coexistência da verdade e da mentira, da sinceridade e do fingimento, aparece como a condição da linguagem jornalística, quer informativa quer de opinião: desde as "notícias desmentidas" aos "artigos políticos insinceramente sinceros" é da "expressão" poemática das "sensações" que se trata.

Intertextualmente, as relações entre o jornalismo e a literatura são por Pessoa tratadas num texto em que, dialogicamente, conversa com um jornalista. Assim se delineia a tese – de que é pressuposta a antítese – segundo a qual o jornalismo tem a "força mental da literatura", pois literatura é. Com esta reserva (mental ainda): "como, porém, o seu fim não é senão ser literatura naquele dia, ou em poucos dias, ou, quando muito, numa breve época ou curta geração, vive perfeitamente conforme os seus fins"[13].

Dir-se-ia que é uma alusão à sua breve passagem por *O Jornal*, na época do *Orpheu*, até gerencialmente evocada. Mas, como sempre, no desenvolvimento do texto, Pessoa, derivando, passa da dimensão literária ao questionamento da dimensão ética do jornalismo. E, comparando-o a um sacerdócio religioso, conclui tratar-se, não de um sacerdó-

---

12. *Idem*, p. 374.
13. *Obra em Prosa*, pp. 283-284.

cio moral, mas simplesmente literário: "não é um sacerdócio em sentido moral, pois não há, nem pode haver moral no jornalismo, que serve o momento que passa, em o qual não cabe, nem pode caber moralidade"[14].

Restar-nos-ia agora a nós, leitores, interrogar-nos, paradoxalmente, sobre se haveria então, a não ser à maneira de uma fábula, moralidade nos textos jornalísticos de Pessoa. Parafraseando Barthes, veremos apenas neles, por ironia, a celebração da "moral da forma", que é essencialmente a "escrita", tal qual a definiu no *Grau Zero*.

14. *Idem*, p. 283.

14. Idem, p. 283.

POST-SCRIPTUM

Já depois de publicado o ensaio "Poética e Política em Fernando Pessoa" (Persona, *1, Porto, novembro de 1977), foram editados pela* Ática, *no quadro das obras de Fernando Pessoa que aí têm vindo pouco a pouco a lume, os volumes* Sobre Portugal – Introdução ao Problema Nacional, Da República (1910-1935) *e* Ultimatum e Páginas de Sociologia Política, *com introduções de Joel Serrão (Lisboa, 1978, 1979 e 1980, respectivamente).*

Esses volumes revelaram vários inéditos, ao lado de outros textos já conhecidos, sobre a problemática política em Fernando Pessoa, além de incluírem, nas suas introduções, importantes estudos do seu organizador, que depois os republicaria com o título de Fernando Pessoa, Cidadão do Imaginário *(Ática, Lisboa, 1981).*

Sem alterarem, no essencial, a visão que dessa problemática já tínhamos quanto a nós esboçado, a partir dos textos então conhecidos, eles suscitaram, entretanto, ao confirmá-la, novos desenvolvimentos e afinamentos, que procuramos delinear nas recensões críticas aos referidos volumes, inseridas na revista Nova Renascença *(n⁰ 2 e 3, Inverno e Primavera de 1981).*

Por complementarem e reiterarem o nosso ensaio de Persona, *1, aqui as reproduzimos em* Post-Scriptum.

Título: *Sobre Portugal – Introdução ao Problema Nacional e Da República (1910-1935)*.
Autor: Fernando Pessoa.
Edição: Ática, Lisboa, 2 vols., 1978 e 1979.
Recolha de textos: Maria Isabel Rocheta e Maria Paula Morão.
Introdução e organização: Joel Serrão.

Na seqüência da publicação das *Obras Completas* de Fernando Pessoa, editou a Ática dois volumes, a que se acrescentará um terceiro[1], consagrados a textos sobre a problemática "nacional" e "política" e compilados sob a responsabilidade de Joel Serrão, que os organizou e prefaciou.

1. Entretanto publicado sob o título *Ultimatum e Páginas de Sociologia Política*, Lisboa, 1980. Vide *infra*, p. 259 e ss.

No primeiro desses volumes reúnem-se originais relativos a vários projetos de Pessoa (incluindo "esquemas" e fragmentos) incidentes numa questão central e obsessiva em toda a sua obra: a "tentação e tentativa de compreender Portugal", para utilizar os termos de Serrão. Questão essa que, dispersamente presente em textos de poesia e prosa já publicados, levou o organizador a reunir antologicamente alguns deles, ao lado dos inéditos manuscritos e datilografados dados agora a lume, de molde a "facilitar futuras pesquisas e uma visão de conjunto", como indicam as investigadoras que procederam à sua recolha, Maria Isabel Rocheta e Maria Paula Morão.

Tendo optado por uma ordenação temática e não cronológica (dada a raridade e a insegurança das datas), o organizador obedeceu de preferência a uma "coerência interna" dos textos, considerando entretanto essa ordenação, ou "esboço de ordenação", como ele próprio diz, "discutível e provisória".

Na introdução intenta Joel Serrão traçar a "busca" e a "viagem" pessoanas à volta do mito de Portugal – Quinto Império, tal como, segundo ele, o poeta o reelaborou, "de maneira original", após a reformulação que dele já tinha proposto o Pe. Antônio Vieira. Isso conduz o ensaísta à "hipótese" da existência eventual de "mediações causais entre a reconstrução histórica do Império, depois de perdidas as Índias", e a sua justificação "teológica" (em Vieira) e "hermética" (em Pessoa), homólogas uma e outra das esperanças postas primeiro no Brasil e depois nos "novos Brasis" africanos, enquanto saídas para a decadência imperial, que o "inconsciente coletivo nacional" buscava e os dois profetas sebastianistas transpuseram esotericamente.

Embora não explicitando o seu método de análise, propende Joel Serrão, segundo nos parece, a uma abordagem que no seu ecletismo se aproxima aqui e ali do estruturalismo genético goldmanniano, apesar de mais empírica do que teoricamente fundamentada. Ela ganharia por certo em ter em conta uma perspectiva não apenas de caráter estrutural mas textual, que lhe permitiria dilucidar o entrosamento dos discursos que no texto pessoano se cruzam, as respectivas instâncias, sem o reduzir a categorias e a géneros de que só aparentemente (por fingimento) relevam. Assim, dizer que tais discursos obedecem a um "objetivo" de índole "científica" ou a uma "preocupação" de "sociologia política" (entre aspas, entenda-se) não terá sentido senão mostrando como por detrás dessa "confessada" intenção se esconde, quanto a nós, a lógica poética neles predominante: não uma lógica "dialética" ("hegeliana"), como pretende Serrão, mas sim da "contradição complementar", qual a configurou Lupasco (cf., a este respeito, "Poética e Política em Fernando Pessoa", *Persona*, 1).

É verdade que o autor ignora, se é que não desconhece, a bibliografia antecedente acerca dos textos "políticos" pessoanos, como o patenteia ainda a introdução ao segundo volume, mais especificamente consagrado à "temática e problemática políticas". Basta dizer que nem uma única vez cita, também, um estudo como o de Alfredo Margarido, "La Pensée Politique de Fernando Pessoa", publicado no *Bulletin des Études Portugaises*, tome XXXII, Paris, 1971. Isso o leva, por sua conta e risco, a ater-se a uma leitura dos fragmentos inéditos (ordenados segundo o "plano possível" de um "livro frustrado" de "sociologia política") que estabelece uma dicotomia entre eles e os publicados, sendo aqueles os escritos "efetivamente secretos" e estes o "vero rosto do publicista". É certo que Joel Serrão reconhecer ser esse "vero rosto" inseparável das máscaras pessoanas. Mas por isso mesmo essa distinção não nos surge como convincente, dado em Pessoa o inédito e o publicado se interpenetrarem, numa textualidade em progresso infinito. Na verdade, o "continente submerso" a que Joel Serrão alude melhor poderá ser entendido como o *genotexto* de um *fenotexto* constituído tanto pelos livros publicados, do que como um simples antetexto. E o genotexto é atravessado, intertextualmente, pelos discursos políticos e não políticos – poéticos, numa palavra –, não sendo metodologicamente lícito, em tal perspectiva, "deixar no limbo do 'esquecimento' os escritos pessoanos especificamente de doutrina estética", como o faz expressamente o organizador. De que modo ler, por exemplo, o *Ultimatum* de Álvaro de Campos, senão à luz de um intertexto político/poético? Muitos fragmentos recolhidos em *Da República* passam e repassam no tecido de um Texto genotextualmente em expansão, mesmo enquanto antetextos que poeticamente se fazem e refazem

Postas estas considerações metodológicas, há que assinalar o contributo importante que não só a organização heurística dos volumes mas as achegas hermenêuticas assim carreiam para uma releitura do *heterotexto* pessoano, que cada novo escrito reabre, num processo sempre recomeçado.

(*Nova Renascença*, 2, Inverno de 1981)

Título: *Ultimatum e Páginas de Sociologia Política*.
Autor: Fernando Pessoa.
Edição: Ática, Lisboa, 1980.
Recolha de textos: Maria Isabel Rocheta e Maria Paula Morão.
Introdução e organização: Joel Serrão.

Depois de, com as coletâneas intituladas *Sobre Portugal* e *Da República*, ter começado a dar-nos a ler, de forma mesmo provisoriamente ordenada, os textos de Fernando Pessoa acerca da problemática "nacional" e "política", continua Joel Serrão com este novo volume a prestar um bom serviço ao conhecimento do *corpus* pessoano agora mais especificamente no que respeita às reflexões do poeta sobre "diversos aspectos da vida cultura e sócio-política da sua época", como indicam as compiladoras Maria Isabel Rocheta e Maria Paula Morão.

Coerentemente com o critério já adotado nos volumes precedentes, ainda aqui a ordenação temática é preferida à cronológica, por dificuldades de datação segura, sendo a divisão em "partes" e "capítulos" da responsabilidade do organizador. Bem fizeram, entretanto, as suas colaboradoras em complementar os textos selecionados com as respectivas variantes, sempre que inovadoras, incluindo também textos inacabados ou fragmentários, o que é desde logo um contributo para uma futura e exaustiva edição crítica. Concomitantemente, a inserção de textos já editados, mesmo em vida de Pessoa, facilita uma leitura mais sistemática desta importante vertente da sua obra.

A partir do célebre *Ultimatum*, de Álvaro de Campos, publicado em 1917 no *Portugal Futurista*, e que deste livro constitui o *incipit*, por razões que têm a ver com o papel fundamental que o manifesto desempenha no intertexto heteronímico, seguem-se, numa série dificilmente classificável, como o é sempre a de notas por natureza heterogêneas, muitas e variadas "páginas de sociologia política", que abarcam desde questões de "método" até especulações acerca de tópicos tão diversos como "a Ibérica e o iberismo", a "guerra alemã", o "preconceito revolucionário", o "sufrágio político", a "opinião pública", a "república aristocrática", o "nacionalismo liberal" e o "judaísmo". Ao leitor é de certo modo facilitada, através dos conglomerados textuais propostos, a consulta, além do cotejo, dos fragmentos. Mas a leitura só pode ser produtiva com a condição de se ter em conta que outras combinatórias são igualmente possíveis e, sobretudo, que a dispersão é uma característica da textualidade pessoana, em que são insistentes a recorrência, o vaivém e a errância, com passagens anafóricas pelos mesmos (e diferentes) pontos de cruzamento discursivo.

Na sua apresentação, que é mais exatamente um longo ensaio, procede Joel Serrão, curiosamente e como que por contaminação do poeta, a sucessivas aproximações dos seus textos "políticos", defendendo no essencial a tese de que se trata de outras modalidades do fingimento poético, que logo com o"Supra-Camões" nas páginas de *A Águia* se inicia, desde o célebre artigo sobre "A Nova Poesia Portuguesa sociologicamente considerada". Assim, a "sociologia política" de Pessoa (*"outra* face do projeto supercamoniano", como bem diz Serrão) "é pautada por uma busca que se não confina nem à sociologia nem à política, mas que a elas recorre, como mediação justificativa, entre os desígnios do poeta e a Pátria ucrônica a que aspira" (p. 53). Essa "Pátria" – e por isso acabaria por subsumi-la na "língua portuguesa" – não pode deixar nunca de ser, até na sua visão profética, a da própria poesia: "E para Pessoa e seus pares (heterônimos), quer o soubessem ou não, é absoluta, em última análise, a identidade entre poesia e Portugal. Ou seja: a realidade portuguesa, tal a presente, é de essência poética" (p. 45).

Por defendermos desde há muito esta mesma tese, particularmente num estudo em que abordamos as relações entre a "poética" e a "política" em Fernando Pessoa, regozijamo-nos com a clarividência da perspectiva agora adotada por Joel Serrão, que lhe permite analisar com penetração os textos publicados neste volume, à luz do conjunto da obra. Como não concordar, por exemplo, com a afirmação de que "foi essa desmesura de quem, como Novalis, pensava que a poesia é na realidade absoluta, que atraiu Pessoa para o sistema planetário da saudade, da *Renascença Portuguesa*, de Pascoaes..." (p. 46)? Se "os sinais do nosso ressurgimento próximo – como escreveu o poeta – são o caminho-de-ferro de Antero a Pascoaes e a nova linha que está a ser construída", é como percurso poético que o "Supra-Portugal de Amanhã", prenunciado pelo "Supra-Camões", deverá ser prosseguido: essa "nova linha" foi nem mais nem menos que a aventura órfica de Pessoa, quer através dos seus heterônimos poéticos quer através dos seus heterônimos "políticos", sem falar dos heterônimos geracionais que ele própro suscitou, de *Orpheu* a *Portugal Futurista*.

Uma hipótese é entretanto avançada por Joel Serrão, cujo alcance é iniludível: a de que haja uma correspondência entre a "Pátria" poética e Pessoa, enquanto "Super-Portugal" que é, e o mito esotérico do Quinto Império: "Na medida em que o poeta-patriota elege como sua pátria a língua portuguesa, a "Super-Nação", como realidade transcendental, desenha-lhe como o desejo inicial e condicionador da pátria definitiva, chame-se-lhe "Humanidade" ou Quinto Império ou, se se preferir, Império-Metáfora" (p. 29). Mas – repare-se – "se à Pátria Portuguesa, desde que *pessoanizada*, caberia papel de vulto nesse Império-Metáfora, é que ela é, do mesmo modo, outra metáfora" (p. 106). Metáfora atrás de metáfora, vai-se delineando, para Serrão, a convicção cada vez mais nítida de que estamos perante uma *lógica poética*: "o poeta e o pensador, a metáfora e o juízo – escreve ele – comungam de uma mesma natureza" (p. 75). E que essa lógica é uma lógica da *coincidentia oppositorum*, também se lhe torna visível: "daí que o Super-Camões seja ao mesmo tempo o Anti-Camões; que o Quinto-Império seja o Antiimpério" etc. Numa palavra: "o Não-Ser assumido como ser definitivo e absoluto" (p. 74). Eis a *lógica da contradição complementar*, a que parece render-se Joel Serrão. Mas por que fala ele então ainda em "aporia" (como se da lógica aristotélica da não-contradição se tratasse) ou em "jogo dialético" (como se da lógica hegeliana a poesia relevasse?) Nenhuma destas lógicas dá, na verdade, quanto a nós, conta da experiência poética. Remetemos, uma vez mais, para Stéphane Lupasco e para o seu livro fundamental, *Logique et Contradiction* (Presses Universitaires de France, Paris, 1947).

De qualquer modo, e apesar de aqui e ali meramente parafrástico, o ensaio de Joel Serrão, confrontado com os prefácios dos dois volumes anteriores, rasga desta vez outros horizontes de leitura, ao mostrar-nos um Fernando Pessoa que é, enquanto poeta-político ou enquanto político-poeta, um "cidadão do imaginário", como numa feliz expressão lhe chama.

(*Nova Renascença*, 3, Primavera de 1985)

NOTAS BIBLIOGRÁFICAS

Alguns ensaios deste livro foram já publicados em revistas ou outras coletâneas, sendo reproduzidos, em certos casos, com alterações e aditamentos. Indica-se aqui a respectiva proveniência.

"O Heterodoxo Pessoano" – publicado na revista *Nova Renascença*, 5, outono de 1981.

"Pessoa em Persona" – publicado nas *Atas do I Congresso Internacional de Estudos Pessoanos*, Porto, 1979.

"Ad Infinitum" – publicado na revista *Nova Renascença*, 3, primavera de 1981.

"Poética e Política em Fernando Pessoa" – publicado na revista *Persona*, 1, novembro de 1977.

"Amor e Fingimento (Sobre as Cartas de Amor de Fernando Pessoa)" – publicado na revista *Persona*, 3, julho de 1979.

"Pessoa e Vieira: Dois Profetas Messiânicos" – publicado no suplemento "Cultura e Arte" de *O Comércio do Porto*, em 16 e 30 de dezembro de 1980.

"Fernando Pessoa e a Universidade da Língua Portuguesa" – publicada na revista *Nova Renascença*, 18, primavera de 1985.

"Em Torno (e Retorno) das *Novas Poesias Inéditas* de Fernando Pessoa" – publicado nà revista *Colóquio/Letras*, 20, julho de 1974.

"A Pátria de Pessoa ou a Língua Mátria" – publicada em edição da Associação de Jornalistas e Homens de Letras, Porto, 1985.

"Camões, Pascoaes, Pessoa ou o Mito Poético da *Nova Renascença*" – publicado na revista *Nova Renascença*, 1, outono de 1980.

"Da *Renascença Portuguesa* ao *Orpheu* (um Vôo de *Águia*)" – publicado na revista *Persona*, 2, julho de 1978.

"O Retorno de Orpheu" – versão modificada e ampliada do pref. a *Le Retour des Dieux, manifestes du Modernisme Portugais*, Paris, Editions Champ Libre, 1973.

"Orpheu 3" – apresentação da edição fac-similada das "provas de página" de *Orpheu 3*, Porto, Edições Nova Renascença, 1983.

As citações e referências bibliográficas, nomeadamente das obras de Fernando Pessoa, são as das publicações originárias, com uma ou outra correção ou acrescento.

O autor agradece a colaboração da Dr ª Eunice Ribeiro, na transposição da versão do prefácio a *Le Retour des Dieux*, bem como do Dr. Luís F. A. Carlos, na revisão final das provas tipográficas.

OBRAS DO AUTOR

POESIA:

A Vida Toda, Porto, 1961.
Os Sinais e a Origem, Lisboa, 1967.
Tempo Táctil, Lisboa, 1972.
Desmemória, Porto, 1977.
O Anjo, Porto, 1980.
Gramática Grega, Porto, 1985.

ENSAIO:

Le Retour d'Orphée, pref. a *Le Retour des Dieux*, Paris, 1974.
Fernando Pessoa ou o Poetodrama, S.Paulo, 1974.
Alexandre Herculano ou a Cicatriz do Exílio, Porto, 1977.
Portugal Face à Europa: Um Horizonte Cultural, Porto, 1977.
Poiética de Barthes, Porto, 1980.
Mors-Amor (Paixão de Barthes), Porto, 1982.
Um Romântico no Porto, Porto, 1982.
A Pátria de Pessoa ou a Língua Mátria, Porto, 1985.
O Heterotexto Pessoano, Lisboa, 1985 e S.Paulo, 1987.

COLEÇÃO DEBATES

1. *A Personagem de Ficção*, Antonio Candido e outros.
2. *Informação, Linguagem, Comunicação*, Décio Pignatari.
3. *Balanço da Bossa e Outras Bossas*, Augusto de Campos.
4. *Obra Aberta*, Umberto Eco.
5. *Sexo e Temperamento*, Margaret Mead.
6. *Fim do Povo Judeu?*, Georges Friedmann.
7. *Texto/Contexto*, Anatol Rosenfeld.
8. *O Sentido e a Máscara*, Gerd A. Bornheim.
9. *Problemas da Física Moderna*, W. Heisenberg e outros.
10. *Distúrbios Emocionais e Anti-Semitismo*, N. W. Ackermann e M. Jahoda.
11. *Barroco Mineiro*, Lourival Gomes Machado.
12. *Kafka: Pró e Contra*, Günther Anders.
13. *Nova História e Novo Mundo*, Frédéric Mauro.
14. *As Estruturas Narrativas*, Tzvetan Todorov.
15. *Sociologia do Esporte*, Georges Magnane.
16. *A Arte no Horizonte do Provável*, Haroldo de Campos.
17. *O Dorso do Tigre*, Benedito Nunes.
18. *Quadro da Arquitetura no Brasil*, Nestor G. Reis Filho.

19. *Apocalípticos e Integrados*, Umberto Eco.
20. *Babel & Antibabel*, Paulo Rónai.
21. *Planejamento no Brasil*, Betty Mindlin Lafer.
22. *Lingüística. Poética. Cinema*, Roman Jakobson.
23. *LSD*, John Cashman.
24. *Crítica e Verdade*, Roland Barthes.
25. *Raça e Ciência I*, Juan Comas e outros.
26. *Shazam!*, Álvaro de Moya.
27. *Artes Plásticas na Semana de 22*, Aracy Amaral.
28. *História e Ideologia*, Francisco Iglésias.
29. *Peru: da Oligarquia Econômica à Militar*, A. Pedroso d'Horta.
30. *Pequena Estética*, Max Bense.
31. *O Socialismo Utópico*, Martin Buber.
32. *A Tragédia Grega*, Albin Lesky.
33. *Filosofia em Nova Chave*, Susanne K. Langer.
34. *Tradição, Ciência do Povo*, Luís da Câmara Cascudo.
35. *O Lúdico e as Projeções do Mundo Barroco*, Affonso Ávila.
36. *Sartre*, Gerd A. Bornheim.
37. *Planejamento Urbano*, Le Corbusier.
38. *A Religião e o Surgimento do Capitalismo*, R. H. Tawney.
39. *A Poética de Maiakóvski*, Boris Schnaiderman.
40. *O Visível e o Invisível*, Marcel Merleau-Ponty.
41. *A Multidão Solitária*, David Riesman.
42. *Maiakóvski e o Teatro de Vanguarda*, A. M. Ripellino.
43. *A Grande Esperança do Século XX*, J. Fourastié.
44. *Contracomunicação*, Décio Pignatari.
45. *Unissexo*, Charles F. Winick.
46. *A Arte de Agora, Agora*, Herbert Read.
47. *Bauhaus: Novarquitetura*, Walter Gropius.
48. *Signos em Rotação*, Octavio Paz.
49. *A Escritura e a Diferença*, Jacques Derrida.
50. *Linguagem e Mito*, Ernst Cassirer.
51. *As Formas do Falso*, Walnice Nogueira Galvão.
52. *Mito e Realidade*, Mircea Eliade.
53. *O Trabalho em Migalhas*, Georges Friedmann.
54. *A Significação no Cinema*, Christian Metz.
55. *A Música Hoje*, Pierre Boulez.
56. *Raça e Ciência II*, L. C. Dunn e outros.
57. *Figuras*, Gérard Genette.
58. *Rumos de uma Cultura Tecnológica*, Abraham Moles.
59. *A Linguagem do Espaço e do Tempo*, Hugh M. Lacey.
60. *Formalismo e Futurismo*, Krystyna Pomorska.
61. *O Crisântemo e a Espada*, Ruth Benedict.
62. *Estética e História*, Bernard Berenson.
63. *Morada Paulista*, Luís Saia.
64. *Entre o Passado e o Futuro*, Hannah Arendt.
65. *Política Científica*, Heitor G. de Souza e outros.
66. *A Noite da Madrinha*, Sérgio Miceli.
67. *1822: Dimensões*, Carlos Guilherme Mota e outros.
68. *O Kitsch*, Abraham Moles.
69. *Estética e Filosofia*, Mikel Dufrenne.
70. *O Sistema dos Objetos*, Jean Baudrillard.
71. *A Arte na Era da Máquina*, Maxwell Fry.
72. *Teoria e Realidade*, Mario Bunge.
73. *A Nova Arte*, Gregory Battcock.
74. *O Cartaz*, Abraham Moles.

75. *A Prova de Gödel*, Ernest Nagel e James R. Newman.
76. *Psiquiatria e Antipsiquiatria*. David Cooper.
77. *A Caminho da Cidade*, Eunice Ribeiro Durhan.
78. *O Escorpião Encalacrado*, Davi Arrigucci Júnior.
79. *O Caminho Crítico*, Northrop Frye.
80. *Economia Colonial*, J. R. Amaral Lapa.
81. *Falência da Crítica*, Leyla Perrone Moisés.
82. *Lazer e Cultura Popular*, Joffre Dumazedier.
83. *Os Signos e a Crítica*, Cesare Segre.
84. *Introdução à Semanálise*, Julia Kristeva.
85. *Crises da República*, Hannah Arendt.
86. *Fórmula e Fábula*, Willi Bolle.
87. *Saída, Voz e Lealdade*, Albert Hirschman.
88. *Repensando a Antropologia*, E. R. Leach.
89. *Fenomenologia e Estruturalismo*, Andrea Bonomi.
90. *Limites do Crescimento*, Donella H. Meadows e outros (Clube de Roma).
91. *Manicômios, Prisões e Conventos*, Erving Goffman.
92. *Maneirismo: O Mundo como Labirinto*, Gustav R. Hocke.
93. *Semiótica e Literatura*, Décio Pignatari.
94. *Cozinhas, etc.*, Carlos A. C. Lemos.
95. *As Religiões dos Oprimidos*, Vittorio Lanternari.
96. *Os Três Estabelecimentos Humanos*, Le Corbusier.
97. *As Palavras sob as Palavras*, Jean Starobinski.
98. *Introdução à Literatura Fantástica*, Tzvetan Todorov.
99. *Significado nas Artes Visuais*, Erwin Panofsky.
100. *Vila Rica*, Sylvio de Vasconcellos.
101. *Tributação Indireta nas Economias em Desenvolvimento*, J. F. Due.
102. *Metáfora e Montagem*, Modesto Carone.
103. *Ensaios Críticos e Filosóficos*, Ramón Xirau.
104. *Valise de Cronópio*, Julio Cortázar.
105. *A Metáfora Crítica*, João Alexandre Barbosa.
106. *Mundo, Homem, Arte em Crise*, Mário Pedrosa.
107. *Ensaios Críticos e Filosóficos*, Ramón Xirau.
108. *Do Brasil à América*, Frédéric Mauro.
109. *O Jazz, do Rag ao Rock*, Joachim E. Berendt.
110. *Etc..., Etc... (Um Livro 100% Brasileiro)*, Blaise Cendrars.
111. *Território da Arquitetura*, Vittorio Gregotti.
112. *A Crise Mundial da Educação*, Philip H. Coombs.
113. *Teoria e Projeto na Primeira Era da Máquina*, Reyner Banham.
114. *O Substantivo e o Adjetivo*, Jorge Wilheim.
115. *A Estrutura das Revoluções Científicas*, Thomas S. Kuhn.
116. *A Bela Época do Cinema Brasileiro*, Vicente de Paula Araújo.
117. *Crise Regional e Planejamento*, Amélia Cohn.
118. *O Sistema Político Brasileiro*, Celso Lafer.
119. *Êxtase Religioso*, Ioan M. Lewis.
120. *Pureza e Perigo*, Mary Douglas.
121. *História, Corpo do Tempo*, José Honório Rodrigues.
122. *Escrito sobre um Corpo*, Severo Sarduy.
123. *Linguagem e Cinema*, Christian Metz.
124. *O Discurso Engenhoso*, Antonio José Saraiva.
125. *Psicanalisar*, Serge Leclaire.
126. *Magistrados e Feiticeiros na França do Século XVII*, R. Mandrou.
127. *O Teatro e sua Realidade*, Bernard Dort.
128. *A Cabala e seu Simbolismo*, Gershom G. Scholem.

129. *Sintaxe e Semântica na Gramática Transformacional*, A. Bonomi e G. Usberti.
130. *Conjunções e Disjunções*, Octavio Paz.
131. *Escritos sobre a História*, Fernand Braudel.
132. *Escritos*, Jacques Lacan.
133. *De Anita ao Museu*, Paulo Mendes de Almeida.
134. *A Operação do Texto*, Haroldo de Campos.
135. *Arquitetura, Industrialização e Desenvolvimento*, Paulo J. V. Bruna.
136. *Poesia-Experiência*, Mário Faustino.
137. *Os Novos Realistas*, Pierre Restany.
138. *Semiologia do Teatro*, Org. J. Guinsburg e J. Teixeira Coelho Netto.
139. *Arte-Educação no Brasil*, Ana Mae T. B. Barbosa.
140. *Borges: Uma Poética da Leitura*, Emir Rodríguez Monegal.
141. *O Fim de uma Tradição*, Robert W. Shirley.
142. *Sétima Arte: Um Culto Moderno*, Ismail Xavier.
143. *A Estética do Objetivo*, Aldo Tagliaferri.
144. *A Construção do Sentido na Arquitetura*, J. Teixeira Coelho Netto.
145. *A Gramática do Decameron*, Tzvetan Todorov.
146. *Escravidão, Reforma e Imperialismo*, Richard Graham.
147. *História do Surrealismo*, Maurice Nadeau.
148. *Poder e Legitimidade*, José Eduardo Faria.
149. *Práxis do Cinema*, Noel Burch.
150. *As Estruturas e o Tempo*, Cesare Segre.
151. *A Poética do Silêncio*, Modesto Carone.
152. *Planejamento e Bem-Estar Social*, Henrique Rattner.
153. *Teatro Moderno*, Anatol Rosenfeld.
154. *Desenvolvimento e Construção Nacional*, S. N. Eisenstadt.
155. *Uma Literatura nos Trópicos*, Silviano Santiago.
156. *Cobra de Vidro*, Sérgio Buarque de Holanda.
157. *Testando o Leviathan*, Antonia Fernanda Pacca de Almeida Wright.
158. *Do Diálogo e do Dialógico*, Martin Buber.
159. *Ensaios Lingüísticos*, Louis Hjelmslev.
160. *O Realismo Maravilhoso*, Irlemar Chiampi.
161. *Tentativas de Mitologia*, Sérgio Buarque de Holanda.
162. *Semiótica Russa*, Boris Schnaiderman.
163. *Salões, Circos e Cinemas de São Paulo*, Vicente de Paula Araújo.
164. *Sociologia Empírica do Lazer*, Joffre Dumazedier.
165. *Física e Filosofia*, Mario Bunge.
166. *O Teatro Ontem e Hoje*, Célia Berrettini.
167. *O Futurismo Italiano*, Org. Aurora Fornoni Bernardini.
168. *Semiótica, Informação e Comunicação*, J. Teixeira Coelho Netto.
169. *Lacan: Operadores da Leitura*, Américo Vallejo e Lígia Cademartore Magalhães.
170. *Dos Murais de Portinari aos Espaços de Brasília*, Mário Pedrosa.
171. *O Lírico e o Trágico em Leopardi*, Helena Parente Cunha.
172. *A Criança e a FEBEM*, Marlene Guirado.
173. *Arquitetura Italiana em São Paulo*, Anita Salmoni e E. Debenedetti.
174. *Feitura das Artes*, José Neistein.
175. *Oficina: Do Teatro ao Te-Ato*, Armando Sérgio da Silva.
176. *Conversas com Igor Stravinski*, Robert Craft e Igor Stravinski.
177. *Arte como Medida*, Sheila Leirner.
178. *Nzinga*, Roy Glasgow.
179. *O Mito e o Herói no Moderno Teatro Brasileiro*, Anatol Rosenfeld.
180. *A Industrialização do Algodão na Cidade de São Paulo*, Maria Regina de M. Ciparrone Mello.

181. *Poesia com Coisas*, Marta Peixoto.
182. *Hierarquia e Riqueza na Sociedade Burguesa*, Adeline Daumard.
183. *Natureza e Sentido da Improvisação Teatral*, Sandra Chacra.
184. *O Pensamento Psicológico*, Anatol Rosenfeld.
185. *Mouros, Franceses e Judeus*, Luís da Câmara Cascudo.
186. *Tecnologia, Planejamento e Desenvolvimento Autônomo*, Francisco Sagasti.
187. *Mário Zanini e seu Tempo*, Alice Brill.
188. *O Brasil e a Crise Mundial*, Celso Lafer.
189. *Jogos Teatrais*, Ingrid Dormien Koudela.
190. *A Cidade e o Arquiteto*, Leonardo Benevolo.
191. *Visão Filosófica do Mundo*, Max Scheler.
192. *Stanislavski e o Teatro de Arte de Moscou*, J. Guinsburg.
193. *O Teatro Épico*, Anatol Rosenfeld.
194. *O Socialismo Religioso dos Essênios: A Comunidade de Qumran*, W. J. Tyloch.
195. *Poesia e Música*, Org. Carlos Daghlian.
196. *A Narrativa de Hugo de Carvalho Ramos*, Albertina Vicentini.
197. *Vida e História*, José Honório Rodrigues.
198. *As Ilusões da Modernidade*, João Alexandre Barbosa.
199. *Exercício Findo*, Décio de Almeida Prado.
200. *Marcel Duchamp: Engenheiro do Tempo Perdido*, Pierre Cabanne.
201. *Uma Consciência Feminista: Rosario Castellanos*, Beth Miller.
202. *Neolítico: Arte Moderna*, Ana Cláudia de Oliveira.
203. *Sobre Comunidade*, Martin Buber.
204. *O Heterotexto Pessoano*, José Augusto Seabra.
205. *O Que é uma Universidade?*, Luiz Jean Lauand.
206. *A Arte da Performance*, Jorge Glusberg.
207. *O Menino na Literatura Brasileira*, Vânia Maria Resende.
208. *Do Anti-Sionismo ao Anti-Semitismo*, Léon Poliakov.
209. *Da Arte e da Linguagem*, Alice Brill.
210. *A Linguagem da Sedução*, Org. de Ciro Marcondes Filho.

Este livro foi impresso na
LIS GRÁFICA E EDITORA LTDA.
Rua Visconde de Parnaíba, 2.753 - Belenzinho
CEP 03045 - São Paulo - SP - Fone: 292-5666
com filmes fornecidos pelo editor.